浙江妇女研究(第二辑)

马玲亚　徐士青　主编

浙江工商大学出版社 | 杭州
ZHEJIANG GONGSHANG UNIVERSITY PRESS

图书在版编目(CIP)数据

浙江妇女研究. 第二辑 / 马玲亚,徐士青主编. —杭州：
浙江工商大学出版社,2019.10
ISBN 978-7-5178-3451-9

Ⅰ. ①浙⋯ Ⅱ. ①马⋯ ②徐⋯ Ⅲ. ①妇女工作—研究—
浙江 Ⅳ. ①D442.855

中国版本图书馆 CIP 数据核字(2019)第203066号

浙江妇女研究(第二辑)
ZHEJIANG FUNV YANJIU (DIERJI)
马玲亚　徐士青 主编

责任编辑	张莉娅	
封面设计	林朦朦	
责任印制	包建辉	
出版发行	浙江工商大学出版社	
	（杭州市教工路198号　邮政编码310012）	
	（E-mail: zjgsupress@163.com）	
	（网址:http://www.zjgsupress.com）	
	电话:0571-88904980,88831806(传真)	
排　　版	杭州朝曦图文设计有限公司	
印　　刷	杭州高腾印务有限公司	
开　　本	710mm×1000mm　1/16	
印　　张	16.25	
字　　数	242千	
版 印 次	2019年10月第1版　2019年10月第1次印刷	
书　　号	ISBN 978-7-5178-3451-9	
定　　价	56.00元	

目　录

妇女发展与女性文化

家庭与社会

妇女工作探索

基层妇联改革与发展

妇女发展与女性文化

高校性别平等教育长效机制的构建*

——基于陕西省高校女大学生性别教育状况的调查

金沙曼**

摘　要：第三期中国妇女社会地位调查显示,我国妇女在教育领域所面临的重点问题已经从追求教育起点平等转向追求教育过程及教育结果上的性别平等的新阶段。《中国妇女发展纲要(2011—2020年)》凸显对女性与教育领域的重视,设定了在高等院校开展女性/性别教育的阶段性目标。该文认为,应科学认识高校女性/性别教育的特点,不断增强开展女性/性别教育的针对性,努力构建男女平等基本国策进高校的长效机制,推动"无性别意识的教育"向"有性别意识的教育"的转型,以实现性别平等教育,推进社会性别主流化。

关键词：女性/性别教育；基本国策；长效机制；社会性别主流化

通过国家制定和实施妇女发展纲要来推动妇女事业与经济和社会的同步发展,是我国性别平等和妇女发展的成功经验。正在实施的《中国妇女发展纲要(2011—2020年)》凸显了国家对女性与教育领域的重视,女性与女性/性别教育获得了规划的优先地位。值得注意的是,作为落实男女平等基本国策的具体措施,开展女性/性别教育被纳入高等院校的总体教育规划并

---

*　该文为2018年西安市社科规划办项目"供给侧结构性改革视角下西安高校女性人才培养模式研究"阶段性成果(项目编号：18Y95)。

**　金沙曼,教授,中共陕西省委党校妇女/性别研究与培训基地原常务副主任,西安培华学院女子学院原副院长、女性教育研究所原所长,研究方向为党的领导与社会性别主流化、女性/性别教育。

设定了阶段性目标。与此相适应,第三期中国妇女社会地位调查首次将大学生群体列入调查范围。

根据联合国教科文组织对教育与性别平等关系进行的系统阐述,在深入理解性别平等教育的概念及其主要内容的基础上,笔者认为,性别平等教育是以消除性别歧视、促进性别之间实质平等为目标的教育活动。性别平等教育有广义和狭义之分,广义的性别平等教育,涵盖了教育的全过程,体现在教育的各个阶段;狭义的性别平等教育,是指具体的性别平等教育实践活动,是在追求性别平等教育诸阶段中的具体体现。性别平等教育应贯穿家庭、学校教育之中。女大学生作为未来人口中的精英库的一部分,其自我的身份意识、人际关系意识和社会参与意识都与其自身的社会表现有着极重要的关联,而且,女大学生在未来社会性别平等事业中的角色的重要性也毋庸置疑,正因为如此,高校性别平等教育的地位相当突出,特别是在我国性别平等教育刚刚起步阶段。目前,对于国家而言,应及时出台并完善相关的教育政策法规,保障高校性别平等教育的法律地位。对于教育者而言,必须科学认识高校女性/性别教育的特点,以专业而有说服力的观念和知识教育学生,积极推动"无性别意识的教育"向"有性别意识的教育"的转型。对于高校而言,在深化教育改革、学校转型发展的进程中,有责任努力构建男女平等基本国策进高校的长效机制,不断提高开展女性/性别教育的针对性和有效性,争取在更高层次上实现性别平等,推进社会性别主流化。

一、高校女性大学生状况调查进入国家视野

中国妇女社会地位调查是由中华全国妇女联合会和国家统计局联合开展的一项全国性、权威性的国情调查,每十年开展一期,自1990年以来成功开展了三期,第四期中国妇女社会地位调查将于2020年进行。在周密设计、精心组织和科学的数据处理的基础上,历期调查均能比较全面客观地反映中国妇女社会地位的状况和变化,是弄清妇女社会地位变化与社会结构变迁的关系,了解新时期妇女最关心、最直接、最现实的问题的重要资料来源。相对于前两次调查,第三期中国妇女社会地位调查首次将大学生群体列入

调查范围。为深入分析大学生尤其是女大学生群体的社会地位状况与变化,全国妇联和国家统计局在全国抽选了4个省份进行了女大学生社会地位调查,陕西省是其中之一。

女性受教育状况均是每期调查指标体系的内容之一。据统计,全国10～15岁城镇女童和男童在学比例分别为99.30%和99.10%,农村女童和男童在学比例分别为97.60%和96.70%,我国农村贫困女童失学、辍学现象基本消失。陕西省作为教育大省,目前,全省高等学校130余所,在校人数130多万,每10万人口中在校大学生数量居我国西部省份第一位。2009年,陕西省普通高校本、专科学校在校女生人数达44.70万,占总数的50.03%,超过了男性大学生数量。《2012年陕西省妇女儿童发展规划统计监测报告》显示,西安高校在校女生已达高校学生总数的49.20%,接受普通高等教育的女生占全部接受普通高等教育的学生的51.10%。女性平均受教育年限达到7.98年,与男性大致持平。[1]可以认为,在获得受教育权利的机会平等方面,性别差别已经基本消除。

陕西省高校女生性别教育状况的调查结果反映了女大学生与男大学生在校学习情况、参与志愿活动情况,女大学生群体主流对职业理想、事业追求的积极态度,以及在求职经历中遭遇不平等对待的状况。调查显示,陕西高校女生在多个项目的表现优于男生。女生学业成绩优良的比例为62.40%,比男生高9.7个百分点。参与志愿者活动的女生占64.50%,比男生高4.8个百分点。87.50%的女生希望在事业上有所作为,83.80%的女生愿意为了成就一番事业付出艰辛的努力,比例均高于男生。另一方面,调查还显示,女生在各种社会竞争性活动中多有遭受性别歧视的经历。如在有求职经历的女大学生中,24.70%的人遭遇过不平等对待。[2]然而,这并不能得出结论,认为陕西省女性已经在教育中获得了无异于男性的地位。陕西省高校女生面临专业选择的刻板化的性别角色定型、女性在高学历中的比例显著低于男性(如2012年,女研究生占研究生总数45.80%)、毕业后女大学生普遍遭遇就业性别歧视等等,说明教育结果的性别平等依然任重而道远。

从全国范围来看,有关高校学生性别平等的调查有了更多的发现。2014年7月8日和15日,《中国妇女报》的"新女学周刊"版面连续分别推出《共识与差异:当代大学生性别平等意识新解读》专题报告[3]以及后续调查

《北京高校学生与居民性别平等意识比较》[4]，并发表了"新女学周刊"记者蔡双喜对北京大学中外妇女问题研究中心常务副主任魏国英教授的访谈。该调查显示，高校学生性别平等意识总体上是积极向上的，但在不同群体中存在差异。大学生群体的性别平等意识存在因性别、学历、地域等因素造成的多种差异，其中最显著的是性别差异和学历差异，尤其是不同性别群体的性别平等观念的差别较大。高校女生群体的性别平等观念并没有明显优于女性市民群体。高校学生学历的提高并没有必然地提升其性别平等意识，象牙塔中的生活反而使得高校学生不能够充分认识社会性别不平等的现状，虽然他们在性别关系上也有很多思考，但在一些性别问题的判断和选择上显现出某种价值分离和矛盾现象。在当下中国复杂多元的性别语境下，在国家和全社会运用法律、政策、舆论等多种手段切实落实男女平等基本国策的基础上，如何研究和制定提升高校学生性别平等价值取向的政策措施，让先进的性别观念在高校学生中生根发芽，开花结果，是一个需要特别关切的时代命题。

二、西安市高校女性/性别教育调查反映性别平等教育新诉求

基于第三期中国妇女社会地位调查和后续的系统研究分析，国务院妇女儿童工作委员会指出：我国女性在教育领域所面临的重点问题已经从十几年前追求起点上的平等，或主要解决义务教育阶段的机会平等，转向了追求教育方式和内容等过程及教育结果的性别平等的新阶段。[5]在女性接受高等教育机会增加、女性受教育程度明显提高的同时，如何克服教育结果的不平等和毕业生求职时的性别歧视，审视女大学生自身和社会文化机制在这些问题中的表现和根源，性别平等教育势在必行。

在陕西省教育厅的支持下，西安培华学院女子学院、女性教育研究所，会同陕西省政府妇女儿童工作办公室、陕西省妇联，进行了"陕西省高校女性/性别教育推进研究"项目，对陕西省高校女性/性别教育推进基础、推进目标、推进状况进行研究，提出推进建议。我们进行了"高校女性/性别教育基线（西安地区）调查"，从社会性别主流化的视角对大学生群体进行调查。问

卷调查覆盖西安地区 17 所高等院校,以西安培华学院、陕西青年职业学院为主,并包括西北大学、陕西师范大学、西北工业大学、西安交通大学、西安外国语大学等。共回收有效问卷 499 份,其中男生 149 人,占被调查者总数的29.90%;女生 350 人,占被调查者总数 70.10%。调查问卷共设计了 20 个问题,分 4 个板块,包括:社会性别和男女平等基本国策认知,我国性别平等发展状况评价,对大学开展女性/性别教育必要性的认识,参加女性/性别教育需求。

通过分析调查数据资料可以看到,陕西省高校学生性别平等意识总体上是积极向上的,但在不同群体中存在差异,其中性别差异明显;大学生对女性/性别教育表现出极高的参与热情,但学校的课程设置不平衡,不能满足其需要;对个人价值实现和社会发展的关系思考活跃,但从性别关系上树立现代意识,认识肤浅薄弱;学校对中国特色社会主义妇女理论、男女平等基本国策宣传不够充分和广泛,也使学生在学习过程中不能正确理解和把握我国妇女解放和发展的历史进程和突出特点,迫切需要加强女性/性别教育的针对性。

三、提高女性/性别教育针对性的措施

性别教育是培养社会成员合乎自身自然性别特征、符合特定社会期望的个体观念、人格和行为的活动及过程,其首要和核心的目标是建立“性别认同”。然而,随着社会性别概念及其分析范式的引入,二元性别的性别身份遭遇到了挑战,其狭隘性和片面性得以暴露。在此背景下,蕴含传统性别观念色彩的性别教育概念有必要让位于更加具备兼容性的性别平等教育的概念,即涉及广谱性别的社会成员的教育以性别之间的平等为最终追求,是不同性别倾向或性别表达范式之间的平等。女性/性别教育针对性涉及教育者、教育内容和受教育者的主观需求状态以及三者相互影响的结果。该文认为,改进女性/性别教育针对性要从以下几方面入手:

1. 以男女平等基本国策教育为核心,突出政治性。男女平等是我国的一项基本国策,坚持男女平等基本国策对推动我国妇女事业发展和经济社

会进步具有重大而深远的影响。调查显示,目前高校学生对男女平等基本国策了解不够,仅有25.45%的学生知道"男女平等是基本国策",多数认为是一项"重要举措""公共政策"。分性别统计显示,33.55%男生和45.71%女生认为是"重要举措",33.55%男生和27.14%女生认为是"公共政策",只有28.18%的男生和24.28%的女生知道"男女平等是促进我国社会发展的基本国策"。突出男女平等基本国策教育,是女性/性别教育的核心。

2. 以我国妇女发展国家机制教育为重点,强化政策性。发挥国家机制作用来推动妇女事业发展,既是国际趋势,也是我国促进妇女发展与经济社会发展同步的成功经验。维护妇女儿童权益的法律体系、规划体系、组织体系等是规范、指导和推动我国妇女事业进步和发展的国家行动纲领。大学生对推进妇女发展的国家机制了解不多,49.10%的学生认为目前社会上存在男女不平等,而12.83%的学生认为男女不平等现象比较普遍,66.93%的学生认为中国男女平等的状况在国际上的排位与10年前相比是上升的。但对于《中国妇女发展纲要(2011—2020年)》《陕西省妇女发展规划(2011—2020年)》,74.55%的学生都不了解,普遍感到很陌生,这不利于他们在大学期间形成正确的价值判断,也不利于他们走向社会后对实际存在的性别不平等问题的认识以及正确选择维护权益的途径。

3. 加强中国特色社会主义妇女理论教育,增强理论性。改革开放以来,在马克思主义妇女理论的指导下,我们逐步形成了中国特色社会主义妇女理论,中国特色社会主义妇女理论具有科学性、人民性、实践性和开放性。青年学生只有更多学习中国特色社会主义妇女理论,了解中国妇女解放运动历程,才能以"更广阔的视野,更博大的胸怀,更高远的思维起点"[6]面向未来,同时也要学习和借鉴西方先进性别理论,比如社会性别理论。对"社会性别"概念,46.09%的学生有所了解;对"社会性别"含义,58.17%的学生认同"在承认性别差异基础上主张男女平等",而有41.68%的学生认同"男人要像男子汉,女人要有女人味"和"男女都一样",对"社会性别"含义的理解则比较模糊。

4. 掌握影响妇女发展的因素分析方法,明确方向性。对影响妇女发展的主要因素的认识,调查中居于首位的是"传统观念与性别歧视",第二位是"缺乏法律政策的有效保护",第三位是"制度性的性别不平等",另外15.03%

的学生认为是"妇女素质较低",14.42%的学生认为是"领导不重视",还有13.23%的学生认为是"经济不发达"造成的。对妇女权益保护,认同其为人权问题的,男生和女生几乎没有差异;而认为是社会问题的,女生多于男生。因此,应加强分析问题和解决问题方法的教育和探索,特别是对社会热点问题,如对影响女性发展的主要因素的认识和分析,以提高大学生妇女权益保护的意识和解决问题的能力。

5. 有计划开设性别教育相关课程,完善系统性。绝大多数学生关注女性/性别问题,对在高校开展女性/性别教育关注度高,认为有必要在高校进行女性/性别教育,但相当多的学生所在学校没有开设相关课程。学习过礼仪课程的学生最多,其次是女性心理学的。学生主要通过参加讲座、选修课和参加志愿者服务接触到女性/性别方面的培训,她们普遍认为收获较大,激发了自己关注性别平等的积极性。

6. 动态掌握学生需求,细化服务性。大学生对女性/性别教育寄予较高要求,需求呈现多元化发展。53.02%的男生和48.57%的女生认为"妇女与教育"是我国保障妇女发展的优先领域;48.50%的学生希望参加女性/性别教育课程以进一步明确男女平等与社会进步的关系;63.93%的学生希望培养自己的独立自主性和创造性;49.10%的学生希望提高生存发展与社会适应力。大学生对女性/性别教育表现出极高的参与热情,但男女生关心的侧重点不同。男生较为关注"女强男弱"现象,提出如果出现"女重于男"的现象又该如何处理,对男性的要求过高、压力过大如何解决等问题,女生则更多关心就业、家庭问题、妇女发展与社会环境问题。学校要多听取大学生对如何开展女性/性别教育提出的意见和建议,特别是开设的课程、教学方法方面的意见和建议。

7. 建设一支结构合理的教师队伍,提高可持续性。改革开放以来,受国际上性别研究学术思潮的影响,国内对传统的性别平等方面的学术资源梳理面临从未有过的挑战,学术传承与学术创新之间缺乏整合,加上培养力度有限,导致相关师资匮乏,特别是高素质的、形成较为成熟的研究范式的女性教育者、女性研究者的数量严重不足。依据中国妇女研究网相关研究机构介绍,目前全国共有妇女/性别研究专门机构百余所,多为1995年第四次世界妇女大会前后建立,经过20多年的发展,高校中女性学理论研究者和妇联中实际的妇女工作者是其中的主力军,师资有了一定基础。但也由于没有政府的女性教育专业机构的统筹协调,这些学术团体、非政府组织,或研究者个人在实践中难以形成整合性资源以进行有计划、有系统、有权威的女性教育开发、研修培训、调查研究、国际合作,高校专家学者的智慧作用难以得到有效发挥,这种状况迫切需要加以改进。

四、构建高校性别平等教育的长效机制

目前,"女性/性别教育"仍然是我国以女性为对象的教育实践的主要概念,这反映了此前该方面教育的片面性和狭隘性。国际妇女运动经历了从"妇女参与发展"到"社会性别与发展"的演变,这种演变使得裹足不前的"女性教育"向更广视野的"性别平等教育"转向。在我国,妇女教育领域所面临的重点问题已经从追求教育起点平等转向追求教育过程及教育结果上的性别平等的新阶段,这是社会经济发展的必然结果,是作为整体的女性发展争取性别之间的实质平等的必然诉求。从中国社会和中国教育发展的实际出发,创新研究方式方法,强化研究成果的借鉴和交流,形成具有中国特色的"中国女性学",推动"女性/性别教育"向"性别平等教育"转型,是适应经济社会发展、搞好性别平等教育的前提,也是需要长期努力才能实现的。

当然,在现有的教育资源前提下,我们应该着重在机制上下功夫。中国性别平等教育的主体是男女兼收的综合性大学,骨干是完全型女子学院。要解决高等院校既有的性别平等课程设置不符合学生需要、大学生未能正确树立现代性别意识、中国特色社会主义妇女理论和男女平等基本国策宣传不够到位、女性/性别教育的针对性不够等问题,除了相关的学科建设以外,高校性别平等教育长效机制的构建势在必行。

构建高校性别平等教育的长效机制,是在理论上深入研究教育与性别平等的关系,实践中系统总结在男女兼收的综合性大学开展女性/性别教育的经验基础上提出来的。这种长效机制的构建必须着眼于以下几方面:

1. 依靠机制创新,整合资源

性别平等教育,与实现人的可持续发展息息相关。在新的历史起点上,

我们必须抓住机遇,构建通过法律政策保障、政府教育部门履职、妇联组织积极推动、各类院校主动作为、大学生广泛参与的"五位一体"合力推动格局,实现高校女性/性别教育有位有为,共同回答好这一必须面对的时代命题。

在推动妇联与相关高校、科研院所的资源整合方面,2006年,全国妇联、中国妇女研究会成立了"四位一体"的妇女/性别研究与培训基地,由高校、党校、社科机构和妇联组成,其中成员单位2/3是高校,应充分发挥其主体作用。陕西省妇联于2008年成立了地方性的"四位一体"妇女/性别研究与培训基地,开展调查研究活动,其中,公办院校发挥领军作用,民办院校积极参与合作。2014年3月,陕西省政府妇女儿童工作委员会办公室在西安培华学院成立首家男女平等基本国策宣传培训基地,依托西安培华学院女子学院,加强男女平等基本国策进高校的推进力度。2017年,陕西省社会科学界联合会在西安培华学院设立性别平等与妇女发展社会科学普及基地,探索男女平等基本国策进高校的路径和方法,抓试点,抓示范,攻坚克难,营造规划实施环境。不同层级、不同高校和机构在理论、实践和方法上的探索与合作,使得各方面的资源得到了调动和共享。

2. 坚持问题导向,积极面对

目前我国在高校开展的女性/性别教育,具有性别平等教育的内涵要求,也在一定程度为我国男女平等基本国策的落实做出了努力,但仍然存在重视不够、组织不力、机制不活且多以活动为主,分散、零碎、割裂、边缘化等问题。尤其是对中国特色社会主义妇女理论、男女平等基本国策宣传不够充分和广泛,也使学生在学习过程中不能正确理解和把握我国妇女发展的历史进程和突出特点。

"有性别意识的教育"要真正进入高等院校,必须解决存在的诸多"不适应":第一,制度要适应,国家教育法规政策与妇女教育目标对接不够,尤其是在高等教育阶段;第二,学校要适应,在以男女兼收的综合性大学为主开展相关教育,但基本是处于边缘地位;第三,教学要适应,"有性别意识的教育"要进入学校人才培养方案、课程体系;第四,队伍要适应,要培养师资力量,开展跨学科研究;第五,双方要适应,突破"在女人圈里讨论女人的问题",解决男女共同参与不够的问题。因此,迫切需要改变对在高等院校开展女性/性别教育轻视、忽视、认识不足的现状，将性别平等的理念真正贯彻到教育的全过程，进入教育主渠道，需要采取切实措施整体推进。

一个国家是否具有不断完善的提高妇女地位的国家机制，是判断其是否真正重视推动性别平等和妇女发展的重要标志。我国已经将男女平等确立为基本国策，顺应时代潮流，通过建立国家机制，提高妇女地位，推进性别平等，呈现了坚持党的领导、广大妇女积极参与、政府主导、群众组织协同、社会广泛合作、依靠法律和制度建设保证男女平等基本国策贯彻落实的局面，初步形成具有中国特色的推动社会性别主流化的方式和途径，这将为依法推进社会性别主流化奠定基础。

3. 站在新的历史方位，持续努力

我国在提高妇女地位的国家机制建设方面取得了重大进展，但是也存在一些问题，特别是精神动力和智力支持不足的问题。要解决这些问题，一是要促进性别平等教育法规的制定，即性别平等教育必须依靠法规制度建设才能实现其可持续发展。二是要将性别平等教育列入学校人才培养方案，作为学生"三观教育"的内容、素质培养的方法和视角。三是要实施性别平等教育基础工程建设，积极推动性别平等教育课程与教学研究，制定一套基本的、系统的、科学的课程体系，形成核心课程，编制具有权威性的性别平等教育教材。四是发挥好高校在提高妇女地位国家机制建设中的智库作用，提供人才资源、智力支持和精神动力。性别平等教育通过培养人才来传播先进性别文化，必须持续努力。

性别平等教育成为现代教育的重要内容，是女性价值和潜能得到承认的结果，也是人类社会可持续发展的前提条件，是女性真正实现平等和性别解放的重要环节。女性为自己争取了名义上的平等（即机会平等），并不必然带来真正的性别平等，在很大程度上还存在着阻碍女性发展的诸多社会文化机制和社会心理机制，而性别平等教育有望能够克服这些机制障碍。可以说，我国的男女平等基本国策进高校措施是推进性别平等的实质性措施之一。站在新的历史方位，我们要以习近平新时代中国特色社会主义思想为指导，坚持女性/性别教育的正确方向，坚持以马克思主义妇女观为指导，用辩证唯物主义和历史唯物主义的方法开展研究，全面、客观、准确地认识中国妇女在教育方面的总体状况和面对的突出问题，学习和借鉴其他国家和地区推进性别平等教育的做法和经验,构建高校性别平等教育长效机制,走出一条具有中国特色的性别平等教育路子。

参考文献

[1]陕西省统计局.2012年陕西省妇女儿童发展规划统计监测报告[R/OL].(2013-09-16)[2018-05-10].http://www.docin.com/p-703280980.html.

[2] 全国妇联,国家统计局.第三期中国妇女社会地位调查主要数据报告[R/OL].(2011-10-21)[2018-06-03].http://www.china.com.cn/zhibo/zhuanti/ch-xinwen/2011-10/21/content_23687810.htm.

[3]魏国英,庞丹丹.北京高校学生与居民性别平等意识比较[N].中国妇女报,2014-07-15(B2).

[4]魏国英,吴利娟.高校学生男女平等价值取向与群体差异[N].中国妇女报,2014-07-08(B2).

[5]宋秀岩.《中国妇女发展纲要(2011—2020年)》学习辅导读本[M].北京:中国妇女出版社,2013.

[6]习近平.在纪念马克思诞辰200周年大会上的讲话[EB/OL].(2018-05-04)[2018-07-01].http://www.xinhuanet.com/2018-05-04/c_1122783997.htm.

性别平等视角下我国妇女发展现状及国家责任

于　洋[*]

摘　要：该文根据《中国妇女发展纲要（2011—2020年）》的要求，通过对2015—2017年间的《全球性别差距报告》的数据分析，阐述了我国妇女发展现状。分析结果表明，目前我国在经济参与机会、教育程度、健康与生存、政治赋权领域的性别平等与妇女发展水平的各项指标都有明显变化。该文基于分析结果对国家在未来如何推动妇女全面发展和促进性别平等提出建议。

关键词：性别平等；妇女发展现状；国家责任

中国共产党第十八次全国代表大会将男女平等作为基本国策写入报告，这对我国社会发展特别是妇女发展产生了深远影响。男女平等是我国的基本国策，男女平等的实现程度是衡量社会文明进步和妇女综合发展水平与发展机会的重要标志。2011年，国务院颁布了《中国妇女发展纲要（2011—2020年）》，国家将妇女发展纳入国民经济和社会发展总体规划，我国在促进妇女发展和男女平等方面取得了重大进展。但受社会主义初级阶段生产力发展水平和社会文明程度的制约与影响，妇女发展仍面临诸多问题与挑战。就业性别歧视仍未消除，妇女在资源占有和收入方面与男性存在一定差距；妇女参与决策和管理的水平仍然较低；妇女受教育程度与男性存在一定差距；妇女的健康需求有待进一步满足；妇女发展的社会环境有待

---

[*]　于洋，民俗学博士，浙江省妇女干部学校讲师，研究方向为妇女文化、性别平等和妇联组织。

进一步优化;妇女的社会保障水平有待进一步提高。各阶层妇女利益需求日益呈现多元化,城乡区域妇女发展不平衡仍未全面解决。

该文将从性别平等的角度出发,基于对2015—2017年间的《全球性别差距报告》(以下简称《报告》)的数据分析,阐述我国妇女发展现状及存在的问题和挑战,并对国家在未来如何推动妇女全面发展和促进性别平等提出建议。

一、性别平等

社会性别关系的形成是社会变迁及社会的政治、经济和文化等因素相互作用的结果,在不同历史时期,不同政治制度、经济制度及不同社会文化传统,会产生不同的社会性别关系。社会性别差距是社会任何领域内,在参与程度、获得资源机会、权利、能力和影响力、工资报酬和福利等方面存在的性别差距。因此,社会性别平等理论通过分析寻找社会中存在的社会性别差距,试图通过达成让所有人都在不受各种成见、严格的社会性别角色分工观念及各种歧视的限制下,自由发展个人能力和自由做出选择的目标,推动社会性别平等和社会性别公正。社会性别平等追求的是男女的不同行为、期望和需求能得到同等认可、评价和照顾,男女的权利、责任和机遇应平等,而不应由各自的生理性别来决定,更不是要求男女必须变得完全一样。社会性别平等主流化集中反映在第四次世界妇女大会的《行动纲领》中,联合国将其确定为促进性别平等的全球战略。政府作为社会性别平等主流化的责任主体,应把性别平等问题纳入政府工作、社会发展和宏观决策中,而不能简单地以经济发展代替性别平等。

二、从《报告》看我国性别平等和妇女发展现状

自2006年以来,世界经济论坛每年都会发布一份《报告》,对世界各国的女性在教育程度、健康与生存、经济机会和政治赋权四大指标进行测评并排

名,从而衡量各国性别差距。每个指标之下还有一些子指标,比如经济参与与机会的子指标包括劳动力参与度、同工薪资比、预计收入的性别比、高管与政要人数和专业技术人员的性别比等;健康与生存的细分指标包括新生儿性别比和健康预期寿命的性别差异等。

报告显示,十年来全球男女两性在健康、教育、经济机会与政治参与方面的总体差距呈现缓慢缩小趋势,缩小了约4%,但从2017年全球男女平等状况看,全球68%的性别差距已消除[1]8,与2016年的68.30%[2]8持平,比2015年的64%[3]略有改进。全球性别差距比值近年来逐年降低,这就意味着男女不平等现象在全球范围内有加剧的趋势,全球性别差距比值下降存在多方面因素。报告中稳居前四名的国家分别是冰岛、挪威、芬兰、瑞典。亚洲国家中,排名最高的是菲律宾,日本和韩国均在中国之后,中东和北非地区在榜单中垫底。除了欧洲和北美以外,性别差距最小的就是拉丁美洲和加勒比地区,其目前的性别差距比值为70%,其中有6个国家(地区)已经完全消除了教育和性别方面的差距,这超过了任何其他国家(地区)。以目前的改善速度,该地区预计将在60年内消除经济性别差距。东亚与太平洋地区现在的性别差距比值为68%,与全球平均水平基本一致。但该地区的对比也十分鲜明,菲律宾和新西兰等性别最平等的社会与诸如日本、韩国等国之间存在着很大差距。排名垫底的是中东和北非地区,其整体性别差距比值为60%。和南亚一样,该地区在解决经济不平等这一问题上的进展也十分缓慢,而且按照现在的进展速度仍需要356年才能完全消除经济性别差距。尽管如此,自2006年以来,中东和北非地区仍有几个国家在经济参与方面取得了显著进步。在2015—2017年间的报告中,我国全球性别差距指数排名分别为第91位(0.682)、第99位(0.676)和第100位(0.674),这与2006年第一次报告的第63位(0.656)相比显然是在逐年退步。

(一)经济参与与机会

《报告》中第一个指标是经济参与与机会,该指标下分为5个子指标:劳动力参与度、同工薪资比、预计收入的性别比、高管与政要人数和专业技术人员的性别比。同时在每个子指标内还有很多背景数据资料,比如劳动力参与度子指标的背景数据还包括法律规定聘用女性时不得存在性别歧视、失业成年人和高技能劳动力份额、每日工作时长和无偿工作比值等；高管与政要人数的性别比子指标背景资料中则包括法律规定同工同酬、女性晋升领导职务的机会、女性掌握所有权或担当高层管理人员的公司等。

我国"经济参与与机会"指标在2015—2017年的排名分别是第81位（0.657）、第81位（0.656）和第86位（0.654），与2006年的第53位（0.621）相比逐年下降，但均高于世界平均水平。其中专业技术人员的性别比子指标已基本实现了性别平等（即数值趋近于1），排名世界第一位。但与之形成鲜明对比的是，在预计收入的性别比和高管与政要人数的性别比方面有所下滑，我国的高级官员、高层管理人员中的女性比例（0.201）仍远低于世界平均水平（0.320）。

过去十年，单从经济方面看，男女两性差距缩小了3%，但在同工薪资比和劳动力参与度两项子指标上的差距，自2009年以来一直没有改善。自2006年至今，全球虽有较多新增女性人口进入劳动市场，但参与经济的女性却依然低于男性，并且差距没有缩小。从薪资来看女性的工作时间更长（包括有酬和无酬工作），但收入却一直低于男性，2015年的女性薪酬水平仅相当于十年前的男性所得[1]15；2016年全球女性的平均收入仅为男性收入的一半左右[2]24；2017年报告估算，全球男性的平均年收入为2.1万美元，女性仅为1.2万美元[3]26。我国目前的女性和男性的同工薪资比约为64%，这意味着更多女性需要承担比男性更多的无偿劳动，才能拿到和男性一样的薪资。女性在平均日工作时长上远超男性的同时，她们下班后因家务、照料等产生的无偿工作时间约为男性的2.36倍。另外一项长期存在的问题就是停滞不前的劳动力参与率，其中全球女性的平均参与率为54%，男性则达到了81%。我国女性晋升公司董事会的机会约为男性的65%，而在上市公司中女性升迁进入董事会的概率仅为男性的1/10。这种两极分化的情况一定时间内很难有较大改变，虽然在我国如此大的人口基数和相对低廉的劳动力市场环境下，女性的劳动力参与程度较其他国家有较大优势，但我国女性的劳动参与还大多停留在劳动强度大、薪资水平较低、职业发展前途相对受限制的职业技术领域。

(二)教育程度

第二个指标是教育程度,该指标下分为4个子指标:识字率、初等教育入学率、中等教育入学率、高等教育入学率。每个子指标内的背景数据资料包括教育和技能的背景数据有儿童失学率、成人初等教育程度百分比、青少年失学率、成人中等教育程度百分比和成人高等教育百分比等;以学位类型划分的高等教育毕业生的背景资料中则包括农林渔业与兽医、艺术与人文、教育、服务业、社会科学等。

从《报告》的2015—2017年的教育程度指标的整体数据来看,男女的教育差距比值接近为95%,离完全平等仅差5%。这比2006年92%的差距比值已有所改进。《报告》通过对全球女性首席执行官的人数进行调查发现,有100个国家的女性,其受到高等教育的人数要超过男性,但只有4个国家的领导人、公司主要高管为女性;25个国家已完全消除了男女在教育上的差距,最大的进步反映在大学教育,已有近100个国家的女大学生人数占到在校生的多数。我国"教育程度"指标在2015—2017年的排名分别是第83位(0.988)、第99位(0.967)、第102位(0.963),与2006年的第78位(0.957)相比稍有下降。

(三)健康与生存

第三个指标是健康与生存,该指标下分为2个子指标:新生儿性别比和健康预期寿命。子指标内的背景数据资料包括养育的背景数据有育儿假时长、产假时长、产假期间工资发放百分比、育儿假福利提供者、产假福利提供者、政府支持或提供儿童保育、政府提供子女津贴等;健康的背景资料中则包括5岁以下儿童死亡率、非传染疾病死亡率、传染性和寄生虫疾病死亡率、意外伤害死亡率、故意伤害死亡及自杀率、针对家庭暴力的立法、一生中遭遇过性别暴力的女性百分比、法律允许堕胎以保护女性生育决定权、由专业医护人员接生的产子比例、产前护理等。

从《报告》的2015—2017年的健康与生存指标的整体数据来看,目前世界在这一指标上最接近男女平等的指标,差距比值已达到96%,差距扩大的幅度最小。目前有2/3的国家已经完全消除了出生性别比率方面的性别差距,同时也有超过 1/3 的国家已经完全消除了健康期望寿命方面的差距。尽管这一指标取得了非常显著的进步,但相较于 2006 年,健康与生存方面的性别差距仍有小幅扩大。我国的健康与生存指标在 2015—2017 年的排名分别是第 145 位(0.919)、第 144 位(0.919)、第 144 位(0.918),与 2006 年的第 114 位(0.936)比也稍有下降。

在新生人口性别比方面,我国长期处于失衡状态,连续三年垫底,自杀率性别因素明显,这也是我国的性别平等水平在世界排名中一直落后的主因。国家统计局数据显示,2015 年出生人口性别比为 113.51(即每出生 100 个女婴对应出生 113.51 个男婴),中国大陆男性人口比女性多出了 3366 万人。依照这个发展速度和我国人民思想观念的转变,2020 年我国出生人口性别比应该可以下降到 112 以下。出生人口性别比是反映一定时期内出生人口男女比例的人口指标,正常范围是 103～107。尽管我国出生人口性别比长期偏高势头在逐步缓解,但整体水平依然偏高,并且出生人口性别比偏高的后果已经显现,风险进一步聚集和扩大。

从《报告》的背景数据中我们还可以发现,我国女性的故意伤害死亡率及自杀率为男性的 1.12 倍,数据显示女性一生中遭遇性别暴力(此处为身体暴力和性暴力)的比例为 15%。因出生性别比这一指标长期处于失衡状态,我国在健康平等方面的得分仅为 98%。世界上有 34 个国家在健康平等方面已实现男女平等,包括我国在内,只有 6 个国家低于 95.60% 的世界平均水平。

(四)政治赋权

最后一个指标是政治赋权,该指标下分 3 个子指标:女性人大代表、部长级女性官员、近 50 年出现女性国家领导人的年数。子指标内的背景数据资料包括资产获取的背景数据有女性可获取理财服务、女性有财产继承权、女性可获取土地和非土地资产的使用权、管理权及所有权等;政治领导力的背景资料包括女性获得选举权的年份、女性获得选举权的时长、迄今担任国家领导人的人数、女性在全国选举和地方选举中的候选配额、政治党派成员配额等;家庭的背景资料有平均单身生活时长、25 岁时已婚比例、女性生育头胎平均年龄、每位妇女平均生育孩子数目、已婚女性生育计划未被尊重比例、婚姻中和离婚后父母权利平等等。

从《报告》的 2015—2017 年的政治赋权指标的整体数据来看，这项指标的差距最大，进步也最大，已从 2006 年的 14% 提高了近 10 个百分点，达到 23% 以上。但是，取得如此大幅进步主要是因为其基数较低。根据最新的全球可比数据，目前全球只有 2 个国家在议会实现了男女平等，还有 4 个国家在部级领导层上实现了男女平等，全球女性政治地位有下滑趋势。

我国的政治赋权指标在 2015—2017 年的排名分别是第 73 位（0.162）、第 74 位（0.162）、第 77 位（0.16），与 2006 年的第 52 位（0.111）比稍有下降。通过与女性政治领导力相关的数据，我们发现，与全球女性的政治赋权指数平均值 0.227 相比，我国该项数据得分 0.160（0 为不平等，1 为平等）。我国女性人大代表的比例为 32%，而部长级女性官员比例为 11%，单项排名第 109 位，较世界平均数值 20.90% 还有明显差距。我国女性花在照顾家庭等无报酬工作上的时间占总劳动时间的 44.60%，而男性的这一数字仅为 18.90%。此外，我国女性在公司董事会级别的人数占比仅为 9.40%。

三、国家促进性别平等和推动妇女全面发展的责任建议

习近平总书记在 2015 年出席并主持全球妇女峰会时所做的题为《促进妇女全面发展 共建共享美好世界》的讲话中指出，在中国人民追求美好生活的过程中，每一位妇女都有人生出彩和梦想成真的机会。中国将更加积极贯彻男女平等基本国策，发挥妇女"半边天"作用，支持妇女建功立业、实现人生理想和梦想。为促进男女平等和妇女全面发展，习近平总书记提出四点主张：第一，推动妇女和经济社会同步发展。要制定更加科学合理的发展战略，确保妇女平等分享发展成果，推动广大妇女参与经济社会发展。第二，积极保障妇女权益。要把保障妇女权益纳入法律法规，要增强妇女参与政治经济活动能力，要保障妇女基本医疗卫生服务，要采取措施确保所有女童上得起学和安全上学，发展面向妇女的职业教育和终身教育。第三，努力构建和谐包容的社会文化。要努力消除一切形式针对妇女的暴力，要打破有碍妇女发展的落后观念和陈规旧俗。第四，创造有利于妇女发展的国际环境。要坚定和平发展和合作共赢理念，积极维护和平。要开展妇女领域

国际发展合作,缩小各国妇女发展差距。

结合近几年《全球性别差距报告》的数据分析,我们可以从以下四个方面来促进性别平等并推动我国妇女向着更加全面的方向发展:

(一)进一步扩大女性参与经济社会发展的机会

世界各国的诸多研究表明,改善性别平等状况可带来巨大经济红利。近期有统计显示,实现经济上的性别平等可使英国国内生产总值(GDP)增加2500亿美元,美国17500亿美元,日本5500亿美元,法国3200亿美元,德国3100亿美元。我国的数字更为可观,有数据显示,若我国能够在2025年提升25%的女性经济参与度,本国GDP可增长2.5万亿美元,同期全球GDP亦可增长5.3万亿美元。鉴于政府收入在GDP中的占比,GDP增长还将令全球税收增加1.4万亿美元,其中大部分(9400亿美元)来自新兴经济体,这意味着政府能有更多自筹公共经费用于缩小性别差距。[3]8

实现性别平等的经济意义同时存在于行业与企业层面,促进性别平等的一个关键途径是促进性别在行业间的平衡。根据《报告》背景资料数据显示,男性在教育、健康、福利事业等领域较为稀缺,女性在建筑、制造、工程、信息、通信等方面相对缺少代表性。这种性别分化对各个行业来说都是较大损失,因为缺乏性别多样性的同时也缺少了更多创新创造的可能性与回报。行业人才分布失衡现象不只是人才储备问题,在各行各业中,男性都占据了绝大多数的领导位置,面对这一现实,仅仅依靠加强女性教育培训提升技能远远不够,还需要每个企业从自身内部做出更多的改变。

从更宏观的层面来讲,我国妇女在经济参与方面还有很大的发展空间,因此需要政府层面担负起更多实现两性平等的行动责任,制定更多相应的行动方案和政策法规来推动女性的经济参与。比如,国家通过人力和财政资源的资助为有针对性地实现两性平等目标所做的具体活动分配资源,将两性平等观点纳入预算程序和国家预算拨款方案;拟订和执行使男女都能兼顾家庭和经济社会责任的方案;促进男性主导的工作领域接纳女性,鼓励男性在女性主导的工作领域中分担责任;针对女性所处相对弱势的地位,建立女性职业发展支持项目;消除妨碍男性和女性认识到他们在生活所有领域中的潜力的歧视性障碍;纠正对传统由女性主导的活动的低估;要求对女性与男性相同和不同的工作都给予平等评价,尊重他们的权利和选择,促进经济成果的共享;对家庭责任和无偿工作的共同分担,确保为他人提供无偿照顾的男女两性不会独自承担损失。

(二)进一步发展面向妇女的职业教育和终身教育

我国的高等教育性别比排名居世界第一位,但是教育程度综合排名逐年下降,从2006年的第78位降到了2017年的第102位。因此,我国在教育领域的性别平等和世界前位国家相比还有很大的进步空间。

我国在高等教育入学率上已经实现了完全的性别平等(即数值趋近于1),世界排名第一位,这与国家的教育政策和教育体制改革有很大关系。但我国入学率和教育程度的提高,不能掩盖升学考试和校园内依然存在的性别歧视现象。从2013年起,对我国112所“211工程”大学的高考招生情况进行的跟踪监测显示:连续4年,“211工程”大学中,均有6成以上存在着性别歧视现象。同时,报告中虽然没有有关博士性别比例的直接数据,但有关资料显示:虽然本专科学生中女生所占比例已经超过男生,但到了博士阶段,女生比重则降到不到4成。而且,随着职称晋升,女性比例继续下降:讲师和副教授的女性比例接近4成,而到了教授级别时,女性仅占2成。

为了进一步提高妇女的教育程度,相对于城市,我们更需要重点关注对贫困地区女童的教育和关爱,包括加大对农村、边远贫困地区和民族地区教育的支持力度。比如,加强农村寄宿制学校建设,优先满足有寄宿需求的女童;加强对农村留守流动女童、少数民族地区女童、残疾女童的教育关爱,从而促进农村留守女童健康成长;注重家庭教育,积极发挥家长委员会和家长学校的作用,提高家长性别平等意识,树立科学教育观,关注女生不同成长阶段的身心特点,科学施教;针对未受过教育的成年妇女开展运用各种现代技术手段的扫盲运动,并通过识字后训练使其保持所汲取的知识。

除了学校教育,为了全面提高妇女的教育程度,还应进一步深化妇女的职业教育和终身教育。比如“打造关怀经济”“成人劳动力再培训”等,缩小因性别差异带来的技能差距。其中最具代表性的就是近年来在全国各地遍地开花的家政行业,通过对大批年龄大、就业难、既要供子女上学又要赡养老人的妇女进行职业培训,使她们有了可观的收入。在妇女整个生活周期内提供教育和培训,也是实现两性平等的重要手段。国家可通过社区、妇联等部门针对妇女的切实需要开展各类职业教育课程,使职业教育发展为终身教育,使所有妇女都充分享有所有人权和基本自由。

(三)进一步优化妇女的健康与生存保障服务

我国近年来在《报告》中的排名不断下降的一个不可忽视的原因,就是我国的出生性别比失调。随着国家"全面二孩"政策的实施,这一情况或许可以得到一定程度的缓解。进一步提高和优化妇女的各项健康与生存保障制度以及医疗卫生服务水平,特别是广大农村地区、偏远和贫困地区妇女的医疗健康水平,也将是国家未来关注的重点。

(四)大力推进妇女参与政治经济活动

我国在政治赋权指标的世界排名上,与前位国家间的差距最大,进步也最大。增强妇女的政治赋权,不仅有利于突破传统性别刻板印象,使女性不必局限于家庭角色,而且能让她们充分自由地参与社会生活、实现个人的全面发展。在国家领导人的政治视野中加入平等的理念,也必将对一国一大洲乃至人类命运共同体的发展有利。为了实现性别平等,缩小性别差距,我们应进一步鼓励女性走出家庭、走进公共领域、争取领导职位,使女性和男性拥有同样的参与社会和政治事务、做出决定影响政策的机会,这会使妇女发展制度和政策选择更具代表性和包容性,走上更好的发展路径。

国家可以通过建立新的体制机构或加强现有机构、设立有效的平等机会委员会等手段,加强对两性平等的社会帮助;鼓励非政府组织、基层组织以及社区等联合起来保护和促进妇女权利;出台更多非歧视性的对性别问题敏感的法律框架,从而可确保妇女在法律上的平等,同时可以建立公平的竞争环境,从而有利于妇女落实权利,促使政府管理机构、司法机构和妇女团体建立联盟,监测非歧视性法律的遵守情况;提高妇女和男性对性别问题的认识,向他们提供性别问题训练,以消除根深蒂固的性别陈规定型观念;提供使妇女组织能够建立和维持网络以及产生和交流信息的技术和机会;制定或进一步发展媒体和新闻界的行为守则、专业准则和其他自律准则,以确保妇女作为媒体的信息生产者和消费者享有同等的取得信息的权利和机会;通过各种性别问题训练等方式提升所有负责实现两性平等工作者的能力;建立体制网络以支持妇女职业发展和促进妇女发挥作用。

参考文献

［1］The World Economic Forum. The global gender gap report 2017［EB/OL］．［2018-05-11］. http://www3. weforum. org / docs / WEF_GGGR_2017. pdf.

［2］The World Economic Forum. The global gender gap report 2016［EB/OL］．［2018-04-17］. http://www3.weforum.org/docs/GGGR16/WEF_Global_Gender_Gap_Report_2016.pdf.

［3］The World Economic Forum. The global gender gap report 2015［EB/OL］．［2018-04-10］. http://www3.weforum.org/docs/GGGR2015/cover.pdf.

乡村振兴战略背景下的温州农村妇女
发展对策研究

黄　慧　吴小平　潘建南[*]

摘　　要：实施乡村振兴战略，是党的十九大做出的重大决策部署，是决胜全面建成小康社会、全面建设社会主义现代化国家的重大历史任务，是新时代"三农"工作的总抓手。无论是广大农村妇女的生产生活面貌和发展状况的改善，还是她们在乡村振兴中能量的释放，都将成为乡村振兴战略实施中的重大课题。该研究以如何实施乡村振兴的"巾帼行动"为方向，通过调查问卷、座谈交流、实地走访、随机访问等方式，了解在乡村振兴视域中，现阶段温州农村妇女在生产、生活和自身发展等方面的状况，及其在乡村振兴战略实施中的作用空间、面临的困境及破解对策。

关键词：乡村振兴战略；农村妇女发展；对策

在党的十九大报告中，习近平总书记指出："农业农村农民问题是关系国计民生的根本性问题，必须始终把解决好'三农'问题作为全党工作重中之重。"可以说，经过40多年的改革发展，在全面建成小康社会的决胜阶段，乡村振兴战略具有重要意义。

乡村振兴战略实施过程中，广大农民既是乡村振兴的直接受益者，更是乡村振兴的实践主体。2018年，《中共中央 国务院关于实施乡村振兴战略

---

* 黄慧，原温州市妇联主席、党组书记，现任平阳县委副书记、县长，研究方向为妇女儿童发展。吴小平，温州市妇联副主席、党组成员，研究方向为妇女儿童发展。潘建南，温州市政府妇女儿童工作委员会办公室专职副主任，研究方向为妇女儿童发展。

的意见》颁布后,各级政府都有具体的政策举措出台,这是乡村大发展的良机。但再好的外部条件,如果没有农民的主体作用发挥,或者广大农民自身发展的动力不足,乡村振兴也很难实现。实施乡村振兴战略,归根结底是为了广大农民的利益、幸福生活和自我发展,而广大农村妇女是最能反映农民生活和发展状况的人群。

为了更好地实施乡村振兴的"巾帼行动",做好农村妇女工作,温州市妇联课题组深入农村基层调研。其间,课题组采取查阅相关文件和人口普查数据、问卷调查、座谈、入户访问及实地考察等方式进行较大规模的前期调查。其中,发放并回收问卷调查样本 1000 份;赴乐清、永嘉、泰顺、鹿城、洞头共召开座谈会 5 场;走访了洞头女子民兵连、乐清淡溪石斛生产基地等女性创业创建基地,并按照生产生活水平不同,走访了收入较高、收入中等和收入偏低的妇女家庭共 20 多户。此外,还在永嘉、瑞安、文成等地农村进行了一定数量的随机访问考察,了解了比较全面详尽的实际情况,并以《中国妇女发展纲要(2011—2020 年)》《浙江省妇女发展规划(2016—2020 年)》和《温州市妇女发展规划(2016—2020 年)》等指导性文件为蓝本,在此基础上形成了调研报告。

一、温州农村妇女发展现状

(一)人口、年龄构成及流动现状

温州市 2016 年全市常住人口为 917.50 万,其中全市女性常住人口大约430 万。居住在乡村的人口约 294 万,其中农村妇女约 140 万,占全市常住女性人口的 32.56%。

在年龄构成上,由于农村发展水平的差异性,不同村庄留守妇女的年龄构成差异比较明显。从考察的村庄样本来看,有特色产业、经济比较发达的农村,妇女年龄结构比较年轻化,而经济水平较低或者缺少特色产业的乡村,一般中老年妇女居多。比如经济发展强劲的乐清市虹桥镇建强村青壮年妇女外出率约 20%,没有特色产业且经济状况不理想的鹿城区藤桥镇坑古村,青壮年妇女外出打工率高达 45.80%。在流动性上,经济发展水平越高或城镇化程度越高,外出妇女人数越少,而外地妇女流入人数越多;相反,经济发展水平低,经济来源匮乏的村庄,外出妇女人数较多,而外地妇女流入则极少。如表1:

表1　4个样本村的妇女流入流出状况对比

村名	2017年村集体经济(万元)	流出(人)	流入(人)	流出比(%)	流入比(%)
乐清市建强村	1600	176	1525	20	176.50
鹿城区坑古村	20.70	110	20	45.80	8.30
乐清市大乌石村	10	270	127	24.10	7
苍南县埔坪村	29.97	432	50	37	6.90

(二)参与经济发展现状

从经济收入来看,2017年温州农民可支配收入已达到25154元,高于省平均线的24956元,农村居民人均消费支出18169元,恩格尔系数为37.30%,年末人均住房建筑面积45.40平方米,每百户农村居民家用汽车拥有量32.80辆。[1]但按照最低标准,农村贫困妇女人口在各地还不同程度存在,如表2:

表2　4个样本村的贫困妇女状况

村名	妇女总数(人)	贫困妇女(人)	贫困妇女比例(%)
乐清市建强村	864	6	0.69
乐清市大乌石村	1252	33	2.60
鹿城区坑古村	240	15	6.25
苍南县埔坪村	1310	50	3.80

从就业渠道来看,主要有创办实业(包括办企业、农场、养殖业等)、经商(包括实体店和网商)、从事民宿和农家乐等旅游行业、在本地企事业单位上班、外出务工、来料加工、务农等。中青年农村妇女(20岁～45岁),一般学历相对较高,大多数在企事业单位上班或做网商、开实体店等;而中老年妇女(45岁以上),一般学历较低甚至没有受教育经历,大多数在家从事来料加工或是做家务等。

(三)教育培训现状

总的来说,温州农村妇女的受教育程度普遍较低。根据温州市第六次人口普查1%人口抽样调查主要数据比例测算,温州6岁以上受教育的女性约为406万,温州市女性及样本村女性受教育程度比例见表3、表4:

表3   温州市女性受教育程度(第六次人口普查测算)

学历	未上学	小学	初中	高中	大专	本科	研究生
人口数(万)	49.50	133	144.30	49	19.10	10.90	0.60
比例(%)	12.20	32.70	35.50	12.10	4.70	2.70	0.10

表4   4个样本村农村妇女的文化程度

村名	小学及以下(%)	初中(%)	高中(%)	大学及以上(%)
乐清市建强村	40	35	15	10
鹿城区坑古村	35	35	20	10
乐清市大乌石村	66.60	15	10.40	8
苍南县埔坪村	50	33	16.60	0.40

通过培训提升农村妇女综合素质,是各级政府更是各级妇联组织的共识,已经被列入各级妇联组织的工作重点,而且基本形成了长效机制。从课题组选定的4个样本村的台账看,由基层妇联选择培训内容、组织接受培训人员,由上一级妇联提供师资和经费的乡村妇女培训格局基本形成,并且初具规模,4个样本村的年培训数据见表5:

表5   4个样本村农村妇女培训情况(2017年)

村名	培训次数	参加人次
乐清市建强村	3	400
鹿城区坑古村	4	500
乐清市大乌石村	4	120
苍南县埔坪村	3	200

（四）参与基层管理现状

农村妇女加入农村基层组织、参与农村基层社会管理是农村妇女获得平等地位的重要标志，也是实现农村妇女发展的重要条件。农村妇女参与基层管理的一个途径是进村"两委"，直接参与村级治理。2017年村"两委"换届选举后，全市5404个村中，妇女村民代表占村民代表会议组成人员的35.87%；100%村民委员会中至少有1名女委员，并且村妇联主席100%进村"两委"，村民委员会成员中女性比例达27.21%，实现女委员专职专选；村党组织中女性成员比例达11.86%。

农村妇女参与基层管理的另一个途径是参加社会组织、参与乡村治理与建设。农村妇女更广泛的社会参与是通过公益性社会组织参与到乡村建设和发展中。调研所到乡镇基本都有一支特色公益组织，如乐清市白象镇的爱之绿、乐清市虹桥镇大乌石村的红帽子义工队、永嘉县岩头镇的西岸女人帮、洞头的好厝边、泰顺司前镇义工队等，规模从50到200多人不等，其中女性参与者占绝大多数。她们平时主要在村级环境卫生、村民服务、助弱扶老等方面造福乡里。如泰顺司前镇义工队，约有300人，其中一半以上是农村妇女，除了服务百姓外，她们还经常配合镇政府完成中心工作任务，在"五水共治""大拆大整"等工作中发挥了重要作用。

（五）参与生活环境治理现状

温州市通过"五水共治""大拆大整""美丽乡村"建设和"美丽庭院"创建等行动，全域农村环境得到明显改观，呈现出整洁、有序、美观的乡村环境。以乐清市大乌石村为例，该村集体经济年收入10万元，是乐清三个调研村落中集体经济最弱的村，但村容村貌看起来整洁祥和，公共场所有村妇联干部负责包干，每家农户门口都钉着"美丽庭院"的小铜牌。调研组进村时，正值该村枇杷成熟和韭菜收割上市时节，但村里看不到果皮果核，大规模整理韭菜留下的垃圾也及时得到了清理。从部分县市区的统计数据看，以庭院绿化、美化、洁化、序化、文化为目标的乡镇（街道）创建美丽庭院成绩卓著，具体见表6：

表6　4个县(市、区)乡村美丽庭院建设成果

县(市、区)名	美丽庭院创建（户）	美丽庭院示范村(个)	美丽庭院示范户(个)	最美家庭(个)
鹿城区	1500	1	95	372
洞头区	1500	2	650	160
乐清市	2000	2	100	120
永嘉县	3000	2	300	122

二、温州农村妇女在实施乡村振兴战略中的优势

(一)农村妇女是乡村经济发展的"半边天"

在温州农村,几乎每个镇都有女能人,能带动一批农村妇女发展乡村经济,比如乐清市淡溪镇的石斛种植基地、鹿城区藤桥镇金马村的杨爱兰粮食生产基地、永嘉县岩头镇的水果种植基地、洞头区东屏村的农家乐和民宿、洞头区陈琴瑶的贝壳工艺品有限公司等。这些巾帼创业,为温州乡村经济发展、产业兴旺、村民增收致富发挥了重要作用。

(二)农村妇女是"美丽乡村"建设的主力军

乡村振兴的一项重要内容是"美丽乡村"建设,即乡村的生态环境建设。调查发现,在温州全市范围推进的"大拆大整"和河道整治、"美丽庭院"建设中,广大农村妇女围绕中心工作积极参与,成为"美丽乡村"建设的生力军。如泰顺县司前村在小城镇综合治理中,主要依靠镇里自发组织的义工队,而该义工队的队员有一半以上是妇女。永嘉县上烘头村为了做好垃圾分类工作,村妇联主席采取"分类正确有奖"的措施,让全村妇女养成垃圾分类的良好习惯,全村妇女非常配合,积极行动,大大提高了该村环境整治效率。乐清市的爱之绿社工服务中心、女子民兵治水队、女党员义工队等巾帼志愿者积极参与剿灭劣Ⅴ类水专项行动。

(三)农村妇女是美好乡风的主要塑造者

由于妇女扮演的多重角色,因此在乡村好习俗、好习惯、好风尚的文明

乡风和良好家风形成中起着举足轻重的作用。开展的家庭家风家教工作，都是通过发动广大农村妇女学习宣讲、创先评优而得以实现的。妇女在宣传教育、弘扬正气、纯化乡风民风上也颇具性别优势，如最近一些年来，在治理温州农村中铺张浪费、红白喜事上的攀比成风、封建迷信、赌博等不良现象的过程中，农村妇女的作用不可或缺，她们也更容易主动参与助人为乐、尊老助困等活动。总之，在促进乡村精神文明建设方面，相较于男性而言，妇女所起的作用更为显著。

（四）农村妇女是良好秩序建设的重要力量

中国共产党第十九次全国代表大会报告中要求"健全自治、法治、德治相结合的乡村治理体系"，以实现乡村有效治理。落实乡村自治，占人口近50%的农村妇女是乡村自治的直接参与者。2017年村"两委"换届选举后，温州全市5404个村中，村"两委"中女性代表、女性正职等比例都较上届有提升，农村女性在乡村治理和社会秩序的建设中发挥作用的空间较大。

（五）农村妇女培训格局已基本形成

各级政府尤其是各级妇联组织把以提升农村妇女综合素质为目标的培训列入了工作重点，并且着眼于建立一种长效机制。总的来说，针对温州农村妇女的教育培训内容丰富、针对性强，有一定的覆盖面，并且频度不低。如乐清市为了促进农村妇女综合素质提升，在农村妇女培训方面做了大量工作。该市历经十年做优做强"母亲学堂"品牌，建立健全星级创评、百场公益课进学堂等办学管理长效机制；鼓励和扶持农村女性创业发展项目，该市持续举办巾帼创享会，推进巾帼月嫂和养老护理培训"三进"活动。2017年全年共开展"巾帼月嫂"培训20期、"养老护理"培训18期，培训妇女3000余人，获政府补助20余万元；举办女性创业创新成果展销会，通过组织本土女性创业商家参展、现场开展农超对接、招募商家免费入驻"巾帼微商城"等，为农村妇女创业创新搭建"网上网下"多元平台。

三、乡村振兴战略视域中温州农村妇女发展的瓶颈制约

（一）农村妇女创业就业乏力

妇女的经济地位既是妇女发展状况的标志，也是妇女发展的基础。一方面，温州农村妇女经济地位的获得，关键在于村级经济基础容纳农村妇女就业的程度。总的来说，温州农村大多地理位置比较偏远，交通不便，自然禀赋一般，缺乏工业基础和旅游资源等特色产业，经济水平和收入较低。而这些村庄因经济基础差，大量妇女外出打工，留守村庄的大都是无法外出的老、病、弱妇女，生活状况尚且不佳，就业能力较低，更谈不上自我发展。从有关调查问卷统计情况来看，72%的被调查者认为自己没有就业门路，更谈不上创业。另一方面，农村妇女满足就业创业所需的资金与技能条件相当缺乏。68.20%的被调查者认为缺资金，还有54.70%的被调查者认为自己能力不足。

（二）农村妇女发展内动力不足

农村妇女发展的最大动力来源于妇女自身的素质存量以及成功动机与追求。但是从调查情况来看，温州农村妇女在这方面很不乐观。一是真正留守农村而成为现阶段农村主体人口的妇女群体，是农村人口中综合素质不高的群体，她们文化知识水平普遍较低，有些甚至没接受过学校教育；二是她们长期满足自家经营和操持家务，走向社会就业的能力相对较低，知识接受能力弱，经历偏少、视野偏窄，生活和工作观念滞后，思维定势明显，与乡村振兴战略所要求的新型女农民形象差距较大。

（三）农村妇女发展长效机制还不完善

农村妇女发展长效机制是指能够保证妇女参与社会的经济政治发展进程、发挥妇女作用并分享发展成果的有效运作的制度体系。温州农村妇女发展长效机制不完善表现在：一是没有形成清晰可辨的、较为完善的、具有配套功能的促进妇女发展的制度体系，制度的碎片化特征明显；二是对于有

能力创业的农村妇女,在资金、税收、政治安排或其他荣誉方面的激励政策供给不足,不能充分调动她们带领农村妇女创业就业的积极性;三是目前大部分村级妇联干部工作任务多,却没有工资奖金,短时期可以利用她们的工作热情,但从长时期来看,会挫伤她们的积极性,不利于农村妇女干部的发展,继而给整个妇女发展的局面带来消极影响。

(四)基层妇联组织发展存在不平衡现象

妇女发展既是个体的发展,也是群体的发展,个体的发展离不开群体的发展,因而离不开妇女的组织化。基层妇联组织的发展状况直接影响妇女个体和群体的发展。从调研情况来看,受城市化程度、思想观念、村妇联组织成员能力等影响,温州市基层妇联组织发展不平衡的情况在一定范围内存在。以鹿城区为例,藤桥镇的南岸村基层妇联组织能力较强,工作效率较高,而坑古村基层妇联组织在开展妇女工作方面就显得力不从心。可以说,两者组织架构类似,工作实力和工作效果却相去甚远,农村妇女发展所依赖的组织条件就显得比较悬殊。

(五)农村妇女发展存在不平衡不充分现象

受制于多种因素的影响,温州农村之间的妇女发展呈现不平衡的状况。一是同村之间妇女发展不平衡、不充分。以苍南县矾山镇埔坪村为例,其有许多家庭形成了一定规模的特色产业——卤鹅和制作粉干。其中,从事卤鹅加工的妇女收入较高,效益好的家庭年收入可达100万元以上,制作粉干加工的妇女经济效益差一些,但其年收入也能达到10万元。其次是进行纯农业生产的妇女,其年收入约1万元,而最低的是家庭主妇,年收入几乎为零。二是村与村之间妇女发展不平衡、不充分。以鹿城区藤桥镇南岸村和坑古村为例,南岸村为镇政府所在地,城镇化、商业化程度高,妇女容易在镇上开商铺做生意,或者在企事业单位上班,年收入在20000~80000元之间;而相对偏远的坑古村,由于经济水平较低,没有特色产业支持,60岁以下的妇女只有外出打工,老龄妇女则留守乡村。打工妇女年收入在5000~30000元之间,而留守的老龄妇女基本上没有经济收入。

四、乡村振兴战略背景下的农村妇女发展对策与思路

（一）为农村妇女发展提供制度性保障

作为乡村振兴战略的重要内容,农村妇女的发展要有一定的制度政策保障,要形成配套完善的妇女发展长效机制是一个循序渐进的过程。就目前阶段而言,要制定与完善以下几方面适应乡村振兴战略实施的机制。

首先,制定统一的农村妇女发展领导制度和联动机制。在目前的机制下,农村妇女的发展问题归属许多不同的职能部门,如组织部、宣传部、农业局、妇联、民政、体育局等等,在乡村振兴的战略背景下,不同职能部门都会涉及关于农村妇女的工作,但是由于缺乏统一目标、统一规划、统一领导,容易造成农村妇女发展全局工作的随意性。所以,制定全市统一的妇女发展的领导制度并构建各职能部门相互协作的联动机制非常必要,既可以提高工作效率,又可以减少不必要的资源浪费。

其次,完善和创新农村妇女发展的相关制度性政策。比如根据《中共中央 国务院关于实施乡村振兴战略的意见》,落实乡村振兴战略的制度创新要以完善产权制度和要素市场化配置为重点,从巩固和完善农村基本经营制度、农村土地制度、农村集体产权制度和农业支持保护制度四方面着力做好包括保障妇女作为市场参与主体地位和相关权益保护在内的制度创新。

再次,为了充分发挥妇女人才在乡村振兴事业中的领头雁作用,应建立各类妇女人才引进及培育过程中的评价机制、奖惩制度,建立本土新农村妇女、农村女性能工巧匠的评选和评聘制度等。

（二）以党建带妇建的模式做强基层妇联组织

加强农村基层党建,发挥农村基层党组织的战斗堡垒作用,以党建带妇建的模式做强基层妇联组织,是推进农村和农村妇女发展的核心工作。

首先,促进乡村振兴事业的性别主流化,形成统一的、具有指导价值的有关妇女平等参与乡村振兴事业的工作规程和评价体系。通过研讨、学习、交流、取经等形式,探讨"会改联"后农村基层妇联的工作思路,形成相对统

一的、具有指导价值的工作规程和评价体系,避免农村妇联工作的混乱或沦为摆设的现象,使农村妇联真正成为引领农村妇女自我发展的基层堡垒。

其次,通过各种渠道,做好基层妇联工作人员的培训。培训是增强基层妇联干部素质和能力的有效途径,各级妇联可以以逐级培训的形式,通过自办或委托等形式进行培训,提升妇联干部的素质和工作能力,培养一支既有一定的理论修养又有过硬的实务能力的基层妇女干部队伍。从妇女工作角度看,要更好地维护妇女权益、促进妇女发展,并使广大农村妇女在乡村振兴的实践中成就自己,需要各级妇联的引领。

再次,形成激励机制,激发调动基层妇女工作的积极性。一方面,要有待遇、奖励机制。政治待遇方面,要消除基层妇女干部进入班子重要岗位的各种限制,做到真正能够凭工作成绩而获得入选机会。到目前为止,温州基层妇联干部的工作除了个别地区有补贴奖励政策外,其他村级妇联干部基本上属于义务劳动,工作繁多且没有报酬。另一方面,要形成退出机制,对那些素质不佳且对妇联工作没有热心、热情的人员,要适时劝退或辞退,以免损毁妇联干部整体形象。

目前,温州全市的村主任、村支书中女干部虽然不多,水平也有参差,但总体能力较强,有相当的引领作用。如洞头区寮顶村的女书记、鹿城区南岸村的女书记等,除了要考虑全村的发展外,作为女性,对农村妇女的发展问题和男女平等问题,相比男性书记就思考得更全面、更深入。实践证明,农村基层妇女干部在乡村振兴事业中发挥了不可替代的作用,而且有巨大的潜力。

(三)改变温州农村经济发展不平衡状况,提升落后地区农村经济发展水平

经济发展是乡村振兴的基础和关键,也是农村妇女发展的基础和关键。提升温州落后农村的经济发展水平,从妇女发展的角度就是为她们创造良好的创业就业环境和条件。

首先,精准扶持。温州农村经济和农村妇女的发展存在不平衡现象,因此要根据农村实际,依照一村一策、一户一计的工作思路,集中力量精准扶持。

其次,产业兴农。一方水土养一方人,在长期的历史发展过程中,温州市各地传统产业特色鲜明;温州人敢想敢闯敢为,富有创新精神,在走出去、引进来,开拓新的产业格局、提升产业规模和层次方面应该大有可为。乐清市农村普普通通的粉干、苍南县农村特色卤鹅等产业都能形成一定的规模,所以关键在于有没有创新创业的智慧和能力。在这方面,政府应有所作为,如制定特色产业的规划;产业结对寻求引进;打通乡镇之间、村居之间的行政区划阻隔,形成资源共享同谋发展;等等。

再次,出台政策,努力打造优越的乡村产业振兴的制度环境。出台乡村振兴相关政策,为农村发展招商引资及引智;充分发挥乡贤作用,整合社会力量助力落后乡村和农村妇女的发展;等等。

(四)开启农村妇女素质提升工程

首先,培养、扶持一批具有带动效应的创业女强人、女能手。在温州各乡镇活跃着一大批创业女强人、女能手,她们的存在对其他妇女将产生重要作用。一是榜样效应。温州人素来有善于学习模仿的特质,这也正是改革开放伊始"温州模式"迅速崛起的原因。所以,创业女强人的成功,会在一定程度上激励更多的农村妇女走自主创业之路,而她们的创业模式也会在一定程度上被模仿、学习。二是"传帮带"效应。通过创业女强人的传帮带,形成村级特色产业,带动村民共同致富,如乐清市沙岙隔篱村的"粉干西施"陈海燕,通过自创本土特产品牌,带领全村致富,营造全村妇女创业创新的良好局面。三是产业链效应。以女企业家生产的产品为纽带,发展上下游产业,形成乡村产业链。比如以农家乐创业为依托,做好以观光、娱乐、种植、养殖、手工艺制作等相关产业的拓展,不仅可以带动全村创业发展,而且也借以提升产业的品质。四是扶持效应。农村妇女创业往往苦于项目缺失、资金能力不足而无法进行,女企业家能够通过各种对接融合帮助农村妇女创业。

其次,优化培训机制,提升农村妇女的综合素质和技能。培训一直是各级妇联工作的重头戏。各级妇联组织针对农村妇女开展的各类培训,在提升农村妇女生产创业技能、提升思想文化素养等方面,发挥了重要作用。

对农村妇女的培训,要对内容、形式、对象、途径乃至培训学校和教师等进行优化,使培训真正成为提升农村妇女综合素质的有效方式。一是分层培训。由于农村妇女的价值观、知识水平、生活需求、生活目标、面临的困难、兴趣爱好等等都不尽相同,她们对培训的需求差异很大,要有针对性、分层次进行培训。二是建立一个可以全市共享的专家库,为各种培训储存师资力量。三是与高校结盟,利用乡村文化礼堂和乡村老年大学的平台,借力高校学生团队开启各类培训活动,提升农村妇女的综合素质。

(五)促进包括女性组织在内的农村社会组织的可持续发展

农村妇女是组织化程度较低的女性群体,如何把这些松散的女性个体吸纳到同一事业的行列中,需要有效的路径选择和机制创设。在温州各县(市、区)自发形成的农村社会组织(主要是义工形式的慈善社会组织)通过乡村社团组织力量,吸纳大量农村妇女参与乡村振兴事业是比较普遍的做法。

农村妇女加入基层社会组织,并通过参加社会组织而参与到社会建设中来,是推动妇女发展的重要路径。由乡村基层社会组织召集志同道合的农村妇女组成的各种民间社团,人数规模不限,经费自筹,活动相对自由,可以深入到农村各个层面,参与到农村各种社会活动当中;它们吸附力强,覆盖面广,影响力大,是乡村振兴事业中越来越重要的社会力量。各级妇联组织目前面临的困境是工作对象庞大,工作内容庞杂,工作人员不足,经费缺乏,很多工作心有余而力不足。而通过乡村义工队吸纳农村妇女参与乡村振兴事业,既解决了各级妇联要素短缺的难题,又使民间组织的活动通过对接提升了品质和意义,同时也在更广的范围锻炼和发展了民间组织中的成员,包括占大多数的农村妇女。

参考文献

[1]温州市统计局. 2017年温州市国民经济和社会发展统计公报[EB/OL].
  (2018-03-20)[2018-05-02]. http://www.wenzhou.gov.cn/col/col1214432/
  index.html.

女性发展现状、困境与对策

——以嘉兴市嘉善县为例

仇桂珍*

摘　要:该文立足马克思主义关于人的全面发展理论中的妇女观,以嘉兴市嘉善县女性发展现状为例,从社会性别等视角剖析女性发展过程中所面临的困境和障碍,并提出促进女性发展的对策。

关键词:人的发展;女性发展;社会性别

一、女性发展的含义

马克思主义妇女观主要体现在两种生产方式和妇女解放、对父权制意识形态的否定、公平观和性别公平等问题上的表述。[1]马克思主义创立者在历史唯物主义的框架内,在说明物质资料生产在社会历史发展中的重要作用的同时,高度肯定了人类自身生产的重要性。这为马克思主义妇女观主张推动妇女广泛参加社会劳动和实现家务劳动社会化提供了认识论前提。作为现实性别不平等的社会生活在人们头脑中的反映,父权制是现实生活中表现出来的两性在经济、政治和权力关系领域内的不平等准则,是女性发展理论着重要予以解释、剖析的阻碍妇女发展的精神障碍。马克思主义公平观认为公平作为调节人与自然、人与人之间关系的规范和准则,是历史而具体的,性别不公平

---

* 仇桂珍,浙江省中共嘉善县委宣传部精神文明建设委员会办公室副主任,研究方向为妇女发展。

有着深刻的经济基础以及由该基础所制约的社会文化根源。马克思主义的性别公平是把女性作为"类存在物"获得与男性同等的对待,而且也包括特殊领域内具有差异化视角的区别对待。女性不仅获得政治身份的平等,而且获得广泛意义的性别社会平等。

　　人的全面发展构成了马克思主义学说的最高命题。马克思主义认为,人的发展包含了人的劳动能力的发展、人的社会关系的发展、人的精神性的提升发展以及个性不断丰富的发展。这里所说的人的全面发展是涵盖女性在内的一切受压迫阶级的全人类的普遍发展,是包括男性与女性的共同平等的发展。学者李静之认为,从人的发展来看,女性发展是包含在人的发展之中,是人的发展的重要组成部分,"关注的是女性作为主体的人应该发展什么? 如何来发展?"[2]换言之,女性发展就是以人的全面发展为价值取向,在社会迈向现代化的过程中,作为整体的女性通过自身努力脱离压迫、歧视,消除贫困、不公,在经济、政治、文化、教育、家庭、社会等领域的地位逐步提高,获得真正意义上的全面发展的持续进程。

　　该文以嘉善县的女性发展状况为例,通过对嘉善县女性发展现状的描述,分析目前女性发展所面临的困境及其根源,以及对解决女性发展困境问题提出意见与建议。

二、改革开放以来女性发展的状况与困境

　　1995 年的第四次世界妇女大会提出了谋求性别平等和女性发展的国际行动纲领,中国公开向国际社会承诺,明确将男女平等作为促进国家社会发展的一项基本国策,这极大地推动了女性的发展,也标志着我国妇女发展进入了一个新的阶段。

(一)嘉善县女性发展的现状

　　嘉善县地处浙江省的沿海发达地区,是浙江省唯一同时与上海市和江苏省交界的县城,地理位置优越。2016 年,嘉善县城镇居民人均可支配收入达到 50021 元,农村居民人均可支配收入 29514 元,城乡居民收入差距持续

缩小,经济实力位居浙江省前列。嘉善县全县户籍人口38.60万,其中女性
人口17万多,约占户籍人口的45%。得益于国家层面的女性发展环境的不
断改善和嘉善县经济社会的全面发展,嘉善的女性发展事业也取得了长足
进步。嘉善县女性发展取得的进步突出表现在以下几个方面:

1. 女性的健康状况

健康状况的改善是女性发展的基础性内容,也是女性其他方面发展的
条件。改革开放以来,嘉善县公共财政用于妇幼健康方面的支出呈逐年增
加态势,生殖健康和优生知识宣传普及率不断提高(见图1)。嘉善县女性享
有良好健康体检、妇科检查、产前保健、住院分娩、基本医疗保障等。女性住
院分娩率历年均在100%,妇女剖宫产率大幅下降。从2012年起实施妇女乳
腺癌、宫颈癌(简称"两癌")免费检查服务,早诊率100%,有效实现了早检
查、早预防、早诊断、早治疗。嘉善县女性的营养条件和健康保健条件、生理
健康、心理健康水平均得到明显改善,女性的自我健康意识明显增强。

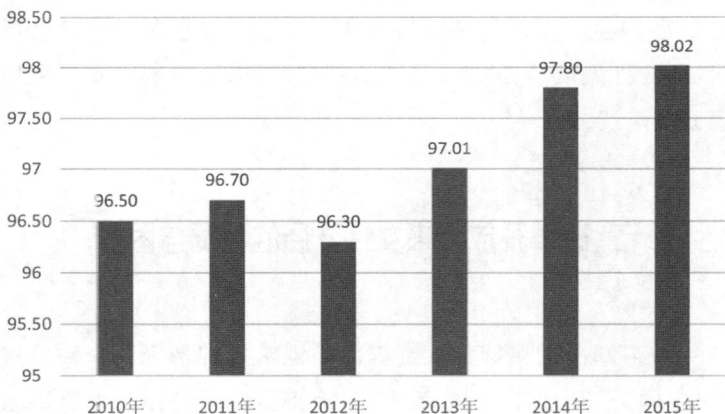

图1 嘉善县"十二五"期间已婚育龄妇女生殖健康和优生知识宣传普及率(%)
资料来源:《嘉善县"十二五"妇女发展规划终期监测评估报告》

2. 女性的教育状况

近年来,嘉善县女性受教育机会和教育层次均得到改善,接受过中高等
教育的比例明显提升。嘉善县积极制定和完善妇女同等享受优质教育资源
的政策,逐步缩小基础教育的城乡差别和性别差别。包括成人教育、职业教

育、社区教育、家庭教育、特殊教育在内的教育资源均衡化稳步推进。嘉善县建立和完善了从学前教育到高等教育、从学历教育到非学历教育,从学校教育到社会教育的妇女终身教育体系,学前教育提质工程和妇女素质提升工程得到全面推进实施,全县成人女性的整体文化教育水平明显提高。

　　3. 女性的经济状况

　　平等地参与经济活动并获得经济地位是女性发展的最重要方面。嘉善县出台了促进妇女就业的多项方针政策,从业人员中女性占比有明显提高(见图2)。嘉善县妇女享有平等的社会资本、信贷、技术和信息等方面的资源配置和有效服务等权利。政府积极搭建适合妇女发展的就业平台,推动促进女性就业。近年来,嘉善县深化"巾帼创业助推行动",开展"一对一就业帮扶""女大学生创业导师"等妇女援助专项活动,从多方面促进妇女创业创新创优。成立全县女性创业指导中心,从"教育、培训、转移、服务"入手,立足为女性提供多层次的创业指导服务。围绕农业转型升级服务,完善县、镇、村三级培训网络,开展具有市场导向性的就业培训和"定单式"的定向培训。对贫困妇女进行"一对一"帮扶。在政策的支持下,嘉善县女性依靠自己的勤劳智慧不断改善自身经济地位。

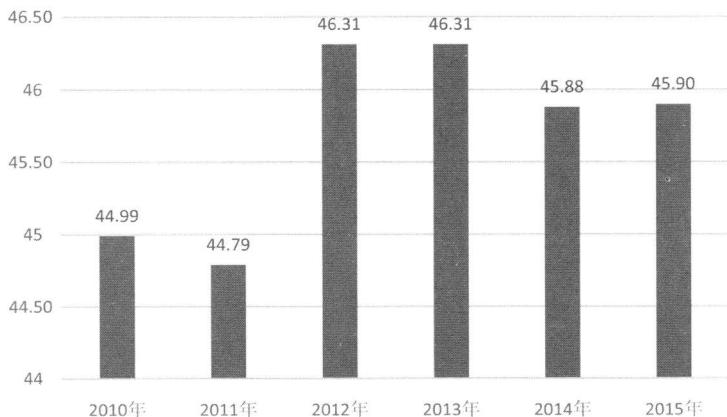

图2　嘉善县"十二五"期间女性从业人员占比情况(%)

资料来源:《嘉善县"十二五"妇女发展规划终期监测评估报告》

4. 女性的政治参与

参政议政水平是妇女社会政治地位的重要标志。改革开放以来,嘉善县女性参与决策和管理的程度明显提高。以"十二五"为例,按照国家干部队伍建设的方针政策和《嘉善县妇女发展规划(2011—2015年)》目标的要求,嘉善县注重女干部的选拔培养工作,妇女参政议政程度和参政议政能力持续增强。截至2015年底,26个县党政工作部门领导班子配备女干部占72.73%,比2010年提高了10.23个百分点。全县所有乡镇(街道)领导班子均配备女干部,乡镇(街道)领导班子中女干部配备率达到23.36%。女干部占干部队伍人数的比例达到27.31%(图3)。各级女干部在各行各业敬业奉献,为经济社会发展做出了积极贡献。

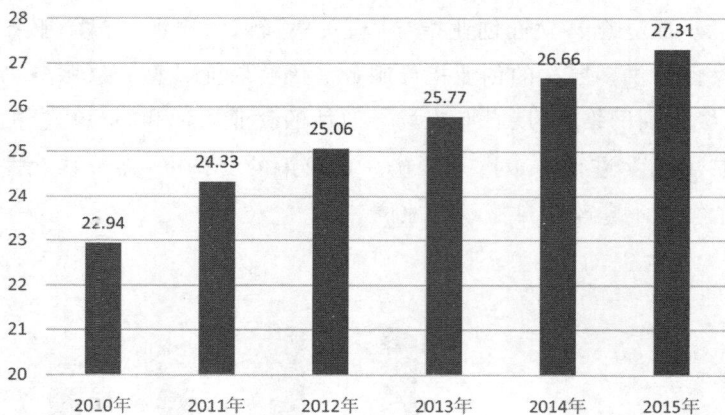

图3　嘉善县"十二五"期间女公务员占比情况(%)

资料来源:《嘉善县"十二五"妇女发展规划终期监测评估报告》

5. 女性的社会保障

嘉善县女性的社会保障覆盖面进一步扩大,男女两性在享受社会保障方面已基本没有差别。嘉善县通过社会保险"五费合征"等手段,扩大女性参加社会保险的覆盖面。到2015年底,女性职工基本养老保险参保人数123042人,占参保总人数的52.36%;城乡居民社会养老保险女性参保人数30108人,占参保总人数的44.04%;城乡居民合作医疗女性参保人数116541人,占参保总人数的49.95%;城镇职工医疗保险参保人数190565人,其中女性88746人,占46.57%。生育保险按政策规定已覆盖城乡所有用人单位;参加失业保险、职工基本养老保险、工伤保险人数中,女性占比分别达到56.44%、52.34%、41.43%。政府督促企业建立健全女职工劳动保护制度,改善工作条件,加强"四期"保护;落实残疾贫困妇女参加城乡居民社会养老保险优惠政策,参加城乡居民合作医疗的残疾人个人交费部分全额由政府补贴。对失去劳动能力的残疾妇女纳入最低生活保障,对已列入低保的残疾妇女和对生活不能自理的残疾妇女发放生活补助等。

6. 女性的法律权益

为切实维护妇女的合法权益,嘉善县建立健全保障妇女权益的组织机构,严厉打击严重侵害妇女人身权利的犯罪行为。近年来,经过有关部门和社会力量的努力,侵害妇女人身权利刑事案件的发案率由2010年的0.53%下降至2015年的0.20%,结案率为100%。

改革开放以来,嘉善县的女性发展呈现以下积极特征:

第一,性别平等意识越来越成为社会的主流。第二,性别平等机制逐步建立完善。目前,嘉善县已建立了政策法规性别平等咨询评估机制,建立了由县妇联、司法、公检法、民政等单位相互衔接配合的工作机制。第三,法律和政策改革举措中越来越体现性别平等取向。如针对家暴,2015年,嘉善县公安局、检察院、法院、司法局等部门联合出台了《嘉善县家庭暴力告诫制度实施办法(试行)》,加强家庭暴力庇护所建设的管理制度,为家暴的受害者(女性占9成)构建了安全网。又如嘉善县农村土地承包经营权确权登记颁证工作领导小组办公室发出的善农确权领〔2016〕2号文件中,针对依法落实保障农村妇女的土地承包权益做出规定。第四,针对改善女性社会地位的政社合作更加紧密有效。特别是近年来,嘉善县的女性组织和其他社会组织纷纷兴起,它们和社区力量及社会其他力量一起,积极参与到改善女性社会地位的行动中来。如"与善同行"志愿服务在开展文明宣传、家庭教育、法律援助、爱心助学、心理咨询等志愿活动的过程中,形成了"阳光妈妈""和阿姨百事坊"等志愿服务品牌。社会化妇女维权网络建立,"社工+妇工+义工"的社会工作模式在维护女性合法权益方式上实现了新突破,等等。在政府职能精简的背景下,政府和社会在推动改善女性社会地位方面扩大和深化合作已经成为改革的既定途径。

(二)当前女性发展面临的主要困境

改革开放以来,女性的发展环境不断趋于改善,妇女各项事业取得长足的进步,妇女整体不断开拓着体现自身价值的新领域。然而,应当清醒地看到,当代女性发展受到阻抑的社会机制并没有得到根本的改变,如传统的社会分工和性别不平等意识等等。现实告诉我们,性别平等和妇女发展问题仍然是当代中国急需解决的重大社会问题。在中国社会的全面转型和传统性别制度残存的双重压力下,女性在重新调整和寻求自己的生存位置和生存空间方面面临的困境明显多于男性。女性发展的困境表现在:

1. 就业竞争中的困境

中国女性在就业方面还存在着许多严峻的挑战,就业问题、就业矛盾、就业性别歧视依然突出。女性因性别因素往往在参与就业竞争中处于不利地位,这极大影响了女性的发展。我国已有《妇女权益保障法》《就业促进法》《劳动法》等法律来保障妇女享有与男子平等的劳动权利,但在劳动力市场上,女性由于性别原因在就业劳动中经常受到歧视的情况还是较为普遍地存在。

2. 政治参与中的困境

改革开放以来,女性参与决策和管理的程度有所提高,但总体来看,女性参政的比例还是较低,增幅不大。以嘉善县为例,受传统性别意识的影响,从担任各类领导或负责人尤其是担任高级领导职务、参与政党组织的比例等来看,女性的参政率至今仍然偏低。另外,女性对于时事政治的关注度、参与选举、参与公共事务以及参加社团组织活动等的决策管理还远远不够,女性自身的参政意识还有待进一步提升。

3. 婚姻家庭中的困境

由于社会的激烈竞争以及传统的社会角色分工,广大女性面临着家庭与事业的双重压力。女性在事业、家庭、社会方面扮演着不同角色,她们在承受与男性一样的职业压力的同时,还承担着大部分甚至全部的家务劳动,"贤妻良母"仍然是社会衡量女性价值的标准。受封建夫权思想的影响,女性在家庭中的从属地位没有得到完全改变,女性往往成为家庭暴力、婚外情、家庭破裂的牺牲品,她们的人身安全权、家庭事务决策权、家庭财产权等遭受侵害,这对女性发展造成不利影响。

4. 权益保障中的困境

我国在法律法规上对妇女权利的获得进行了明确规定,但在实际工作和生活中女性受到不平等对待的情况依然存在。在社会转型期,女性发展中就业性别歧视、职场性骚扰、农村妇女土地权益等新情况和新问题不断涌现,成为女性权益遭受侵害的重点和难点问题。目前有关女性权益的法律法规往往原则性强而操作性不够。以家庭暴力为例,2016年3月颁布实施的《中华人民共和国反家庭暴力法》提供了国家层面的反家暴的法律依据,但是社会公众包括司法机关在内对于家庭暴力存在观念上的误区(例如对家庭暴力的认识停留在"家务纠纷"层面),加上家暴具有一定的隐蔽性,导致家暴案件取证难和调处不力,而家暴受害人多数是女性。

5. 女性自身发展的困境

女性的社会角色定位依然受制于社会传统性别意识形态和女性的自我观念。许多女性克服了家庭和职场的种种不利因素,通过自己的努力与奋斗获得了一些教育、就业、晋升的机会,但是她们不仅要承担生育重任,而且要承担几乎全部的家务,女性的职业机会和发展空间被严重挤压。

(三)当前女性发展困境的成因分析

女性在发展中既受到社会文化等外在因素的影响,同时也受到自身心理等内在因素的制约。

1. 传统社会性别文化在现实中的延续使女性发展举步维艰

传统性别角色是文化赋予并得到构建的。传统性别文化的男强女弱、男尊女卑、男主女从将女性的性别角色定位为"主内",是父权制意识形态的产物。时至当下,虽然男女平等已经成为社会的主流观念,但是许多人依然认同"男主外,女主内"的性别角色分工,女性在家庭、社会中的角色和定位并未随之根本改变。女性接受并内化了这种性别文化,限制了女性追求社会成功的自我期望,从而大大弱化了女性在经济和社会领域的作用。

2. 市场经济冲击与社会转型使女性发展遇到严峻挑战

在市场经济条件下,企业追求经济效益的最大化和成本的最小化。企业在经济利益驱动下,在生育成本难以得到社会化承认的前提下,不愿为女性生育和家务劳动承担额外的"成本",女性首当其冲地成了"效益优先"的牺牲品。就业中的性别歧视问题持续存在,加上市场上劳动力供大于求的现实,女性的就业形势变得更加严峻。

3. 女性自身素质低、动力不足是制约女性发展的主观原因

教育是女性告别传统走向现代的必由之路。虽然女性在教育上享有平等权利并且在教育素质上有很大的提高,但是女性整体文化素质低于男性的事实依然存在。以嘉善县为例,尽管嘉善县女性在入学率、升学率以及毕业率等指标与男性基本持平,但由于教育层次和所学学科差异性带来的就业素质的差距使得女性处于当今科技发展潮流的边缘状态,难以进入先进生产力发展的核心,影响着女性未来的发展。

三、推动女性发展的对策建议

(一)坚持以马克思主义妇女观指导女性发展

马克思主义妇女观是包含在人的全面发展之中的女性的全面发展观,是性别平等的发展观,是女性自身谋求解放的发展观,是女性发展最重要的理论基础。女性要获得真正的发展,在现阶段以及在将来很长的时间里,必须在马克思主义妇女观的引领下,依靠政府、社会力量特别是女性自身的力量,改变阻碍女性发展的经济基础和受其制约的社会文化根源。

(二)弘扬先进性别文化,为女性发展营造良好的文化环境

如前所述,传统的性别角色是男权优势条件下贬低女性价值的性别文化构建的结果,这种落后的文化意识形态对女性发展构成了极大的阻碍。从终极意义来说,先进的性别文化首先是为能够实现马克思所说的人的全面发展的需要的性别文化,其次是为能够实现两性之间和谐、高尚发展的需要的性别文化。对现阶段来说,就是要建立在破除阻碍女性发展的障碍、达到两性真正平等基础上的性别文化。建设、弘扬先进性别文化是女性获得真正发展的重要条件之一。

(三)保障女性平等就业,实现发展的起点平等

一是通过法律保障女性平等就业。要不断完善制定关于保障女性在就业中不受歧视的配套法规和相关政策。建立健全科学、合理的收入分配制度,承认女性的生育、家务劳动的社会价值,全面落实男女同工同酬,切实保障女性在就业和收入分配上的平等权,确保女性平等参与经济发展。二是在就业竞争中给予女性特殊保护。制定合理的生育政策,加大女性生育社会保障力度,建立全国性生育保险金,降低用人单位的成本负担,避免生育对女性的负面影响,从根本上缓解女性就业难的问题。三是提高女性就业创业竞争力。国家应通过立法、政策推动女性全面提高科学文化素质和职业技能素质,通过拓宽女性就业领域、完善女性就业平台、加大女性就业帮扶等不同途径,使女性有效提高就业竞争力,进而获得性别平等发展的起点平等。

(四)完善法规政策体系,为女性发展提供法治保障

一是要完善立法。首先,通过法律法规的制定与完善,使女性在获得基本医疗卫生服务、职业教育和终身教育、平等就业、权益保障等方面享有更为健全的法律环境。二是要强化执法。在相关法律法规条文中进一步明确相关的法律责任和惩处制度,增强法律的可操作性、可执行性。应发挥政府作为落实男女平等基本国策、资源整合、制度配套建设的主体责任的作用,进一步强化宣传、教育、卫生、公检法司等相关部门的职能联合,建立完善女性维权机制和网络,建立鼓励社会力量共同参与的机制,建立维护女性权益的社会支持体系,为女性发展提供更为坚实的法律和政策保障。

(五)提升女性主体意识,为女性发展赢得主动权

女性主体意识是作为思维和实践主体的女性在客观世界中的地位、作用和价值的自觉意识。先进的性别文化下的女性主体意识集中体现在"四自精神"(自尊、自信、自立、自强)上,是女性追求与男性一样的人格尊严、平等地位和发挥主动性、创造性的强大精神动力。树立正确的女性主体意识,是为女性发展赢得主动权的前提,是马克思主义关于女性发展是女性自身

谋求发展从而获得真正解放的观点的践行。

女性发展正迎来春天,社会的高速发展和科技的日新月异促使生产过程逐渐实现了机械化和自动化,女性柔弱的体力不再成为她们就业的不利因素,从而使女性能够平等地与男性一起参与社会生产,发挥其聪明才智,为社会创造财富。改革开放以来,优越的社会主义制度赋予广大女性以广泛的权利,党和国家始终不渝地坚持男女平等基本国策,并体现在法律法规建设、公共政策的制定落实,以及经济社会发展规划的编制和实施上。以嘉善县为例,2017年新编制的《浙江嘉善县域科学发展示范点发展改革方案》开始实施,作为全国唯一的县域科学发展示范点,该县紧紧围绕建设县域科学发展示范点总目标,大力拓展妇女创业创新渠道,在经济建设、社会建设、生态建设中发挥妇女作用,实现妇女更好发展,女性发展迎来了重大的发展机遇。

参考文献

[1]潘萍. 马克思主义妇女解放理论研究[M]. 北京:人民出版社,2014.

[2]李静芝. 论妇女解放、妇女发展和妇女运动[M]. 郑州:河南人民出版社,2003.

论红楼女儿的独立人格

——以二丫头为坐标点

高立水*

摘　要： 二丫头是《红楼梦》中一个乡下姑娘，是生活在大观园和贾府之外的一个边缘人、小人物，但她又是一个性格鲜明、内涵丰富、形象完整的重要人物。《红楼梦》是把二丫头放在一个广阔背景上来多维度塑造和立体化呈现的。从艺术作品的整体格局和人物描写的广阔背景看，以二丫头为坐标点的红楼女儿形象群通过自尊、自在、自豪而展现出来的独立人格，体现了生命的尊严，闪耀着生活的诗意，以坚实的力量抵达并切入了《红楼梦》的主题。

关键词： 二丫头；红楼女儿；独立人格；自尊；自在；自豪

《红楼梦》第十五回，在秦可卿出殡途中，贾宝玉、秦钟等人借住农庄短暂休息，见到一个十七八岁的乡下姑娘二丫头。描写二丫头的文字，集中在两个自然段，文字不是很多，篇幅不是很长。在整部《红楼梦》中，二丫头也仅仅出现过这么一次。作为一个乡下姑娘，二丫头远离繁华，戏份不多，可以说是生活在大观园和贾府之外的一个边缘人、小人物，在众多红楼女儿中，不是那么光鲜亮丽，也不怎么引人注目。不少读者只把二丫头看作贾宝玉人生旅途中乍然出现的一朵野花，偶然相逢，但没有再见，见过一次，就不再想起。我国台湾学者蒋勋则从"生命自有高贵"和"有缘见面，不受后有"

---

* 高立水，浙江省妇女干部学校讲师，研究方向为中国文学、女性文化。

的角度[1]，发现了二丫头的黄金质地和耀眼光芒，可谓慧眼独具。细读《红楼梦》，审视二丫头，我们发现她是一个性格鲜明、内涵丰富、形象完整的人物，并且与林黛玉、贾探春、妙玉、晴雯、龄官等众多红楼女儿有着千丝万缕的精神联系。刘再复先生说："《红楼梦》表达的是两大主题：一是追求生命的尊严；二是追求生活的诗意。"[2]以二丫头为坐标点的红楼女儿形象群通过自尊、自在、自豪而展现出来的独立人格，体现了生命的尊严，闪耀着生活的诗意，以坚实的力量抵达并切入了《红楼梦》的主题。

一、自尊——生命自有高贵

自尊，就是"尊重自己，不向别人卑躬屈节，也不容许别人歧视、侮辱"[3]1730。自尊的人有一种拒绝匍匐、卓然独立的精神追求，有一种突破狭小、走向辽阔的精神趋向，有一种坦然自若、意气风发的精神风貌。自尊的人不仅要活着，而且要活出自我，活出尊严，反对卑躬屈节，反抗歧视侮辱，因此展现生命的高贵，焕发个性的光芒。孟子说："居天下之广居，立天下之正位，行天下之大道；得志，与民由之；不得志，独行其道。富贵不能淫，贫贱不能移，威武不能屈，此之谓大丈夫。"[4]自尊的人在骨子里有一种浓得化不开的情结，胸怀博大，坚定不移，率性而为，不管得意失意，都昂然屹立，保持本色。尼采给贵族精神的定义就是"自尊"，他认为，只有贵族阶层中的优秀个体，才具备贵族气质和贵族精神。但在《红楼梦》中，不仅林黛玉、妙玉、贾探春等贵族女子，品格高洁、趣味高雅、精神高贵，具有典型的贵族气质，就连晴雯、鸳鸯、龄官、二丫头等出身贫寒的女孩子，也都具有以自尊为内核的贵族精神。唯大英雄能本色，是真名士自风流。不论高低贵贱，不论顺境逆境，高度自尊的红楼女儿们，或独立自主，或珍重自持，或坚决自卫，富贵不能淫，贫贱不能移，威武不能屈，活出了耐人寻味的莲花品格、兰花品格、梅花品格。

（一）洁身自好的莲花品格

在《爱莲说》一文中，周敦颐对莲花品格的典型概括是"出淤泥而不染，濯清涟而不妖",并因其洁身自好、不受污染的品格而被称为"花中君子"。林黛玉出身于钟鸣鼎食之家、诗礼簪缨之族,母亲亡故后常住贾府——外祖母家,对于"严男女之大防""女子无才便是德"之类人生训教和"世事洞明皆学问,人情练达即文章"之类处世技巧,应该是熟悉的,但她特立独行,不随流俗,把恋爱当成了事业,把生命活成了诗歌。在林黛玉生活的时代和环境里,自觉遵守世俗道德的薛宝钗,是公认的淑女和榜样。与薛宝钗相比,林黛玉太出格。有人说,薛宝钗和林黛玉,一是艳冠群芳的牡丹,一是风露清愁的芙蓉,春兰秋菊各具其美,双峰对峙难分高下。但是,贾宝玉还是对她们进行了比较和区分:跟薛宝钗不一样,林黛玉从来不说仕途经济的混账话,是清净女儿,所以深敬黛玉;像"你死了,我做和尚"这样的话,他也只跟林黛玉讲过,绝不可能跟薛宝钗这样说。不随流俗,是要付出代价的。但是,林黛玉宁可在"一年三百六十日,风刀霜剑严相逼"的环境里苦苦挣扎,泪尽而亡,也不会委曲求全、堕入尘埃,真正做到了"质本洁来还洁去"。与林黛玉一样,晴雯也具有洁身自好、不随流俗的莲花品格,不屑于为了得到物质利益和侍妾身份而跟花袭人一样献媚取宠,她对贾宝玉的真诚付出乃是出于姐弟之情或者知己之爱,她跟贾宝玉之间的关系真正是洁白无瑕、一清如水。

(二)恬淡自持的兰花品格

兰花是一种姿态优雅、花叶兼美、香气浓郁的常绿花卉。像《红楼梦》中的二丫头一样,野生兰花大多生长在山村乡野,僻处一隅,质朴芬芳。二丫头生长在农庄,生活在锹、镢、锄、犁等庄农动用之物构成的世界里,连个正儿八经的名字也没有——大概父母没有多少文化,或者对家里出生的第二个女孩子不怎么重视,就不太讲究地称呼她为"二丫头"。在秦可卿出殡途中,贾宝玉邂逅二丫头,见识了二丫头的风采:"只见一个约有十七八岁的村庄丫头,跑了来乱嚷:'别动坏了!'众小厮忙断喝拦阻。宝玉忙丢开手,陪笑说道:'我因为没见过这个,所以试他一试。'那丫头道:'你们哪里会弄这个,站开了,我纺与你瞧。'秦钟暗拉宝玉笑道:'此卿大有意趣。'宝玉一把推开,笑道:'该死的!再胡说,我就打了。'说着,只见那丫头纺起线来。宝玉正要说话时,只听那边老婆子叫道:'二丫头,快过来!'那丫头听见,丢下纺车,一径去了。"[5]185-186二丫头倏忽来去,但个性鲜明,极具神采。文中的老婆子是二丫头的长辈,她之所以急着把二丫头喊出来,或者是怕二丫头触犯贵族青年,或者怕二丫头被贵族青年看上并把她带到贵族世界。总之,她是想保全二丫头的乡下生活和独立人格,让这一朵空谷幽兰独自芬芳,不受损害。进入大观园的邢岫烟,出身低微,家道贫寒,但是端雅稳重,自尊自爱,也是一位具有兰花品格的女孩,贾宝玉、王熙凤等对她青眼有加,薛姨妈请人说媒,让她嫁给了自己的侄子薛蝌。

(三)傲雪怒放的梅花品格

梅花是一种耐寒花木,傲霜雪,斗严寒,含苞怒放,香闻数里,是高尚气节和无畏精神的象征。具有梅花品格的红楼女儿,坚守人格尊严,反抗人格侮辱,非常具有光彩。在抄检大观园过程中,贾探春痛斥小题大做、人人自危的抄检行动,"啪"的一声打了专管生事的王善保家的一个大嘴巴,真是痛快淋漓,令人拍案叫绝。要知道,王善保家的只是抄检行动的参与者,怂恿抄检的是邢夫人,决定抄检的是贾母,安排抄检的是王夫人,带领抄检的是王熙凤,探春打的这一个大嘴巴,实际上是杀鸡吓猴,向贾府的当权派公开打脸。也在这次抄检过程中,"晴雯挽着头发闯进,'豁啷'一声将箱子掀开,两手提着,底子朝上,往地下尽情一倒,将所有之物尽都倒出",对于来者不善的抄检工作组来说,不啻为当头棒喝。而在拒绝贾赦威逼求婚的时候,大丫头鸳鸯不仅当众揭露贾赦夫妇的丑恶嘴脸,让他们威风扫地,她还发出豪言:"我是横了心的,当着众人在这里,我这一辈子,别说是'宝玉',便是'宝金''宝银''宝天王''宝皇帝',横竖不嫁人就完了!就是老太太逼着我,我一刀子抹死了,也不能从命!"[5]556这一顿口水,不仅唾在贾赦夫妇脸上,唾在老祖宗贾母脸上,还唾在封建社会的最高权威皇帝脸上。为了维护人格尊严,鸳鸯破釜沉舟,以命相争,充分体现了"零落成泥碾作尘,只有香如故"的梅花品格。

二、自在——安居精神家园

自在,一是"自由;不受拘束",二是"安闲舒适"。[3]1670根据马克思主义的观点,没有经济自立,是谈不上自在自由的。按照这一标准,在《红楼梦》中的贾府以及贾府之外的乡村世界里,真正的自在很难存在。贾府是依靠盘剥庄农以及皇家赏赐而生存的,主子奴才们全都不事生产,过着饭来张口、衣来伸手的寄生生活,根本不存在经济自立。刘姥姥、乌进孝、二丫头都是自食其力的乡下人,但他们所谓的经济自立,是极其脆弱、难以维持的。像刘姥姥这样的贫苦之家,一年忙到头,混个温饱都很困难,到了年关,更是家徒四壁,两手空空,只好带着外孙板儿到略有些瓜葛的贾府去借贷。旱涝灾害,重利盘剥,对于黑山村庄头乌进孝来说,无疑是痛苦的煎熬,对于二丫头这样的普通庄农来说,更是无比沉重的负担。虽然如此,乡下姑娘二丫头仍然凭借种田纺线而获得勉强支持的经济独立,这是贾府的老爷太太小姐丫鬟们不能相比的。当然,自在状态并不单纯地与经济自立密切联系,婚恋自主和精神自足也是自在内涵的题中应有之义。从安居精神家园的角度,我们看到红楼女儿们具有三种自在状态:自谋生路的经济自立,独行其是的婚恋自主,欣然而活的精神自足。

(一)自谋生路的经济自立

《红楼梦》中的贾府,一边依附皇权,一边盘剥庄农,处于寄生状态。在贾府的大宅门里,尽管也有王熙凤铁腕治家、贾探春锐意改革等经济管理活动,但主要内容是囿于人际关系的家务管理活动,经济意义不大,不能成为贾府这一庞大家族奢靡生活的经济支撑。整个贾府的寄生性质,决定了贾府里的主子奴才们是不可能有经济自立的。根据前八十回的暗示,贾府败落后,巧姐辗转来到刘姥姥家,跟乡村小伙板儿成了夫妻,从此过着耕田织布、自食其力的生活,算是摆脱了贾府那种寄生生活。显然,只有在贾府之外,经济自立才有可能。在秦可卿出殡途中,贾宝玉闯入了二丫头生活其中的乡村世界,那是一个劳动者的世界:"凡庄农动用之物,皆不曾见过。宝玉一见了锹、镢、锄、犁等物,皆以为奇,不知何项所使,其名为何。小厮从旁一一地告诉了名色,说明原委。宝玉听了,因点头叹道:'怪道古人诗上说,谁知盘中餐,粒粒皆辛苦,正为此也。'一面说,一面又至一间房前,只见炕上有个纺车,宝玉又问小厮们:'这又是什么?'小厮们又告诉他原委。宝玉听说,便上来拧转作耍,自为有趣。"[5]185二丫头的乡村生活,虽然说不上富裕,但是自力更生,自给自足,有一定程度的经济自立。从更广阔的范围、更深广的意义上说,整个封建社会的经济基础,不就是由二丫头、刘姥姥、乌进孝为代表的劳苦大众的辛勤劳动奠定的吗?

(二)独行其是的婚恋自主

在当时的社会,盛行的是父母之命、媒妁之言,是不问当事人意愿和感情的包办婚姻,个人是不能自由恋爱和自主婚姻的。但是,婚恋自主才是符合人的自然天性和自由意志的。林黛玉、龄官、小红、司棋、尤三姐等红楼女儿,表现出婚恋自主的强烈愿望。林黛玉来到人间,起因就是为了报答贾宝玉的前身神瑛侍者对于她的前身绛珠仙草的灌溉之恩,而报恩的主要方式就是还泪,向贾宝玉奉献一颗缠绵悱恻的少女之心。为情而生,为情而亡,是林黛玉一生的鲜明写照。龄官画蔷,是唱戏女孩龄官相思入骨、备受煎熬的典型情节,是与黛玉葬花相映生辉的动人画面,浓情蜜意令人沉醉,柔肠百结令人揪心,淋漓尽致地展现出像山一样坚定、像火一样热烈的爱情追求。迎春的大丫鬟司棋则是一位具有钢铁意志和爆炭性格的女子,她在大观园里约会潘又安的行为,可比小红和贾芸之间的设言传心意、遗帕惹相思大胆多了。尤三姐是《红楼梦》中最为叛逆、最为刚烈的女子,野性难驯,任意而为,但她一旦改过自新,就坚如磐石,雷打不动,一心一意等待自己的梦中情人柳湘莲。谁料造化弄人,尤三姐愿望成空,最终死在自己心爱的男人怀里。虽然包办婚姻未必导致不幸,婚恋自主未必结局完满,但是,渴望爱情、婚恋自主的红楼女儿们,因为自主命运的执着努力,活出了自己的耀眼光芒和自在状态。

(三)欣然而活的精神自足

庄子在《秋水》中说:"井蛙不可以语于海者,拘于虚也;夏虫不可以语于冰者,笃于时也;曲士不可以语于道者,束于教也"[6]165。每个人都受到空间、时间和所受教育的限制,认识是非常有限的,每个人都有自己的知识盲点。乡村老妇刘姥姥来到贾府,进入贵族世界,把古往今来没见过的,没听过的,都经验了,感到新奇,认识到自己的不知之处。贵族青年贾宝玉来到农庄,进入二丫头生活其中的平民世界,对锹、镢、锄、犁、纺车等庄农动用之物感到新奇,也认识到自己的不知之处。当然,每个人也都有自己的所知,都有赖以自立的精神凭借,只要欣然而活,便可精神自足。青年尼姑妙玉,很少走出栊翠庵,每天过着念经、品茶、赏梅、吟诗的生活,有人非议其孤僻,有人欣赏其高雅,而其欣然而活的精神自足状态,无疑是有动人魅力的。潇湘馆里的大丫鬟紫鹃,跟林黛玉情同姐妹,相处融洽,尽心尽力服侍,单纯而自在地生活,不像花袭人那样心机深重,想入非非。乡下姑娘二丫头,在种田纺线之外,还有自己的玩伴,有她欣然自足的精神世界。"宝玉怅然无趣……庄妇等来叩赏。凤姐并不在意,宝玉却留心看时,内中并无二丫头。一时上了车,出来走不多远,只见迎头二丫头怀里抱着他小兄弟,同着几个小女孩子,说笑而来。宝玉恨不得下车跟了她去,料是众人不依的,少不得以目相送,争奈车轻马快,一时转眼无踪。"[5]186显然,二丫头的世界是独立、自足、富有魅力的,昙花一现之后,为此怅然若失的反倒是贾宝玉这位贵族青年了。

三、自豪——活出一片精彩

自豪,即"因为自己或者与自己有关的集体或个人具有优良品质或取得伟大成就而感到光荣"[3]1667。自豪基于独立人格,因为才能出众,是一种带有自我肯定性的积极情感。感到自豪的人,与自我实现者非常类似,在精神上健康、成熟,是一个正在实现自我完善的个体,热爱某项事业,具有情感的自发性和旺盛的创造力。[7]381一个具有独立人格的人,往往具有自我实现的强烈渴望,不随大流,不甘平庸,乐于表现个性,焕发精神光芒。《红楼梦》中的大观园,是百花争艳的大舞台,是美轮美奂的众香园。在这里,"女子无才便是德"的古训被踩个稀烂,男尊女卑的传统观念,也在红楼女儿的清爽之气和才华之光映衬下,显得丑陋和渺小。在这里,亮人眼的牡丹固然尽情绽放,不起眼的苔藓同样不甘沉默,正所谓"苔花如米小,也学牡丹开"。才貌双全、秀外慧中的红楼女儿,或如牡丹,或如玫瑰,或如芙蓉,或如荼蘼,或如杏花,或如桃花,或如莲花,或如梅花,或如林黛玉这样的凌波仙子,或如二丫头这样的空谷幽兰,各具情态,美不胜收。风姿绰约、芬芳四溢的红楼女儿,不仅具有人类早期的纯真和质朴,具有可称之为天地之心的精神内核,而且才华横溢、五彩缤纷,或有心灵手巧的编织才能,或有卓尔不群的管理才能,或有文采风流的创作才能。

(一)心灵手巧的编织才能

在古代社会,男耕女织的性别分工和德、言、容、功的女性道德,促使大量女性从事编织工作,而女性心灵手巧的特点也在编织工作的磨练中大放异彩。二丫头是一个农村姑娘,最经常的工作就是纺线织布。作品没有详细描写二丫头的纺织技巧,但从二丫头说的"你们哪里会弄这个,站开了,我纺与你瞧"这句话以及随后熟练的纺织动作里,可以看出她对这项工作非常擅长,而且引为自豪。贾府败落后,巧姐流落到刘姥姥家并与板儿成婚,可以想象,凭借巧姐的文化教养和心灵手巧,纺线织布也一定非常出彩。晴雯是一位擅长刺绣的聪明女孩。贾宝玉穿的雀金呢是俄罗斯国拿孔雀毛拈了线织的,不小心烧了一个洞,在外面连个可以把它补好的能干织补匠人也找不到,幸亏有一个心灵手巧、技艺超群的晴雯,带病补好了这件金翠辉煌、碧彩闪耀的高档进口服装。莺儿则善于将不同颜色的丝线搭配起来编织各种花样的络子,还会用新鲜的柳条编织小巧可爱的鲜花篮子。在《红楼梦》"黄金莺巧结梅花络"和"柳叶渚边嗔莺咤燕"两回书中,对莺儿这位堪称色彩专家的女孩子有详细描写。《红楼梦》还写到一个名叫慧娘的苏州女孩,出身书香宦门之家,精于书画,偶然绣一两件针线作耍,但她所绣的璎珞花卉美妙非凡,人们称之为"慧绣",但又觉得一个"绣"字不能尽其佳妙,于是大家商议,都称之为"慧纹",其卓越才能令人叹为观止。

(二)卓尔不群的管理才能

在成员众多、关系复杂、开支庞大的贾府里,具有出色管理才能、能够担当管理责任的男人,是找不到的,倒是像王熙凤、贾探春、薛宝钗、平儿、鸳鸯、彩霞、袭人这样的媳妇、小姐和丫鬟,勉力而为并且比较出色地担负着家庭管理的重任。王熙凤心机深细,杀伐果断,具有出众的管理才能,被贾母和王夫人委任为荣国府的当家人,将千头万绪整理得井井有条。秦可卿病故后,宁国府变成一团乱麻,贾珍恳请王熙凤过来治理,王熙凤分工清晰,要求严格,身体力行,日夜不暇,将大小事务治理得滴水不漏,合族上下无不称赞。与王熙凤相比,贾探春更有学问,更有品德,在管理上也更讲法度,更有锐气。《红楼梦》第五十六回,在李纨、薛宝钗和平儿的协助下,贾探春兴利除弊,锐意改革,表现出非凡的开拓精神和管理才能,连王熙凤都击节赞赏、自叹不如。探春还是大观园海棠诗社的发起人,在组建文化社团和开展文化活动方面表现出色。薛宝钗是淑女的典范,一向是尚德不尚才的,但她比其兄薛蟠更自觉地担负起家庭管理的责任,历练出卓越的管理才干,她在协助贾探春管理贾府、兴利除弊的活动中可谓出彩。在《红楼梦》第三十九回,李纨、宝钗、宝玉、探春、惜春等人,在一起评论平儿、鸳鸯、彩霞、袭人这几位协助主子从事家庭管理的助理,高度赞赏她们的职业精神、管理才能和不同风貌,就像在贾府举办的一次管理之星表彰会。

(三)文采风流的创作才能

《红楼梦》是人物长廊,是人才宝库,但在一切人才类型中,最耀眼、最迷人的还是林黛玉、薛宝钗、史湘云、贾探春、妙玉、香菱、薛宝琴等腹有诗书气自华的红楼女儿。林黛玉是《红楼梦》中的诗魂,是最有才情、最有魅力的大观园女诗人,她不仅诗歌数量最多、诗歌成就最高,而且言传身教,培养出香菱这样一位诗歌高徒。《葬花吟》是林黛玉感叹身世遭遇的尽情倾诉,是与贾宝玉的《芙蓉女儿诔》相提并论的绝妙篇章,道尽了红楼女儿的心事,暗示着红楼女儿的命运。作曲家王立平说,《葬花吟》是《红楼梦》的最高音,"天尽头,何处有香丘"的句子,把对红楼女儿悲剧命运的追问扩大到整个宇宙。香菱是林黛玉的高徒,是大观园里的诗魔、诗呆子,香菱学诗是跟黛玉葬花相映生辉的感人画面。通过学诗,香菱实现了生命的自我回归、自我展开和自我完成,成为公认的励志榜样,并因此获得进入海棠诗社的通行证。栊翠庵尼姑妙玉,平时以念经、品茶、赏梅为主要活动,很少写诗,但在听到林黛玉、史湘云中秋夜即景联句之后,居然动了诗兴,一口气续了二十六句,被诗魂林黛玉和诗疯子史湘云赞为"诗仙"。薛宝琴是较晚进入大观园的红楼女儿,但她通过《芦雪庵即景联句》《怀古绝句十首》《咏红梅花》《咏柳絮》,给大观园带来一股豪壮之气,一抹亮丽色彩。特别耐人寻味的是,薛宝琴还带来一首据说是外国美人写的《真真国女儿诗》,在大观园留下了异域女子的惊艳才华和芬芳气息。海棠诗、菊花诗、螃蟹诗、咏月诗、梅花诗、桃花诗、柳絮词等五彩缤纷的诗篇,展现了红楼女儿的创作才华,放射出红楼女儿的个性魅力。

四、结　语

《红楼梦》真实生动地再现了丰富多彩的人生状态,酸甜苦辣,百味杂陈,是人生悲喜剧,但又因其对"千红一窟(哭)""万艳同杯(悲)"的集中描绘和充分展示,"悲凉之雾,遍被华林"[8],整部作品带有浓重欲滴的悲剧色彩。金陵十二钗正册、副册、又副册里的女子,无不红颜薄命,都是名列太虚幻境薄命司的。有人说,傻大姐是《红楼梦》里幸福指数最高的女子,因为这位"体肥面阔,两只大脚""行事出言,常在规矩之外"的痴丫头,经常笑嘻嘻、乐呵呵的,几乎没有烦恼。但是,傻大姐的快乐是建立在"心性愚顽,一无知识"的基础上,她的快乐是肤浅甚至病态的,不宜在幸福指数上得到推崇。与傻大姐相比,那些活出尊严、活出个性、活出精彩的红楼女儿,应是更具幸福感的。在众多红楼女儿里,活得单纯、活得自在、活得自豪的二丫头,又应该是最具幸福感的。安居乐业,就是幸福:二丫头安居农庄,做着她所擅长的纺线活,当然是幸福的。跟喜欢的人在一起,做喜欢的事情,就是幸福:二丫头跟她的家人特别是跟她喜欢的弟弟妹妹在一起,自在地纺线,愉快地玩耍,当然是幸福的。可以说,以二丫头为坐标点的红楼女儿,通过自尊、自在、自豪而展现出来的独立人格,体现了生命的尊严,闪耀着生活的诗意,洋溢着浓郁的幸福,在《红楼梦》"千红一窟(哭)""万艳同杯(悲)"的悲剧色彩上,勾画出光彩夺目的一抹亮色。

参考文献

[1]蒋勋.蒋勋说红楼梦(第二辑)[M].上海:三联书店,2010.

[2]刘再复.红楼梦悟[M].北京:生活·读书·新知三联书店,2009.

[3]中国社会科学院语言研究所词典编辑室.现代汉语词典[M].北京:商
务印书馆,1996.

[4]潘新国,余文军.孟子直解[M].杭州:浙江文艺出版社,2000.

[5]曹雪芹.脂砚斋全评石头记[M].北京:东方出版社,2006.

[6]庄周.庄子[M].沈阳:辽宁民族出版社,1996.

[7]爱德华·霍夫曼.做人的权利——马斯洛传[M].北京:改革出版社,1998.

[8]鲁迅.中国小说史略[M].北京:东方出版社,1996.

家庭与社会

慈孝文化视角下隔代探望权的司法审视及制度构建

林　格　夏群佩*

摘　要:《中华人民共和国婚姻法》第三十八条确立探望权制度,解决了离婚后父母探望子女的问题,但未对祖父母、外祖父母探望孙子女、外孙子女(简称"隔代探望")予以明确。2017年10月1日开始实施的《中华人民共和国民法总则》第一百一十二条概括性规定了"自然人因婚姻、家庭关系等产生的人身权利受法律保护"。基于我国的国情,祖父母、外祖父母与孙子女、外孙子女关系密切、感情深厚,他们同样存在探望需求。由于法律的不明确,司法实践中此类纠纷不少,解决难度较大。该文基于慈孝文化视角,分析确立隔代探望权的正当性及必要性,审视现行的隔代探望权司法实践存的弊端,提出构建隔代探望权制度的基本原则及具体路径。

关键词:探望权;慈孝文化;婚姻法;制度构建

《中华人民共和国婚姻法》仅对父母探望权问题进行规定,而忽视了祖父母、外祖父母作为孙子女、外孙子女的直系血亲对探望的需求。近年来,随着经济社会的发展,离婚案件不断上升,隔代探望需求随之增多,无论是从家庭伦理、文化传承角度,还是从法理角度,都应该对隔代探望权予以明确,以确保司法实践中能统一裁判、公正审理。

*　林格,浙江工商大学法学院学生。夏群佩,温岭市人民法院党组成员、办公室主任、审管办主任,研究方向为民商法学。

一、问题提出:隔代探望权的司法变迁

我国关于探望权的规定见《中华人民共和国婚姻法》第三十八条,该条规定"离婚后,不直接抚养子女的父或母,有探望子女的权利,另一方有协助的义务"。从该条文看,探望权,又称探视权,是指夫妻双方离婚后,未与未成年子女共同生活的一方,享有与未成年子女见面、交流的权利。从条文字面上理解,探望权主体并未包含一些特定的人,如失独后的祖父母、外祖父母能否探望孙子女、外孙子女。因此,隔代探望权亦非法律术语,仅是探望权的延伸。司法实践中对祖父母、外祖父母诉请探望权的判决结果也是不一。

案例一:刘某夫妇独生女儿病故,因翁婿关系不睦,女婿李先生拒绝二老探望外孙女。2012年,刘某夫妇向辖区人民法院起诉,要求对外孙女的探望权。辖区法院认为,外祖父母要求探望权没有法律依据,遂驳回刘某夫妇的诉讼请求。一审判决后,原告不服上诉,中级人民法院依法驳回上诉,维持了原判。①

案例二:2015年,江苏某地一对年轻夫妇,男方坠楼身亡。老父母痛失独子,对坠楼之事心有猜忌,迁怒于儿媳,矛盾加剧。在此后探望孙子的过程中,老人与儿媳发生肢体冲突。老人起诉要求探望孙子。一审判决支持,儿媳不服上诉,中级人民法院判决驳回上诉,维持原判。②

案例三:2016年,小文在父母离婚后与祖父母共同生活9年,而后由其母白某带至德国读书,祖父母念孙心切,向白某表达探望要求,但被告却以各种理由和方式推脱、阻挠,丁某夫妇诉至法院。辖区法院经审理后判决支持了丁某夫妇要求探望孙子的部分诉讼请求。③

---

① 隔代探望权遭遇法律盲区[EB/OL].110法律咨询网,http:www.110.com/ziliao/article-348549.html.
② 失独老人有隔代探望权吗[EB/OL].凤凰网咨询,http://news.ifeng.com/a/20160106/46955960_0. shtml.
③ 祖孙相思不得见,隔代探望获法院支持[EB/OL].法润江苏网,http://www.frjs.gov.cn/31055/31056/ 201611/t310911⁷.shtml.

从上述三个案例中,我们发现探望权立法之初司法实务界对隔代探望权持严谨态度,严格遵循法律规定,否定祖父母、外祖父母的探望权。近年来,随着经济社会的发展,离婚案件不断上升,探望权案件也不断增多且类型多样,有的法院从民法原理及社会伦理角度寻求突破口,探望权外延有所扩展。2016年,案例三入选《中国审判》2016年十大典型案例,这也标志着司法实务界对隔代探望权从采取相对严谨态度向肯定转化。2017年10月1日开始实施的《中华人民共和国民法总则》第一百一十二条概括性规定了"自然人因婚姻、家庭关系等产生的人身权利受法律保护",但并未将这些权利一一列举。一般通说认为,自然人的身份权包含配偶权、亲权、亲属权及监护权等,应该包含祖父母、外祖父母与孙子女、外孙子女间相互享有的人身权。由此,隔代探望权有了基本的立法依据。然后如何保障权利实现且不与其他权利相冲突,确保确立的权利真正具备正当性及必要性,都需进一步论证与完善。

二、文化诉求:确立隔代探望权的正当性分析

从文化层面来看,探望权制度是中国"孝"文化得到传承的体现。中国传统社会的孝,是处理亲子关系的规范和最高准则,是支撑家庭养老功能的文化价值机制。[1]因此,无论从慈孝文化的历史渊源还是传统承继看,探望权制度均需要进一步延伸和拓展,而隔代探望权恰是探望权的一个重要延伸。

(一)确立隔代探望权是慈孝精神的题中应有之义

慈孝文化是我国传统文化的重要组成部分。所谓慈孝精神,是指血缘亲情所催生的、中国传统文化所养育的、用以指导调节家庭长辈和晚辈之间利益关系的价值观念,即长辈应关心爱护晚辈以尽慈道,晚辈应孝敬赡养长辈以尽孝道的思想意识。[2]

我国慈孝文化源远流长,早在西周就确立了以孝为主的宗法道德规范,强调父慈子孝、兄友弟恭。儒家更加重视慈孝文化,孔子说"夫孝,德之本也,教之所由生也",孟子说"老吾老以及人之老,幼吾幼以及人之幼",儒家

还著有专门的《孝经》,作为全天下人的德行准则。秦汉时期,慈孝规范得到强化,汉代设置专门的选官制度"举孝廉",特别强调孝之于治国平天下的意义。唐以后历代官方及民间,仍然非常注重慈孝文化。基于传统理念,慈孝精神应具有三方面特征:一是以血缘为本的亲亲特征,即父母与子女间天然的亲亲之情;二是基于亲亲而产生;三是家庭社会的双重特性,孝首先指向父母,然后指向祖父母及其他宗族祖先。因此,赋予祖父母、外祖父母与孙子女、外孙子女间的探望权,也是慈孝精神的应有之义。

(二)确立隔代探望权体现了慈孝文化与传统立法的融合与传承

我国传统立法以孝为核心展开制度设计,慈的内容有体现但相对较少。一方面逐步明确孝之内涵,并以法律手段保障其实施,另一方面逐步完善对不孝行为的惩罚措施。我国孝文化从先秦时期开始融入法律,夏、商、周三代以礼为法;汉代以孝治天下;唐代初步完成法律儒家化,孝道精神完全融入法律,成为法律之核心价值;之后的宋、元、明、清,其法典均继承唐律基本精神,尤其是明理学发展,孝道观念更加根深蒂固。虽有个别条文因时代变迁而有所修订,但孝道作为法律原则依然不变。经过漫长的历史演进,孝道与法律彼此渗透,逐步融合为一体。如此,在传统社会中,"重孝轻慈"成为传统伦理的必然特征,也成为传统立法的现实构成。但也应当认识到,传统等级差序伦理中父系家长的至高地位决定了孝的优先性,慈事实上只能栖身于"父为子纲"的内容之中。而正是由于慈的客观存在,才使得慈孝之道成为尊属与子孙之间双向的权利、义务关系,两者缺一不可。有美国学者称:"若不牢牢记住孝道是中国人的家族、社会、宗教乃至政治生活的根据的这一事实,即终究不能理解中国及中国人的真相。"[3]131因此,基于亲情家庭伦理产生的探望权,是传统文化尤其是慈孝文化的传承,理应随着法律的变迁更新,赋予新的内涵与外延。如果我们的立法和司法漠视慈孝文化的流失或者在新时代不赋予其新内容,那么法律也无法承担起社会公平正义的重担。

(三)确立隔代探望权体现了社会主义法治的人文关怀

我国是一个家国观念很强的国家,无论是古代还是当下,隔代亲现象普遍存在,很多未成年人长期与祖父母、外祖父母生活,感情深厚,有的甚至超过父母与子女之间的感情,尤其双职工家庭等,祖父母或者外祖父母帮忙照看年幼的孙子女、外孙子女都是年轻父母的不二之选。父母离婚或者一方过世后,未成年子女依然渴望得到祖辈的关爱和呵护,而祖父母或者外祖父母也迫切需要通过探望来实现与孙子女、外孙子女间的沟通和交流。所以,确认隔代探望权是祖孙辈的共同需要。确认隔代探望权,不仅有利于未成年人的健康成长,而且可以使祖父母、外祖父母从与孙子女、外孙子女的交往中得到心理慰藉,有利于社会的和谐稳定。探望权所具有的亲权特性,蕴含了家庭人伦内涵。确认隔代探望权,不仅符合我国的传统伦理道德观念,也体现了社会主义法治的人文关怀。如果我们的司法尤其是涉及亲情伦理的家事审判不能彰显人文关怀,那又如何能紧随现代文明社会的步伐?

三、司法审视:确立隔代探望权的必要性分析

近年来,随着经济社会发展,我国离婚率不断攀升,离婚后不直接抚养子女的父或母一方因死亡造成(外)祖父母无法探望(外)孙辈的情况也较为普遍,司法实践中隔代探望权案件逐年上升,此类案件的审慎处理不仅仅关乎个体家庭,还关乎社会和谐稳定。然而在司法实践中,尚存在诸多问题。

(一)祖父母、外祖父母在子女离婚诉讼中地位尴尬

对于子女过世后,祖父母、外祖父母起诉探望不成孙子女、外孙子女的问题,如案例一、案例二。但在离婚诉讼及父母间探望权诉讼中,同时主张祖父母、外祖父母享有探望权,该如何处理?大部分法院可能是由于祖父母、外祖父母并未作为诉讼的主体提起诉讼,基于"不告不理"原则,不对其权利行使做出判决。这反映出祖父母、外祖父母权利行使的尴尬。未直接抚养孙子女、外孙子女方提起的这种方式是否合适,法院是否应该行使释明权,是否应在判决书中明确祖父母、外祖父母有权单独提起探望权纠纷,司法实践似乎忽略了这些问题。

(二)案件审理程序单一而且原则化

据《中华人民共和国民事诉讼法》相关规定,探望权纠纷案件与其他民事纠纷的诉讼程序相比并没有任何区别之处。案件一般先调解,调解不成,就判决,判决后不服再上诉,再不服再申诉,然后再到执行。根据《中华人民共和国婚姻法》规定,探望权可以有"当事人协议"和"法院判决"两种形式。但立法没有列举规定有关探望权行使方式,当然更无隔代探望权行使之规定,导致当事人和法院仅仅确定享有探望权而在探望权行使方式、时间、地点等方面没有做出具体的安排,使日后行使探望权出现新的矛盾和问题。

(三)权利实现方式难以把握

关于探望权内容的确定存在两难:一方面,如果只裁定"祖父母、外祖父母享有探望权",不对探望权行使的方式、内容等进行细化,极可能引起探望权人祖父母、外祖父母与孙子女、外孙子女监护人的冲突,无法真正保护探望权人及其他各方利益主体。另一方面,如详细规定探望权行使的时间、地点、方式,但在缺乏相应配套制度保障时,则可能出现导致判决无法执行的诸多因素。当事人如果重新起诉变更原来判决,会导致探望权人与监护人之间的矛盾加剧,甚至影响未成年人的健康成长。

(四)权利中止事由过于概括

我国婚姻法仅对探望权的中止事由做了原则性的规定,把"不利于子女身心健康"作为中止探望权的法定事由,除此之外,没有任何较为详细的表述。在司法实践中,法官往往依据自身法律知识和社会经验来判断何种情形属于"不利于子女身心健康"的范围。由于每个人的知识背景、成长过程不同,对"不利于子女身心健康"的理解不同,不同法官可能会对相似的案件做出迥然不同的裁判,甚至有可能出现曲解探望权中止制度的现象。理论界目前有一些学者就有关探望权的中止事由提出了自己的见解。如薛宁兰教授指出:患有足以影响子女健康的疾病;有赌博、吸毒等恶习;对子女有违法犯罪行为;教唆、引诱子女实施违法行为。[4]120实践中已有法院在尝试辖区内做出统一规定。

四、制度构建：确立隔代探望权的原则与路径

如前文所述，我国在实体上确立隔代探望权的态度较为明确，但权利最终能否真正实现，还需要一系列的程序加以保障。当然，隔代探望权的行使必须在遵守儿童最大利益及衡平原则两个基本前提下，并且不得侵害其他人的权利。

（一）确立隔代探望权的基本原则

1. 儿童最大利益原则

儿童最大利益原则是国际条约确立的保护儿童立法的国际性指导原则，我国在1990年签署了《儿童保护公约》，但未在婚姻家庭的立法过程中确立该原则。虽然"不利于子女身心健康"早在《中华人民共和国婚姻法》中被规定为探望权中止事由，并被视为探望权行使的基本原则，但这与国际法中的儿童最大利益原则仍有很大区别。依据我国相关规定及司法实践，探望权行使只需不损害子女身心、健康条件即可，法院对这一因素考量时，通常体现为子女受到明显的身体伤害或者沾染恶习，而常常忽略了不正确的探望方式或者探望者自身的性格因素对未成年人成长的隐性影响。因此，儿童最大利益原则将子女视作法律保护的特殊主体，不仅父母需要合理行使探望权，祖父母、外祖父母、其他亲属甚至全社会均不例外。建议在以后的婚姻法修改中能够明确规定儿童最大利益原则。具体到探望权包括隔代探望权，除了直接将其确立为婚姻法的基本原则外，在探望权之诉讼中应根据此原则确立探望权的归属及行使方式和时间，行使探望权时注重未成年子女成长过程中的心理因素等。在该原则指导下，对探望权的行使限制也要明确予以规定，只要法院发现探望行为对未成年人不利，就不予支持。探望权中止及恢复的原则也应当转化为是否有利于子女最大利益的实现。[5]

2. 衡平原则——衡平隔代探望权与父母探望权之间的关系

隔代探望权的行使，一定程度上干预了父母对未成年子女的监护。实践中，出于多种因素考虑，如离婚时双方矛盾较大、怨恨尚未彻底化解，离婚

后一方新建家庭、教育理念不同等,抚养子女一方会采取各种理由推脱或拒绝祖父母、外祖父母的探望。在抚养方不配合探望时,虽然按照目前通说可通过诉讼获得探望权,但如若不能很好地在探望权行使的方式、时间上做出平衡,探望权的执行仍会陷入困境。因此,笔者认为除了程序保障,还应辅之以其他可能性措施,以获得权利最大限度的实现。具体言之,针对祖父母、外祖父母探望权与父母监护权之间可能存在的冲突,法院在确认权利的同时,对于祖父母、外祖父母探望权行使的时间、地点、方式也应结合不同的案件做出不同的具体而明确的规定,对干预父母行使监护权的不予支持。同时,对于祖父母、外祖父母行使探望权提供一定的保障以促使权利实现。

(二)隔代探望权的程序保障

1. 设立探望权纠纷化解前置程序

探望权案件与一般民事案件不同,具有人身与道德双重属性,而且还具有长期性、多变性的特点。同时,从我国传统"和为贵"的思想及家庭伦理角度,对探望权案件来讲,最佳的理想解决方案就是调解解决。法院的过早过多介入可能会使结果恰得其反,导致协助履行一方产生更大的抵触心理。为此,建议设立隔代探望权纠纷化解前置程序。具体言之,将基层群众性自治组织——主要是居民委员会和村民委员会,作为隔代探望权纠纷前置程序的调解机构,调解不成的,再到法院起诉。当然,在诉讼中,还需贯彻调解原则,穷尽调解措施后再依法合理判决。

2. 赋予探望权纠纷化解多样化程序选择

探望权的实现不仅关乎当事人的利益,更多涉及未成年人的利益。探望权的实现无论在实体权利规定中还是诉讼程序进程中,主要强调的是子女利益的保护,因此此时法院的介入,首先应承担监护职能。具有这项功能恰恰是非讼裁判程序的基本功能。[6]非讼程序的功能原则主要在于职权主义、非严格证明以及不公开审理,这些原则和特点使得法院能够迅速参与到探望权利确认以及未成年子女的监护角色中。[7]因此,适用非诉程序可以适用于审理探望权纠纷。但隔代探望权不同于父母的探望权,有些案件在审理过程中还需要结合当事人提供有关能够行使探望权的积极事由和消极事由进行判定,最终确定这项权利是否存在。另外,还有些隔代探望权案件可能与父母探望权及其他探望权交叉在一起,法院对此类探望权案件的合并审理,有利于未成年利益的保护及纠纷的一次性解决。这些均需要适用普通程序审理。因此,只有赋予隔代探望权案件审理多样化的程序选择,才能提高司法效率,保护当事人的权益。建议案件简单事实清楚的适用非诉程序,案件复杂的适用普通诉讼程序。

(三)确立隔代探望权的判断标准

1. 关于基本条件问题

判断隔代探望权需要考虑的基本条件不同于父母的探望权,除了上述两个基本原则外,实践中还考虑以下几点:一要考虑是否存在请求权滥用的现象,一般情况不能影响到父母的探望权;二要考虑原先祖孙之间的感情基础,感情不深厚,未成年人抗拒其探望,就不能强行探望;三是要考虑离婚后抚养方新建家庭的实际情况,不能干扰再婚一方的生活。

2. 关于探望权内容

探望权频率涉及具体时间、方式和次数等,不能仅依据探望人的要求划定,而是要综合考虑探望人和被探望子女的具体情况。在未成年人不同年龄段,探望人探望的时间和次数也有差异。对于年龄较小的,不适宜在夜间探望,也不适宜短期同住;对于已经有一定行为能力的,则可以采取比较灵活的探视时间,也可以在得到未成年人及其监护人同意的前提下,要求短期同住。创新探望方式,借助微信/QQ视频以及其他的网络工具进行交流。

3. 明确不予探望或者中止探望的具体情形

建议用概括和列举并存的方式规定不予探望或者中止探望的具体情形。如探望权人患有严重疾病,可能危及被探望人健康的;在行使探望权时有侵权行为或者犯罪行为,损害被探望人利益的;探望人与被探望人感情严重恶化,被探望人坚决拒绝探望的;其他严重危害被探望人身心健康的情形。同时,还要明确因探望人一方不合理的探望行为造成的损害,应予损害赔偿。

参考文献

[1]李桂梅.中西家庭伦理比较研究[M].长沙:湖南大学出版社,2009.

[2]王征.在传统慈孝精神转化中推进家庭美的建设[J].理论学习,2017(2).

[3]徐复观.中国思想史论集[C].上海:上海书店出版社,2009.

[4]梁慧星.中国民法典草案建议稿附理由[M].北京:法律出版社,2006.

[5]陈韦,谢京杰.论"儿童最大利益优先原则"在我国的确立——兼论《婚姻法》等相关法律的不足与完善[J].法商研究,2005(5).

[6]郝振江.论非讼程序的功能[J].中外法学,2011(4).

[7]郝振江.论精神障碍患者强制住院的民事司法程序[J].中外法学,2015(5).

我国夫妻共同债务推定规则的实证研究

——以浙江省相关司法裁判为例

何明红　陆芳晶*

摘　要: 在当今夫妻契约关系凸显、财产结构更加多元的背景下,婚姻关系存续期间的债务如何认定备受关注,适用多年的《最高人民法院关于适用〈婚姻法〉若干问题的解释(二)》第二十四条所创设的时间规则也饱受诟病,在 2018 年 1 月新司法解释出台后,其即废止。新司法解释重归《中华人民共和国婚姻法》确立的目的规则,但也并非完美无缺。该文以 2014—2016 年浙江省民间借贷案件中涉及夫妻债务认定的案例为切入点,在探讨法律价值选择的基础上,对我国夫妻一方以个人名义对外所负债务的推定规则进行思考,同时从实证角度入手分析法官应重点关注影响案件结果的关键因素以及如何进行利益衡量以求得实质正义。

关键词: 夫妻共同债务;时间规则;目的规则;制度构建;利益衡平

我国夫妻共同债务的认定规则问题历来饱受社会关注,尤其继《最高人民法院关于适用〈婚姻法〉若干问题的解释(二)》(以下简称《解释(二)》)第二十四条施行以来更是争议不断。从其适用情况来看,该条款的适用致使女性因婚姻而"被负债"的受众面较广,民间甚至形成了一些组织以呼吁废止该条款的适用。[①]基于此,我国最高人民法院陆续出台司法解释、指导意见以化解矛盾,诸

---

* 何明红,杭州师范大学沈钧儒法学院硕士研究生,研究方向为民商法学。陆芳晶,杭州师范大学沈钧儒法学院本科生。

① 参见 http://news.163.com/16/1008/08/C2RE5I0700014SEH.html。

如2017年2月28日最高人民法院发布《最高人民法院关于适用〈中华人民共和国婚姻法〉若干问题的解释(二)的补充规定》和《最高人民法院关于依法妥善审理涉及夫妻债务案件有关问题的通知》,但仍难以解决现实冲突。2018年1月18日,最高人民法院颁布施行《关于审理涉及夫妻债务纠纷案件适用法律有关问题的解释》(以下简称《新司法解释》)。新司法解释修正了《解释(二)》第二十四条,意味着适用十多年之久的《解释(二)》第二十四条成为历史。①

笔者认为,在《解释(二)》第二十四条适用以后,上述夫妻共同债务推定规则的相关司法解释出台,呈现为间隔周期短、频率快的特征,其修法过程的主导理念体现了法律规则对实质正义的追求。概因在夫妻"一体主义"逐渐走向"别体主义"的背景下,衡平夫妻对外债务案件中债权人与非举债配偶利益所需,亦是《婚姻法》一直秉持的目的规则的回归,展现了法律人追求公平正义的智慧与决心。下文中,笔者从大量的案例数据分析入手,以系统性的整理窥探夫妻债务在司法实践中的处理路径和价值取向。囿于篇幅,该文所讨论的夫妻债务仅为法定财产制下夫妻一方以个人名义对外所负债务。

一、《解释(二)》第二十四条废止之实证分析

夫妻债务认定上因价值选择、判决标准等不同,呈现出具有代表性的两种认定规则,一是以《中华人民共和国婚姻法》(以下简称《婚姻法》)第四十一条为依据,以保护非举债配偶利益和婚姻家庭利益为标准的目的规则②;二是以《解释(二)》第二十四条为依据,以最大限度保护债权人利益为标准的时间规则③。无论是实务界或是理论界,对二者的适用之争从未停歇。笔

---

① 最高人民法院发布《关于审理涉及夫妻债务纠纷案件适用法律有关问题的解释》第三条:夫妻一方在婚姻存续期间以个人名义超出家庭日常生活需要所负的债务,债权人以属于夫妻共同债务为由主张权利的,人民法院不予支持,但债权人能够证明该债务用于夫妻共同生活、共同生产经营或者基于夫妻双方共同意思表示的除外。

② 主要代表人物及相关文献:夏吟兰,《我国夫妻共同债务推定规则之探讨》;裴桦,《夫妻共同财产制研究》;王礼仁,《破解夫妻共同债务司法困境之构想》等。

③ 主要代表人物及相关文献:孙若军,《论夫妻共同债务"时间"推定规则》;吴晓芳,《婚姻家庭继承案件裁判要点与观点》;胡苷用《夫妻共同债务的界定及其推定规则》等。

者以实证角度,分析上述规则出现的频次及对案件结果的影响,检讨《解释(二)》第二十四条的缺陷以反证调整之必要。

(一)矫枉过正,触发道德危机

为充分体现抗辩意见,确保分析数据的完整性、科学性,笔者以浙江省相关法院在2014—2016年间审理民间借贷案件中涉及夫妻共同债务认定时以当事人双方均出庭为筛选条件搜集整理的290件案件为样本,样本量分别由2014年的71件(占当年案件量16.10%),2015年67件(占当年案件量13.60%),2016年146件(占当年案件量20.30%)构成①。分析法院判决书主文援引《婚姻法》及其司法解释条文情况,得出下表1:

表1　法院判决援引法条情况分析(有效样本量284件②)

年份	债务认定	只援引《解释(二)》第二十四条的案件量(件)	占总案件量百分比(%)	只援引《婚姻法》第四十一条的案件量(件)	占总案件量百分比(%)	其他条款及未明确的案件量(件)	占总案件量百分比(%)
2014	共同债务	58	81.69	3	4.23	3	4.23
	个人债务	3	4.23	0	0	4	5.63
2015	共同债务	56	83.58	1	1.49	1	1.49
	个人债务	2	2.99	2	2.99	5	7.46
2016	共同债务	132	90.41	0	0	3	2.05
	个人债务	4	2.74	1	0.68	6	4.11

三年中平均有超过85%的民间借贷案件涉及夫妻债务认定时判决依据只援引《解释(二)》第二十四条,在具体认定说理时,最常见的论述为"借款

---

① 案例数据由笔者在中国裁判文书网上根据关键词搜索整理而成,案件总量共计1686件,并根据论文讨论情况并案件相关细节做出区分,分类分情况进一步研讨。

② 在整理出的290份判决书中,删去因部分借款不在婚姻关系存续期内导致判决结果为"部分共同债务,部分个人债务"的6份判决书外,分年得出如上表1所示的284份判决。

时两被告系夫妻关系,夫妻关系存续期间的债务应视为夫妻共同债务,故该债务应由两被告共同承担"。笔者观察到,在上述判决文本中《婚姻法》第四十一条的适用难察其踪,即使在认定事实和裁判结果为"个人债务"的判决书中,也少见对其直接适用,更多是在非举债配偶穷尽举证后原告方处于举证不能或举证不利的窘境,或有确切证据证明所借款项系赌博、金额巨大超出日常家庭所需等事由而被裁判者认定为个人债务。

笔者认为《解释(二)》第二十四条仅以夫妻债务形成时间为认定夫妻共同债务的标准,这种时间规则以一刀切的方式将婚姻关系存续期内的债务认定为夫妻共同债务,这一做法一方面会引发利用事实婚姻关系一方举债被认定为共同债务的法律风险,另一方面,在离婚率攀升的情形下,该规则易引发举债人与债权人恶意串通损害举债人配偶方利益,使婚姻的诚信受到威胁,加剧了配偶对经济财产的失控感,触发婚姻道德危机,实非良法的价值取向。

(二)举证责任分配不均,损及实质正义

时间规则另一饱受诟病之处在于举证责任分配不均,证明低盖然存在的消极事件,加重非举债配偶的证明负担,难以实现实质正义。实践中,多数引发夫妻债务纠纷以及难以息讼的案例显示,配偶一方尤其是女性往往对于借款并不知情,甚至离婚几年之后突然因一纸判决背上巨额债务,这对配偶一方显失公平。笔者就法院在判决时对证明责任的分配得出下表2:

表2 证明责任分配表(有效样本量244件①)

证明方	判决结具				共同债务判决(217件)				个人债务判决(27件)
	非举债配偶(件)	配偶双方(件)	债权人(件)	未提及(件)	非举债配偶(件)	配偶双方(件)	债权人(件)	未提及(件)	
2014年	33	6	0	13	1	0	6	0	
2015年	24	16	0	10	1	0	6	2	
2016年	76	14	0	25	0	0	8	3	
总计(件)	133	36	0	48	2	0	20	5	
占比(%)	61.29	16.59	0	22.12	7.41	0	74.07	18.52	

---

① 在筛选出的290件样本中,剔除"部分共同债务,部分个人债务"的6份判决书以及配偶方对此借款"认可、签字"等无涉证明责任的40份判决书外,得出有效样本量244件。

通过对上述实证数据进行分析,笔者认为《解释(二)》第二十四条中认定夫妻共同债务的举证规则体现了保护交易安全和债权人利益的立法目的,同时考量夫妻共同生活的特点以及夫妻关系的私密性,将证明责任直接分配给非举债配偶。而债权人基于借贷优势地位和利己主义心理,一般不会接受将债务约定为个人债务,那么该条第一个例外事由就形同虚设;若夫妻约定采取分别财产制,基于夫妻约定的私密性,亦难以举证证明债权人对夫妻分别财产及债务承担约定存在知情。

笔者认为,将夫妻双方无举债合意、所借款项与夫妻共同生活无关等消极事实的证明责任分配给非举债配偶的证明规则本身就与民事诉讼法中的证明理论相悖。同时,现实因素的制约也致使非举债配偶一方存在举证不能,建立在《解释(二)》第二十四条基础上的举证规则系对非举债配偶举证责任的不当加重。

(三)法条适用差异化,有损司法权威

在夫妻债务的推定规则上,以《婚姻法》第四十一条的目的规则和《解释(二)》第二十四条的时间规则最具典型性,但就整体的立法状况而言,法官可选择的法律规范仍较为丰富,除上述规定外,《最高人民法院关于贯彻执行〈中华人民共和国民法通则〉若干问题的意见(试行)》第四十三条规定以及1993年《最高人民法院关于人民法院审理离婚案件处理财产分割问题的若干具体意见》第十七条均做出相应规定。此外,各地方法院也相继出台相关指导意见。众多条文的不统一和选择适用让司法实践者难以抉择,在不同时期、不同位阶、不同价值取向的法律规定面前甄别取舍,在寻求夫妻举债一方、非举债配偶一方和债权人三方利益平衡点的前提下实现实质公平正义的判决结果,在现行法律框架下已然成为司法实务界面临的困局。[1]

笔者分析所收集的杭州市各级法院裁判公示的2016年民间借贷案件中,涉及夫妻债务认定的有218件案例,但其中认定为个人债务仅有13件,并且分布相对集中,分别为余杭区8件,萧山区5件,其中余杭区8件案件中有4件是同一位法官判决,萧山区5件案件中有两位法官各判了2件。同时,在上述表1和表2的相关实证及呈现的数据显示,无论是共同债务还是个人债务的判决,均存在一定比例的案件裁判中法官未提及责任分配和具体适

用的法条的现象。在认定为共同债务的判决中,80%的法官照搬《解释
(二)》第二十四条的时间规则,说理论证简单带过,粗糙却高效,亦有法可
依;在认定为个人债务的判决中,法官则要从债权人与借债人的关系、借款
的数额、日常家庭需要的范围等多方面加以详细的论证说理,考验法官说理
水平的同时也无形中增加了工作量,盖因当下社会司法资源稀缺,员额制和
判案终身制牵动着法官的神经,工作量和压力与日俱增,多数法官会选择适
用时间规则而认定为夫妻共同债务实有其现实背景。同时,部分审判者对
主观证明责任的忽视也直接导致了大量非举债配偶一方承担败诉风险。[2]从
笔者收集的数据看,其中有17份判决书出现了类似的区分,但以"非举债配
偶方提出相关证据后,债权人未能反证"为由认定个人债务的案件仅占案件
总量的0.10%。

　　虽然样本呈现的数据量有限,尚缺乏充足的说服力,但从判决文书记载
的内容来看,也折射出不同审理法官在认定案件事实和形成心证时基于法
条理解和适用、业务水平、价值取向和个人认知等多种因素存在较大差异,
最终会导致审判结果差异化。笔者认为,缺乏统一且正当性的法条,致使同
案不同判的情况大量发生,既损害了司法权威性,也失去了先例的参考指导
意义。

(四)分居后债务性质认定及清偿、补偿规则缺失

　　我国法律并不存在司法分居制度,但现实中因子女、名誉、时间、社会地
位制约等问题而未离婚仅分居的家庭在中国却不是少数。在笔者收集分析
的1686件案件中,除去非举债配偶对债务表示认可、签字等有举债合意的情
形外,余下463件案件中,非举债配偶以分居作为抗辩事由的案件有75件,
占到案件量的16.20%,但仅有7件被裁判者采纳并作为认定为个人债务的
事由,仅为案件量的1.51%。笔者认为,上述结果系受以下事实因素约束:一
是基于夫妻关系的私密性,对夫妻双方是否真实分居难以证明,法官也难以
认定;二是机械地适用《解释(二)》第二十四条,以时间规则为审理依据,未
审慎审查借款的实际用途。

　　就夫妻未离婚但出于分居状态的债务如何清偿问题,目前还未有定论。
《婚姻法》原则上不同意婚内财产分割,仅在《婚姻法司法解释(三)》第四条

规定了两个例外情形,包括伪造夫妻共同债务严重损害夫妻共同财产利益行为的情形。笔者认为,伪造夫妻共同债务,一经查实,配偶方本就无需承担责任,并且实施其行为需有将夫妻共同财产据为己有的主观故意,范围狭窄难证实,非举债配偶在承担连带责任后自身的后续利益仍难以保障。

二、我国现行夫妻共同债务推定规则的思辨

最高人民法院在2018年1月出台关于夫妻债务认定的新司法解释,其规则理念重归《婚姻法》第四十一条确立的目的规则,并对其做了进一步细化,体现了家事法下的意思自治与基于公平正义导向的法律干预以及家事法下安全与交易效率的价值选择和限制,合同相对性原则在家事法领域的部分突破既遵循了债的法理,也充分尊重了家事法下夫妻债务的客观事实,其适用结果也符合社会公众的期待。但新司法解释并非完美无缺,在立法上仍需逐步完善。

(一)"共债共签"与"共签共债"

新司法解释规定夫妻可通过共同签字或事后追认的方式认定夫妻共同债务,避免了非举债配偶一方在不知情的情况下"被负债",有利于保护非债一方的合法权益。然而该规定仍存在理解上的争议。有专家表示,此条开宗明义强调夫妻共同债务形成时的"共债共签"原则[3]。笔者认为,共同签字的债务是认定为共同债务的情形之一,但并非必要条件。从新司法解释的表述上理解,夫妻共同签字的债务是共同债务,在逻辑关系上是共同签字推出共同债务,反推则不一定成立。"共债共签"在保障配偶知情权、避免产生不必要的纠纷等方面有积极意义,但若认为只有共签的债务才是共同债务,那就是对认定夫妻共同债务之实质要件的忽视和曲解。认定夫妻共债,本质上是审查债务是否用于家庭,夫妻是否共享利益,共签仅为形式要件,不影响案件的最终认定。另外,共签并不能起到其被期望的作用,基于夫妻关系的亲密性,一方取得配偶的签名轻而易举,若以共签为原则,则实务中将存在大量类似盖有公章、签名的空白借据,反而加重了非举债配偶一方的证

明负担。因此，对新司法解释，宜做"共签共债"的理解，而非"共债共签"的解读。

（二）形式证明与实质证明

新司法解释第三条涉及证明责任的分配问题。但现实中，家庭经营的情形较为复杂，并且家庭关系的封闭性和紧密性等因素也决定了债权人无法全然窥知债务背后的真相。若机械适用第三条举证责任分配的规定，将证明责任全部分配给债权人，不当地加重其证明负担，也容易引发夫妻之间恶意串通逃避债务的风险。因而，认定超出日常家庭需要的债务是否属于夫妻共同债务时，债权人、举债人和非举债配偶均需承担相应的证明责任。然而，债权人需证明到何种程度，是形式上还是实质上的善意，该司法解释并未做出相应规定。笔者认为，让债权人证明借款的实际用途既不现实也不合理，但若仅依据借据上书写的借款目的即认为债权人完成了证明责任，此举证责任的分配又形同虚设。对于二者如何平衡，笔者认为可借鉴银行受托支付的方式，在借款协议或相应文本中明确借款缘由确为家庭经营外，债权人应根据上述约定用途直接将借款转入与债务人交易的第三方账户，或者将借款直接转账至非举债配偶的银行账户或其他收款账户，诸如支付宝、微信账户等。如此操作规则一方面更加简便易行，具有可操作性和较强证明力，避免了现金交易带来的后续问题；另一方面也通过此种方式避免债务人私自挪用，同时提醒非举债配偶一方，使其由不知情状态转化为知情状态，并确保其在知情后能积极采取救济措施，避免其共担债务的法律风险，并且起到止损或减损的效果。

（三）双非借款的认定

新司法解释仅规定了家庭生活需要和家庭经营需要债务如何承担，但对于如何认定既非属于日常生活范畴又非属于家庭经营的双非债务未见调控。

其中一类的双非债务诸如配偶一方为追求享受而借钱挥霍，此类债务若要认定为共同债务需审查举债人配偶是否知情和认同或存在事后追认，否则宜认定为个人债务。

另一类双非债务多见于侵权领域,即配偶一方因个人行为产生侵权损害赔偿之债。对于此类损害赔偿之债或者为支付此类损害赔偿而形成的借贷之债应如何认定,笔者认为,此类债务应以认定为个人债务为原则,共同债务为例外。盖因侵权行为是由于侵权人的不法行为导致的,承担侵权责任是法律对其行为的否定性评价,侵权人配偶对此行为既不知情,更未参与,将其认定为个人债务符合侵权法"谁侵权谁担责"的法律精神。同时,从《婚姻法》第十八条的规定亦可推知,因侵权造成他人伤害赔偿的医疗费等损害赔偿的债务及由此产生的借贷之债均为个人债务应成为普遍适用的规则。但侵权人因执行家庭事务而产生的侵权损害赔偿债务,考量衡平非侵权方配偶一方和受害人之间利益的需要、"共享利益,共担风险"以及夫妻共同债务认定中"家庭需要"的实质标准要素,笔者认为对上述债务的认定应做适当的拓展,应认定为夫妻共同债务。

(四)日常家事代理的诠释和完善

新司法解释明确规定以家庭生活需要所负债务为共同债务,但《婚姻法》未详尽规定与其适配的"日常家事代理制度"。笔者以为,为保护善意第三人、维护交易安全及保障善意配偶方的利益,解决夫妻债务认定案件中的适用一致性,宜对日常家事代理制度在法律上做到详尽规范。在完善日常家事代理制度时,需把握以下方面:

首先,需明确其主体仅限于存在合法婚姻关系且共同生活的配偶双方,即非婚同居不产生日常家事代理权以及默认夫妻分居期间丧失日常家事代理权,除非为履行赡养、抚养等义务或第三人有理由相信或有证据证明存在日常家事代理的情形。

其次,关于日常家事的范围,单纯以消费种类做区分会导致范围过大,而结合当地一般家庭的生活水平和人均可支配收入情况来划定数额虽从表面上来看具有科学性,实际却忽略了当事人家庭的个体特性,未免太过机械。笔者认为,对于日常家事代理的范围可采取概括列举加除外规定的方式来界定。笔者赞同综合考虑债务种类和债务数额,结合个体家庭生活中常态、正态支出情况加以判断。对不动产以及价值较大动产的处分、与家庭情况明显不符的消费、经营性债务、较强人身性质及职业性事务、非日常家事必需的投资以及其他明显不属于日常生活所必需的事务所产生的债务,均不应认定为日常生活和家事所负的债务。

第三,关于因日常家事举债的认定,笔者以为夫妻一方以个人名义对外举债,不论采取共同财产制还是约定财产制,属于日常家事代理范围的,直接认定为夫妻共同债务,对外双方承担连带责任,内部有约定的从约定,但不得对抗善意第三人。

第四,关于日常家事代理权的限制及效力方面,笔者认为当配偶方在行使日常家事代理时严重损害另一方利益,或出现其难以行使代理权的情况,另一方可对其代理权进行限制,但要对外产生效力,需向第三人告知或公示,否则不得对抗善意第三人。

三、现行夫妻债务推定规则下的司法考量

制度只能完善并且无法完美,此外,基于法律本身的滞后性特点和家事案件本身的复杂性,在具体的司法审判时,为求得个案正义,有效化解矛盾纠纷,还需要司法裁判者对影响案件认定和裁判的事实及要素予以重点审查,并进行利益衡平。

(一)夫妻质证情况对判决结果的影响

图1和表3分别反映了浙江省各级法院在2014—2016年间审理民间借贷案件中,共1686件涉及夫妻债务认定时举债夫妻的出庭情况、判决结果以及出庭情况和个人债务(共75件)判决结果的对比关系。如图1所示,此类案件举债夫妻均未出庭的案件量所占比例高达61%。从表3可知,在数据筛选出来的认定为个人债务的75件判决中,非举债配偶出庭答辩后认定为举债配偶方的个人债务的比率较高,其出庭应诉有助于法官了解事实真相,综合分析得出公正判决。

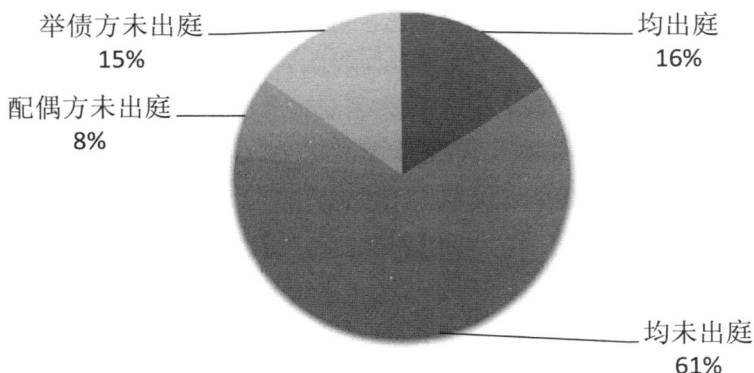

图1　被告夫妻出庭情况

表3　出庭情况与认定为个人债务判决结果对此

	均未出庭	举债方出庭	非举债配偶出庭	均出庭
份数（件）	13	8	28	26
百分比（%）	17	11	37	35

当然，在共同债务认定畸高的大背景下，单靠当事人出庭而扭转非举债配偶的不利地位并不现实，仍需要合理规范和诠释夫妻共同债务推定规则。

（二）影响案件结果的典型因素分析

鉴于举债配偶均出庭的案件才有充分质证的可能，以便于了解案件的关键信息，查明事实真相。因此，笔者着重关注了举债配偶均出庭的290件案件，对案涉的借款缘由、借款金额、借贷双方之间的关系、举债配偶双方的婚姻现状、借款形成时间距离结婚或离婚时间的远近等判决书中可视化因素进行分析，得出图2、表4和图3并与举证责任分配、判决结果、法条援引情况对比观察，对影响法院判决的因素进行排序，以论证是否有必要将权重占比大、典型的因素进行制度性规定，以指导法官在面对此类案件时的审判活动，更好实现个案正义。

1. 将借贷双方的关系与个人债务判决理由的情况说明进行对比,有助于理解新司法解释规定的夫妻共签制度和举债数额影响判决结果之间的关联性

(1)样本案例中借贷双方间的关系

从图2、表4和数据分析中,我们可以解读出以下信息和启示:

图2显示的所收集的样本案例判决书中,有72%的案件未提及借贷双方之间的关系,在认定为个人债务的27件案件中,有21件案件未提到借贷双方的关系。笔者认为,审查借贷双方的关系有助于了解借贷的真实性以及了解债权人对借款人配偶履行通知义务的难易程度。

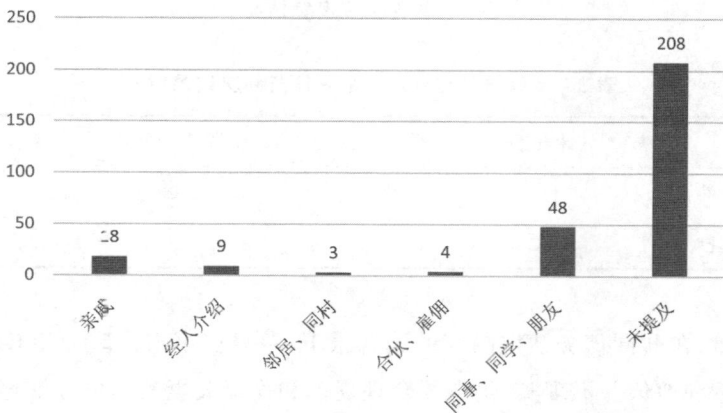

图2　样本案例中借贷双方间的关系

(2)判决为个人债务的理由说明

虽然借贷双方之间的关系以及借条上是否有配偶的签名不足以影响到法院的判决,但借贷数额是法院裁判时应考量的因素。如表4所示,判决理由涉及"举债数额巨大超出日常家庭生活需要"是认定为个人债务的重要原因之一。笔者认为宜将举债数额作为法官审理此类案件的重要参考,根据当事人的经济能力、家庭消费情况、借款次数等综合因素判断,对明显超出日常家庭生活需要的,债权人需提供证据证明符合信赖利益的外观,否则应按新司法解释推定为举债方个人债务。

表4　判决为个人债务的理由说明情况表

判决理由	数量(件)	占个人债务判决总数比(%)
借贷双方约定为个人债务	1	1.33
担保之债	2	2.67
非婚姻关系存续期间负债	3	4.00
债权人未能尽到合理注意义务	6	8.00
感情破裂或分居期间举债	7	9.33
不知情、无合意或未用于共同生活	10	13.33
举债人有赌博、吸毒等恶习	10	13.33
举债数额巨大超出日常家庭生活需要	17	22.67
现有证据无法证明系夫妻共同举债	17	22.67
举证责任转移后债权人未能反证	17	22.67

2. 借款形成时间距离离婚时间长短、借款缘由与影响判决结果之间的关联性

在图3显示的已知的借款缘由中,仅有9件案件明确表明借款是为家庭生活所需,其余案件或未提及,或被"经营需要"4个字简单而笼统地涵盖。由此可见,绝大多数的法官未将借款缘由作为认定案件事实的参考因素是现实存在的。

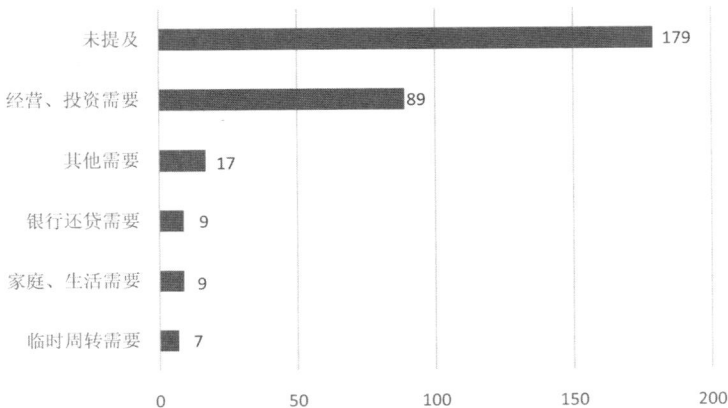

图3　样本案例中借款缘由情况分析图

离婚的举债夫妻中,婚姻存续时间有长达20多年的,也有1个月不到的,借款形成时间距离离婚时间多有10多年的,也有短至2天的,部分法院在进行事实认定时,会将借款形成时间距离离婚时间远近、借款缘由二者结合审查,以借款形成时间距离离婚时间短来判定非举债配偶未共享利益而认定为个人债务。笔者认为,审判者通过多种途径追求实质正义,是司法价值的体现,但不宜将此因素作为统一认定夫妻债务案件的依据,仅是个案判决中的参考,因为对借款缘由和借款时间等因素的考量本质上仍是对借款是否用于家庭生活的推定。

(三)法官自由心证对案件结果的影响

家事案件复杂多变,妄图通过某条法律或司法解释加以彻底解决的想法太过乐观,因而在司法实践中,需要法官运用朴素良知,通过各种证明手段,联系经验法则,形成自由心证,以实现实质的正义与公平。

笔者以收集的2016年杭州市各级法院审理的民间借贷纠纷一审判决书中涉及夫妻债务认定的符合筛选条件的共218件案例为例,其中认定为个人债务的共13件,即余杭区8件,萧山区5件。余杭区相关案件量为67件,审理案件最多的法官有两人,各审理了16件,判决结果均为共同债务,8件个人债务的判决分别由5位法官做出,其中一位法官认定了4件,在其于2016年审理的民间借贷案件中占比100%。为何会出现同类案件不同判的现象,笔者仔细研读相关判决书,认为审判者对法律理解的不同、个人认知的差异对判决结果有深刻的影响。在两位审理了16件案件皆认定为共同债务的法官所出具的判决书中,其共性为说理简单且判决依据基本无异,即均是在民间借贷合法有效的基础上,认定借款发生在婚姻关系存续期间,两被告未能证明是举债方的个人债务,应按夫妻共同债务处理。而做出4件认定个人债务判决的法官在说理部分则有较大差异,最大的表象特征是其论证详尽、说明充分,比如其首先将《解释(二)》第二十四条中的债务外延限定为"夫妻共同生活所负的债务"。其次,援引《中华人民共和国民事诉讼法》关于证据认定的若干规定,明确法院可根据公平原则和诚实信用原则,综合当事人举证能力等因素确定举证责任的承担,如因出借人在合同订立时处于优势地位,借款夫妻无须为举债合意和为共同生活所负等消极事实主动证明,故应将以个人名义所负债务认定为夫妻共债的证明责任分配给出借人。最后,结合举债夫妻的经济情况、出借人与非举债配偶的熟识程度、借款时间距离夫妻离婚时间的远近等综合分析,做出判决。

在一个具体的个案审判中,存在着多方利益的较量,法官进行审判,就是利益衡平的过程。我们难以对各种利益进行精准排序,也无法将利益位阶固定化。夫妻债务的认定亦系交易安全与公平正义的排序。在确定民事权利的优先顺序时,如果涉及交易安全,则往往都是体现了交易安全的一方当事人的利益受到优先保护,因为其在一定程度上体现了社会经济秩序的公共性,[4]这是《解释二》第二十四条设立时遵循法律价值选择的结果。但价值选择规则并非不可更改。在2018年1月出台的夫妻债务最新的司法解释中,不再一刀切地保护交易安全,而是追求实质正义,实现个案公平。这也要求一线的司法审判者在立法目的、法律规定、社会价值、公共政策,甚至一般公众的朴素正义观和法官自身的非理性偏爱等多种利益冲突中去平衡,尽可能地去分析影响案件认定的相关因素并进行选择、取舍和评判。

参考文献

[1]李洪祥.夫妻一方以个人名义所负债务清偿规则之解构[J].政法论丛,2015,4(2).

[2]毕玉谦.关于主观证明责任的界定与基本范畴研究[J].西南政法大学学报,2008,6(3).

[3]最高人民法院.审理涉及夫妻债务纠纷案件适用法律有关问题的解释答记者问[EB/OL].(2018-01-17)[2017-03-09].https://weibo.com/ttarticle/p/show? id=2309404197131522035123.

[4]王利明.民法上的利益位阶及其考量[J].法学家,2014(1).

浙江省妇女干部学校发展家政培训调研报告

张武萍*

摘　要：浙江省妇女干部学校根据中央关于群团改革的精神剥离了学历教育,开启转型之路,浙江省妇联明确将家政培训作为学校转型的突破口。2018年以来,学校围绕家政培训开展了多次调研,该文简要介绍调研情况,分析学校发展家政培训存在的优势和困难,并提出具体的思路举措。

关键词：群团改革;家政;培训

党的十八大以来,习近平总书记立足新的时代背景,对家政服务业做出了一系列具有创造性、指导性、前瞻性的重要论述。2013年11月,习近平总书记在视察山东时表示,家政服务是社会需要。许多家庭上有老、下有小,需要服务和照顾,与人方便,与己方便。家政服务要讲诚信、职业化。2018年全国"两会"期间,习近平总书记在参加山东省代表团审议时指出,在我国目前发展阶段,家政业是朝阳产业,既满足了农村进城务工人员的就业需求,也满足了城市家庭育儿养老的现实需求,要重视家政培训和服务质量,要细分市场,要把这个互利共赢的工作做实做好,办成爱心工程。2018年10月,习近平总书记在广东视察时强调,要切实保障和改善民生,把就业、教育、医疗、社保、住房、家政服务等问题一个一个解决好、一件一件办好。2018年11月2日,习近平总书记在同全国妇联新一届领导班子成员集体谈话时强调,妇联组织在家政服务中要有作为。总书记对家政服务业重要性、

---

* 张武萍,硕士,浙江省妇女干部学校党委副书记、副校长,研究方向为公共管理。

行业发展要求的强调为新时代家政服务业的发展指明了方向。

浙江省妇女干部学校是浙江省妇联所属事业单位,承担着全省妇女干部培训、女性职业技能培训、妇女理论研究等工作职能。自1984年建校以来,学校一直有女性学历教育业务,近年来主要开展学前教育等专业的自考助学。2015年,中央召开第一次党的群团工作会议,吹响了群团改革号角。2016年,浙江省委出台《浙江省群团改革总体方案》,方案明确要求剥离群团组织所属各类干校的学历教育功能,加强干部教育培训和职业培训。浙江省妇联、浙江省妇女干部学校坚决落实方案要求,及时做出了剥离学历教育的决定,从2017年起停止招收自考助学新生,并积极探索转型发展之路。

为了更好地将学历教育资源转移到职业培训上,服务全省妇女创业就业、成长成才,2018年以来,学校分专题开展了多个转型方向的调研工作,并及时向省妇联汇报调研情况。省妇联审时度势,经过综合分析后,决定将全力支持学校发展家政职业培训工作,按照习近平总书记相关重要指示精神,把家政服务职业培训提高到社会保障和民生爱心工程的重要环节高度,服务于妇女创业增收,满足社会对家政服务不断增长的需求。

一、调研基本情况

为了了解社会化、职业化、市场化的家政服务业的现状,学校专门组织了相关部门人员对几个省市的家政市场、家政中介和经营企业以及家政培训机构进行了调研。

调研主要分为两个阶段。第一阶段,着重就开展家政职业培训的需求状况进行调研。通过走访省级行业主管部门、相关高校、家政公司、家政市场,与基层妇联干部、家政阿姨开展座谈交流,并在家政公司、市场及网上家政平台分别预约月嫂、育儿嫂、钟点工入户试工,近距离感受家政服务。通过调研,对家政职业培训需求以及家政行业整体情况有了初步了解。在省妇联明确将家政培训作为学校转型的一个主攻方向后,学校开展了第二阶段即家政服务职业培训可行性的调研。借鉴行业成功案例,对照学校已经具备的或将来能够具备的条件,明确将来怎么做家政职业培训。调研人员多次到常山县观摩"常山阿姨"项目的运作,学习、总结其工作经验;相继考察了北京、上海、济南等地5家知名家政企业,着重考察其不同的经营模式和特色。通过系列调研,调研人员对家政服务业的管理机制、行业供需状况、服务机构的经营状况与模式、家政职业培训的不同机制模式和特色有了一定的了解。除此以外,调研人员也对家政服务业的管理主体——政府相关部门和行业经营主体(企业)为推动家政服务业发展所做的多方面努力印象深刻。

(一)家政服务业存在的主要问题

家政是指家庭事务的管理。自20世纪80年代中期以来,随着经济社会发展,人口结构的变化,特别是人口老龄化、家庭小型化、人们生活节奏的加快、消费观念的转变和对家庭生活质量的追求,使得家庭事务领域出现社会化和职业化的发展趋势,以家庭为主要服务对象并以家庭事务处理和管理为职业的家政人员队伍迅速壮大。经过30多年的发展,我国的家政服务市场逐步扩大,行业管理逐步走上正轨。但是家政服务行业的发展仍然存在着较大的不平衡、不协调问题。

1. 从行业发展角度看,主要体现为"三个不够"

一是行业管理规范化不够。家政业涉及商务、人力社保、发改、民政等多个主管部门,多头管理的局面导致整个行业缺乏统一规范的监管。二是家政公司企业化不够。当前市场上鲜有员工制的家政企业,家政公司基本为撮合雇主和家政从业人员交易的中介平台,员工流动性大、流失率高,影响企业长远发展。三是从业人员职业化水平不够。家政人员绝大部分为农村进城务工妇女,文化程度有限,并且多以个人身份从业,职业化、组织化程度较低。同时受传统观念影响,家政从业人员的社会地位不高,难以吸引高素质群体加入其中。

2. 从供需关系角度看,主要体现为"四对矛盾"

一是巨大的市场需求和有限的市场供给之间的矛盾。有材料显示,平均每3个城市家庭就有1个家庭有家政服务需求。特别是"全面二孩"政策的实施,以及不断老龄化的社会结构,使家政服务刚需家庭呈几何级增长,而与之对应的供给却很难在短时间内快速跟上市场需求。据杭州市朝晖家政市场的负责人反映,在市场上求职的杭州市本地家政从业人员凤毛麟角,本省家政从业人员数量也很有限,而外省家政从业人员的数量还在逐年减少。二是雇主高要求和家政从业人员低素养之间的矛盾。在强大的卖方市场的刺激下,有家政入职愿望的人员都希望尽快上岗赚钱,家政公司也急于发现一个输送一个,从中赚取中介费,导致家政从业人员多数未接受规范、系统的业务培训就匆忙上岗,从业人员的职业素养普遍不高,与雇主的高期待高需求之间形成了巨大的落差。网络上不时出现家政人员给孩子喂安眠药、打孩子、打老人等负面新闻。三是供需双方互不信任的矛盾。月嫂、育儿嫂、养老护理员等家政岗位普遍需要住家,让一个之前完全不熟悉的人住到家里、一个人住到一个完全陌生的环境,双方容易形成信任危机。同时,家政行业爆出的一些负面新闻也加剧了双方的不信任。四是供需双方对薪资难统一的矛盾。一方面,家政服务有很多个性化要求,很难统一定价,市场上缺乏普遍接受的定价标准;另一方面,由于家政服务缺口导致的卖方市场格局,造成从业人员坐地起价、家政公司攀比提价、高收入用户主动加价等现象。家政服务价格水涨船高,给有实际需要的中等收入及以下的家庭带来沉重的经济负担。

(二)地方政府和优秀企业在推动家政业发展中的经验

面对家政业发展中存在的问题,地方政府和家政企业从各自角度积极作为,为推动行业健康发展发挥着各自作用。

1. 常山经验

2017年以来,浙江省衢州市常山县将"常山阿姨"品牌建设列为县委、县政府中心工作,在统一规范管理、建立诚信体系、开展职业培训等方面出台了一系列政策制度,开展了许多卓有成效的工作。成立县委书记任组长的保姆行业转型升级领导小组,建立全省首个保姆行业事业单位——"常山阿姨"事业发展服务中心,设立"常山阿姨"发展专项基金,每年投入500万元用于保障事业发展。成立常山阿姨培训学院,一年多来共开展家政类技能培训26期、培训3000余人次。建立品质追溯系统,为全县3028名阿姨建立家庭、品行、健康、从业、技能"五类档案"。2018年7月,浙江省人力社保厅、浙江省妇联联合在常山县召开了"常山阿姨"经验推广会。

2. 企业经验

北京嘉乐会家政服务有限公司推行了家政经纪人制度,通过经纪人搭建雇主与家政从业人员之间的桥梁,要求经纪人既关注雇主需求又了解家政从业人员情况,提高雇佣匹配度,增进双方信任感。济南阳光大姐服务有限责任公司推行8小时工作制,80%的家政服务员不住家,利用工余时间来培训提升,在培训中推行"星级制"分级标准,将星级与工资挂钩,为服务员的职业生涯提供了发展空间。济南阳光大姐服务有限责任公司还建立了行业内首家首席技师工作站,从具有多年服务经验的家政服务员中培养出300多名具备授课能力的家政专业指导师。上海富宇家政服务公司创办了一所民办培训学校,开展以家政为主要内容的职业技能培训,学校开发的"口袋阿姨"视频软件非常适合家政服务员利用碎片时间随时学习。上海悦管家网络科技有限公司是国内知名的互联网家政服务平台,利用信息技术,最大限度节约时间成本,把劳动价值最大化,提升家政人员的薪资水平和职业感,吸引了很多对口支援地区的年轻女性进入到家政行业。

浙江省妇女干部学校作为浙江省妇联所属事业单位,公信力高,同时还具备辐射面广、影响力大的优势。在学习借鉴常山经验和各企业做法的基础上,学校可以在家政服务培训上大有作为,并为推动家政业实现健康发展做出积极的贡献。

二、浙江省妇女干部学校发展家政培训的优势和困难

(一)主要优势

浙江省妇女干部学校发展家政培训有以下三个方面的优势:

一是主管部门的重视和支持。自2017年学校响应群团改革要求剥离学历教育以来,浙江省妇联非常关注学校转型发展工作,明确提出要将发展家政培训作为转型的突破口。发展家政培训被写入浙江省第十四次妇女代表大会工作报告,而支持浙江省妇女干部学校发展家政培训被明确为浙江省妇联今后五年要构建的"六大通道"之"创业创新"通道的重要内容。浙江省妇联积极对接人力社保、商务等家政业务主管部门,为浙江省妇女干部学校

开展家政培训工作提供支持。浙江省人力保障厅有关领导到浙江省妇女干部学校调研后表示,学校可以在即将出台的"优协会、创品牌、育市场、建系统"四轮驱动推动全省家庭服务业发展的大政策中谋划布局家政培训工作,并提出与浙江省妇联共同将浙江省妇女干部学校打造成全省家政培训基地的合作意向。

二是妇联系统的工作基础和组织优势。从工作基础情况看,发展家政是浙江省妇联组织服务大局、服务家庭、服务妇女的一个重要抓手,全省各级妇联组织应充分发挥其在组织、引领、宣传、发动等方面的优势,积极实施"巾帼家政服务"工程,组织家政培训,助推各地家政业发展。常山县"常山阿姨"事业发展服务中心就设在县妇联,县妇联在"常山阿姨"品牌建设和培训服务中发挥着主导作用。从组织优势看,2016年以来全省村级妇联组织完成了"会改联"工作,妇联在基层的工作队伍进一步加强。全省村级妇联执委人数达到22.80万人,这些妇联干部扎根基层,服务妇女和家庭,既能很好地发动低收入妇女从事家政服务业,又能为输出的家政从业人员的诚信背书。作为浙江省妇联直属的学校,浙江省妇女干部学校有条件、有能力整合、利用、引导好这些系统内的资源和优势,为推动全省家政业规范化、专业化、职业化发展做出应有的贡献。

三是学校自身优势。一方面是资源聚集。由于是转型过程中的整体布局,学校从学历教育中转移的人力、物力可以完整地投入家政培训中,同时学校转型发展恰逢校舍加固修缮和环境改造,家政培训功能可以及时纳入新校舍的规划中。为开展家政培训工作,新校舍设置了育婴、养老、居家、插花、西点及家政综合6个专业实训室,对其他教学设施、食宿环境也做了调整和优化。另一方面是工作经验。近年来,学校在做好干部教育培训和自考助学的同时已经试水家政培训,开展了育婴师、母婴护理等培训班40余期,参训人数600多人。

(二)主要困难

家政服务是朝阳产业、爱心工程。目前,家政服务供不应求、从业人员素质亟待提高,学校发展家政培训的优势非常明显,但机遇与挑战并存。转型家政培训存在困难主要有以下几个方面:

一是关于经济收入的顾虑。目前,市场上的家政培训都是政府买单的就业培训或劳动力素质培训,鲜有学员自掏腰包的付费培训,发展家政培训无法弥补剥离自考助学产生的经济损失。

二是关于招生不足的困惑。家政从业的门槛低,家政培训的门槛也低,几乎每个家政公司都有自己的培训机构和人员,基层学校、社会机构和相关部门也会举办家政技能培训,而愿意接受培训并从事家政工作的妇女却数量有限,基层家政培训市场供过于求,作为省级单位很难在初级家政培训市场立足。

三是关于本领能力的恐慌。学校虽然有转移到家政培训工作的基础,但家政培训毕竟是一个全新领域,转型发展的跨度非常大,具体的努力方向、实现路径、方法仍然需要在今后的实践中不断摸索。

三、学校发展家政的基本构想

(一)提升站位——家政培训不是独善其身的出路,而是兼济天下的使命

我们不能把家政培训作为学历教育的简单替代,需要在更高的站位认识剥离学历教育是落实中央、浙江省委群团改革要求的重大部署,发展家政是满足人民对美好生活向往的重大举措。在学校转型升级的重要历史关口,浙江省妇联将发展家政培训这个光荣的任务交给我们,就是要我们在推动全省家庭服务业持续健康发展上展现新担当、贡献新智慧、书写新篇章。首先,要从抓好培训入手,开发课程模块,打造专业师资和理论研究队伍,建立分级分层培训体系,建设培训数据库,努力将学校建设成为全省家政培训的龙头。其次,要在行业主管部门的支持下,引领全省家政培训工作,在规范培训市场、统一培训标准、开发特色教材、培养基层师资、实施考核评价等方面积极发挥作用。最后,还要通过长期的积累和沉淀,为地方立法、政策出台、标准制定等顶层设计提供智力支持。总之,只要锚定方向、深耕细作,一定可以依托家政培训事业再创学校新辉煌。

（二）合理布局——家政培训不仅是家政从业人员的培训，更是推动行业发展和提高妇女家庭事务管理能力的基础

作为省级培训学校，不能把家政培训简单地理解为家政从业人员的培训，而是要在更高层面布局家政培训，把工作方向着力于引导妇联发挥作用、提高家政管理人员素质、规范基层师资培训、培养中高端家政人才等方面，把培训对象聚焦在妇联干部、家政经理人、家政培训机构师资以及有工作基础和发展潜力的家政从业人员。同时，开展家政培训，不仅要提高家政从业人员的素质，也要满足广大妇女对提升家庭事务管理能力的培训需求，可以把这两部分综合考虑、同步布局。除了开设传统的母婴护理、育儿育婴、养老、保洁等家政服务主要领域的技能课程，可以开设孕期保健、胎教、产后恢复、早期教育等课程，还可以围绕生活品质提高开设营养烹饪、中医保健、家庭理财、物品收纳、西点、插花、茶艺等课程；围绕家庭和谐幸福开设压力调适、婚姻家庭关系处理等心理课程。将家政从业人员的技能培训和家庭成员素养培训相互融合、相互补充、资源共享，既能提升广大妇女的家庭幸福感又能为将家政服务人员培养成掌握多种技能的复合型家政人才提供条件。

（三）改进方法——进行一场深刻的教育培训供给侧改革

根据家政培训的定位和布局，从学历教育的工作基础和固有模式中解脱出来，突破路径依赖，进行一场深刻的教育培训供给侧改革。一是转变工作导向。自考助学是以考试为主要导向的教育，而家政培训是以需求为主要导向的教育，要更加关注市场，针对浙江市场需求研发一套科学合理、独具特色的分级分类培训体系，增强对家政公司和学员的吸引力、黏合力，提升对家政培训市场的引导力、影响力。二是改变教学模式。针对家政从业人员文化程度低、年龄大、学习时间少、学习能力差等特点，建立一套与家政培训对象相匹配的教学模式，让培训内容更浅显易懂，让培训课堂更生动活泼，让培训考核更符合实际，让培训效果经得起市场检验。三是改善师资结构。学校虽然有一批中高职称教师，但师资结构并不能完全满足家政培训的需要，需要到社会上招才引智，寻找一批经验丰富、素质过硬的实操课培

训老师，以灵活的合作方式补足师资短板。四是注重教研结合。在开展家政培训的同时，同步开展家政的调查研究工作，利用与学员、家政公司及家政市场的紧密联系，建立有效的信息收集反馈系统，推进教学科研的协调发展，让科研的成果既服务于课堂教学又服务于政府决策。

雄关漫道真如铁，而今迈步从头越。相信在浙江省妇联的坚强领导下，在学校全体教职工的共同努力下，浙江省妇女干部学校一定能打开家政培训工作的局面，担当实施爱心工程的使命，共享参与朝阳产业的红利。

浙江省反家庭暴力宣传教育工作调研报告

浙江省妇女联合会权益部

摘　要:反家暴宣传是发挥反家暴法律效能的首要环节。为了全面了解《中华人民共和国反家庭暴力法》实施以来的宣传教育工作情况,浙江省妇联委托第三方进行评估,根据评估情况对浙江省反家暴宣传工作的现状、宣传工作中存在的成绩与不足及其原因进行了梳理,提出了优化反家暴宣传工作的相关建议。

关键词:《中华人民共和国反家庭暴力法》;宣传;接触率;知晓率;差异

一、调研背景

2015年12月27日,十二届全国人大常委会第十八次会议通过了《中华人民共和国反家庭暴力法》(以下简称《反家庭暴力法》),于2016年3月1日起正式施行。该法明确宣告反家庭暴力是国家、社会和每个家庭的共同责任,规定了行政机关、司法机关、人民团体、居民委员会、村民委员会等单位、组织的反家庭暴力职责,创设了强制报告、告诫、人身安全保护令等制度。该法的施行对于预防和处置家庭暴力,保护家庭成员的合法权益,维护平等、和睦、文明的家庭关系,促进家庭和谐、社会稳定具有里程碑式的意义。

早在2011年1月1日,浙江省就在全国率先颁布并实施了《浙江省预防和制止家庭暴力条例》,为《反家庭暴力法》的立法贡献了浙江经验。《反家庭暴力法》实施后,在浙江省委省政府的正确领导下,相关部门通力协作,浙江省公安厅、浙江省妇联等四部门于2017年1月联合制定下发了《浙江省家庭暴力告诫制度实施办法》;浙江省高级人民法院根据最高人民法院《关于依法办理家庭暴力犯罪案件的意见》和《关于人身安全保护令案件相关程序问题的批复》,积极推进家庭暴力案件的审判实践;民政部门积极落实民政部、全国妇联《关于做好家庭暴力受害人庇护救助工作的指导意见》;浙江省平安办将开展反家庭暴力工作纳入了"平安家庭"考评内容。全省反家庭暴力工作取得显著成效,对全省社会和谐稳定起到了积极作用。

传统意义上,社会公众对于家庭暴力的认识仅局限于它是"私人家事",认为家庭暴力与外人无关,家庭成员遭到家暴时羞于启齿,有些受害者对什么是家庭暴力、家庭暴力的范围、怎样预防家庭暴力、遭遇家庭暴力该如何处置、可以采取哪些措施、如何保护自身的合法权益等问题不甚了解。鉴于公众的认识状况会制约《反家庭暴力法》立法目的的实现,而反家庭暴力工作需要社会公众广泛参与,因此,加大《反家庭暴力法》的宣传教育,对于进一步提高全社会反家庭暴力方面的法治意识、充分发挥《反家庭暴力法》的法律效用、促进社会稳定具有重要意义。

为此,浙江省预防和制止家庭暴力委员会及时下发《2017年反家庭暴力工作意见》(浙反家暴委〔2017〕2号),要求继续加大宣传培训力度,扩大反家庭暴力工作的社会影响力,加强对社会大众的宣传教育。浙江省妇联、浙江省司法厅联合下发《关于开展反家庭暴力法律法规宣传教育活动的通知》(浙妇〔2017〕60号),对于反家庭暴力的宣传教育作了进一步布置落实。

为了解全省反家庭暴力宣传教育工作效果,优化下一步宣传教育工作的开展,2017年末,浙江省妇联第一次通过第三方评估的方式,对全省反家庭暴力宣传教育开展情况进行评估。

二、全省反家庭暴力宣传教育总体情况

本次评估中,调查者采用随机电话调查的方式,在全省89个县(市、区)随机抽取不少于267名受访者,取得有效问卷23838份。受访群体为年龄18~70周岁、在受访地居住满6个月以上的本地户籍人口以及跨地市(含跨

省)流动人员。其中男性占受访者比例为50.04%,女性为49.96%,总体性别比均衡。

本次评估调查的主体问卷共设计了14个问题,重点是《反家庭暴力法》的宣传教育情况以及效果,涉及宣传教育工作开展情况、采取的宣传渠道及方式、公众对于反家暴宣传的媒体(或媒介)接触率、公众对于《反家庭暴力法》内容的知晓率等。本调查的反家暴宣传接触率特指通过接触某类型媒体(或其他媒介)而获得反家暴宣传信息的被调查者人数占总被调查者人数的比率。本调查中的知晓率特指了解某一关于反家暴宣传问题(或信息)的被调查者人数与总被调查者人数之比。

(一)宣传机构和宣传渠道情况

调查显示,受访者通过妇女联合会、居委会或村委会、工作单位、工会、学校、共产主义青年团、残疾人联合会等线下宣传接触到《反家庭暴力法》的比率中,居委会或村委会为12.86%,其次为妇女联合会,比率为9.56%,第三为工作单位,比率为3.90%。

受访者对于妇女联合会、居委会或村委会等通过线上方式接触《反家庭暴力法》宣传率较高。受访者通过媒体(电视、广播、报刊等)接触《反家庭暴力法》宣传率为36.33%,网络为27.54%,两者之和高达63.87%。(见图1)

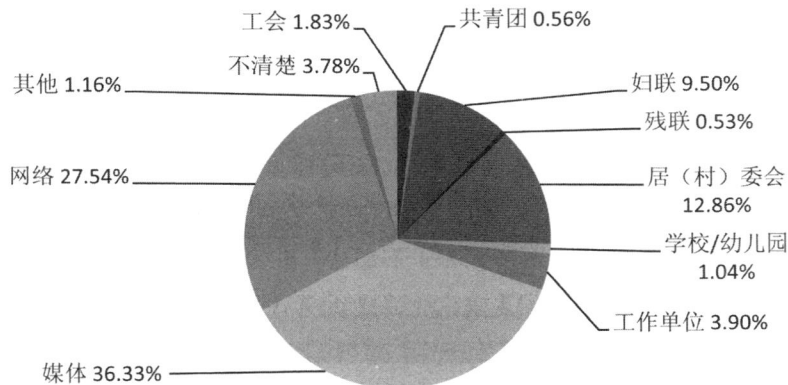

图1　宣传机构和宣传渠道情况

上述数据显示,受访者对于《反家庭暴力法》的媒体和网络宣传渠道的接触率占显著优势;而在《反家庭暴力法》线下宣传途径中,受访者对于身边与自己联系较为密切的社区、妇联和单位的有关宣传接触较多。

(二)宣传内容及宣传效果

按照全国妇联、浙江省妇联、浙江省司法厅、浙江省预防和制止家庭暴力委员会等部门的工作安排,结合我省实践,宣传工作内容的重点包括什么是家庭暴力,怎样预防家庭暴力,如何处置家庭暴力,什么是强制报告制度、告诫书、人身安全保护令等。设计调查问卷内容时也充分围绕《反家庭暴力法》宣传工作的重点。

调查结果显示,受访者对家庭暴力概念的知晓率达到86.38%,对《反家庭暴力法》的知晓率达到58.68%,对于《反家庭暴力告诫书》的了解率为20.23%,对于家庭暴力庇护场所的知晓率为25.81%,对于家庭暴力受害人可以申请法律援助的知晓率达到90.31%,对于人身安全保护令的知晓率为46.99%。

符合条件的受害人可以申请法律援助这一救济方式在我国已经实施多年,广为知晓,与本次调查结果相符。对于《反家庭暴力法》中特有的救济方式,比如《家庭暴力告诫书》、家庭暴力庇护场所、人身安全保护令等,由于是新的内容,受访者从零知晓达到现今的知晓率,明显得益于反家暴宣传教育工作。

(三)宣传接触情况与受访者年龄分布情况

调查结果显示,18～25周岁受访者对《反家庭暴力法》宣传接触率为58.51%,26～30周岁为65.23%,31～35周岁为66.90%,36～40周岁为71.25%,41～45周岁为74.74%,46～50周岁为76.57%,51～55周岁为78.45%,56～60周岁为78.78%,61～65周岁为79.92%,66～70周岁为85.95%,受访者年龄与宣传接触率呈现正相关分布,受访者最高年龄段(66～70周岁)宣传接触率相比最低年龄段(18～25周岁)高出27.44%。(见图2)

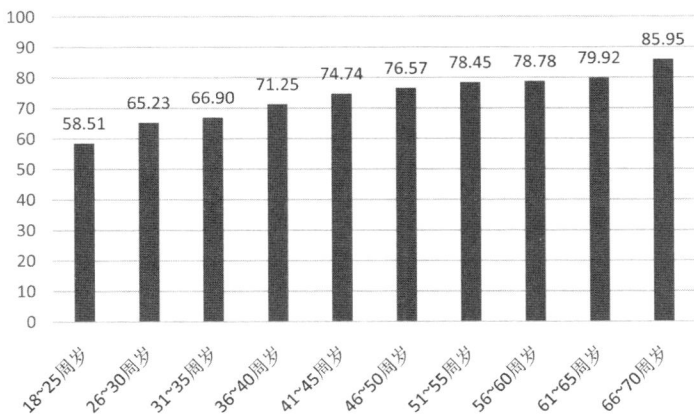

图2　各年龄段宣传接触率情况（%）

此现象与宣传渠道接触率相一致，对于宣传渠道的调查显示，通过媒体（电视、广播、报刊等）宣传接触率高达36.33%，网络为27.54%，61~70周岁受访者正是媒体（电视、广播、报刊等）的主要受众，而18~60周岁受访者与网络接触密切，《反家庭暴力法》宣传接触率中，最低的18~25周岁年龄组也达到了58.51%，说明网络及媒体宣传渠道效果显著。

三、反家庭暴力宣传教育情况在各类群体之间的差异

（一）《反家庭暴力法》具体内容知晓情况与受访者性别差异

女性受访者对《反家庭暴力法》具体内容的总体知晓率高于男性，女性为47.42%，男性为44.25%，相差3.17%。在对《家庭暴力告诫书》的知晓率、家庭暴力庇护场所的知晓率、家庭暴力受害人可以申请法律援助的知晓率和人身安全保护令的知晓率四个指标中，差异最大的是对人身安全保护令的知晓率，女性为50.22%，男性为43.76%，二者相差6.46%；其次是对家庭暴力庇护场所的知晓率，女性为28.09%，男性为23.53%，相差4.56%；第三是对家庭暴力受害人可以申请法律援助的知晓率，女性为91.18%，男性为89.43%，相差1.75%；对于《家庭暴力告诫书》的知晓率，女性为20.19%，男性为20.26%，男性略高于女性。

　　家庭暴力受害人一般说来女性多于男性,家庭暴力庇护场所、法律援助、人身安全保护令是受害人取得权利救济的法律手段,女性知晓率高于男性,而《家庭暴力告诫书》送达给侵害人,男性知晓率高于女性。对这些宣传内容的了解率性别之间的差异,与女性更易受到家庭暴力侵害从而更加关心有关信息的现实情况有关。(见图3)

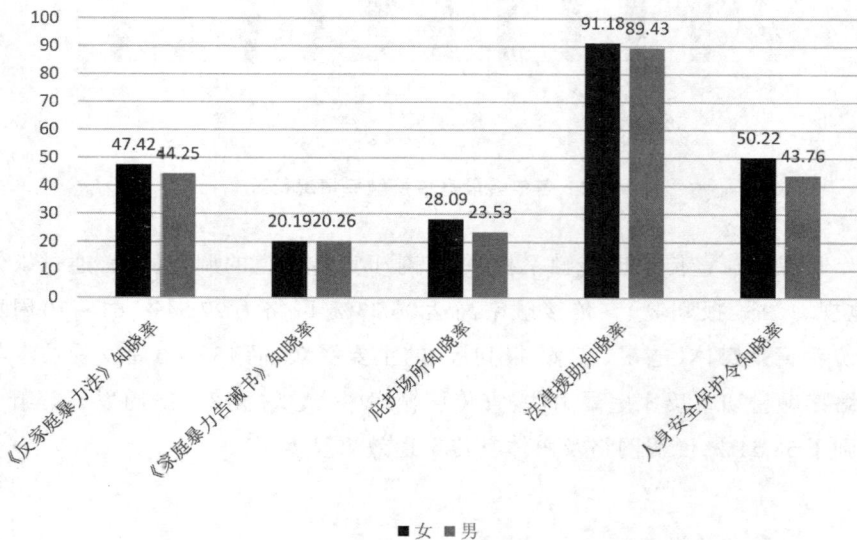

图3　《反家庭暴力法》具体内容总体知晓率性别差异(%)

(二)反家庭暴力宣传教育情况与受访者户籍差异

　　调查结果显示,对于家庭暴力概念的知晓率,农业户口受访者为83.15%,统一居民户口为90.10%,非农业户口受访者知晓率最高,达到92.18%。对于《反家庭暴力法》具体内容的四个指标总体知晓率,农业户口受访者为44.49%,非农业户口47.51%,统一居民户口49.13%,最高值与最低值相差4.64%。四个指标的分项知晓率,其中对《家庭暴力告诫书》知晓率方面,农业户口受访者为18.85%,非农业户口为21.84%,统一居民户口为23.28%,最高值与最低值相差4.43%;家庭暴力庇护场所的知晓率方面,农业户口受访者为23.21%,非农业户口为29.26%,统一居民户口为30.85%,最低值与最高值相差7.64%;人身安全保护令的知晓率方面,农业户口受访者为

46.59%,非农业户口为42.27%,统一居民户口为50.17%,最低值与最高值相差3.58%;家庭暴力受害人可以申请法律援助的知晓率,农业户口受访者为89.32%,非农业户口为91.67%,统一居民户口为92.20%,最低值与最高值相差2.88%。(见图4)

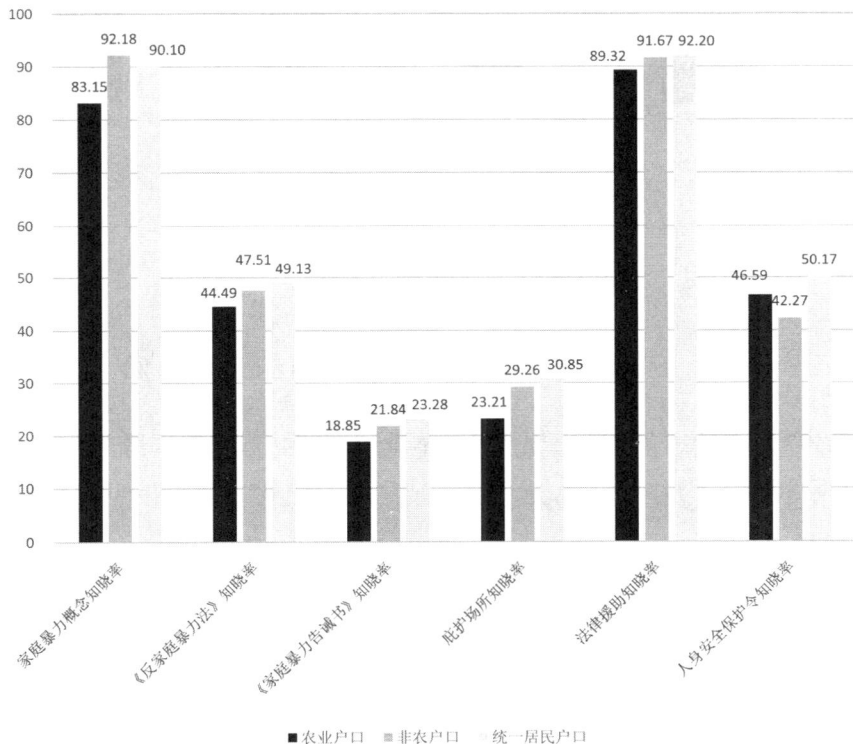

图4 《反家庭暴力法》具体内容总体知晓率户口差异(%)

受访者对于家庭暴力概念的知晓率较高,关于可寻求庇护途径的知晓率方面,对于家庭暴力受害人可以申请法律援助的知晓率最高,达到89.64%,对人身安全保护令的知晓率为46.39%,对家庭暴力庇护场所的知晓率为24.63%,对《家庭暴力告诫书》的知晓率为20.38%,与对受访者按照其他分类方法进行宣传教育情况的统计结果基本一致。(见图5)

上述数据显示,不论何种户籍身份的受访者,对于家庭暴力概念以及具体内容中可以申请法律援助分指标的宣传教育知晓率较高。对于反家庭暴

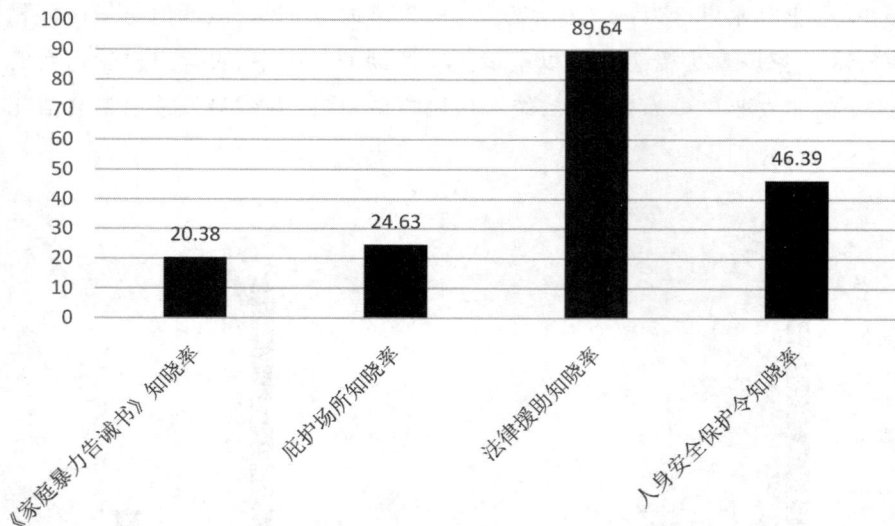

图5　受访者对家暴发生后可寻求的庇护途径的知晓率(%)

力具体内容宣传中的其他三个指标,农业户口受访者知晓率明显低于非农业户口和居民户口。

(三)反家庭暴力宣传教育情况与受访者人口流动性差异

1. 关于家庭暴力概念的知晓率,本地户籍受访者为87.04%,非本地户籍(流动人口)的了解率为84%,相差3.04%,总体上,无论是本地户籍人口还是非本地户籍(流动人口)对此问题的知晓率均较高。

2. 关于《反家庭暴力法》的知晓率,本地户籍受访者为60.33%,非本地户籍(流动人口)为52.61%,差别明显。

3. 关于《反家庭暴力法》具体内容的总体知晓率,本地户籍受访者的知晓率为47.09%,非本地户籍(流动人口)的知晓率为40.45%,相差6.64%。四个指标的分项知晓率,其中关于《家庭暴力告诫书》的知晓率,本地户籍受访者为21.72%,非本地户籍(流动人口)为13.97%,相差7.75%;关于家庭暴力庇护场所的知晓率,本地户籍受访者为27.45%,非本地户籍(流动人口)为18.76%,相差8.69%;关于人身安全保护令的知晓率,本地户籍受访者为48.30%,非本地户籍(流动人口)为41.27%,相差7.03%;关于家庭暴力受害人可以申请法律援助问题的知晓率,本地户籍受访者为90.89%,非本地户籍(流动人口)为87.78%,相差3.11%。知晓率最高的分项指标是家庭暴力受害人可以申请法律援助,而且地籍差异较小。这一结果与对受访者按照其他分类方法进行宣传教育情况的统计结果基本一致。其他三项指标非本地户籍(流动人口)的知晓率明显低于本地户籍受访者,说明新的反家暴措施的宣传需要加强,特别是针对流动人员的宣传。(见图6)

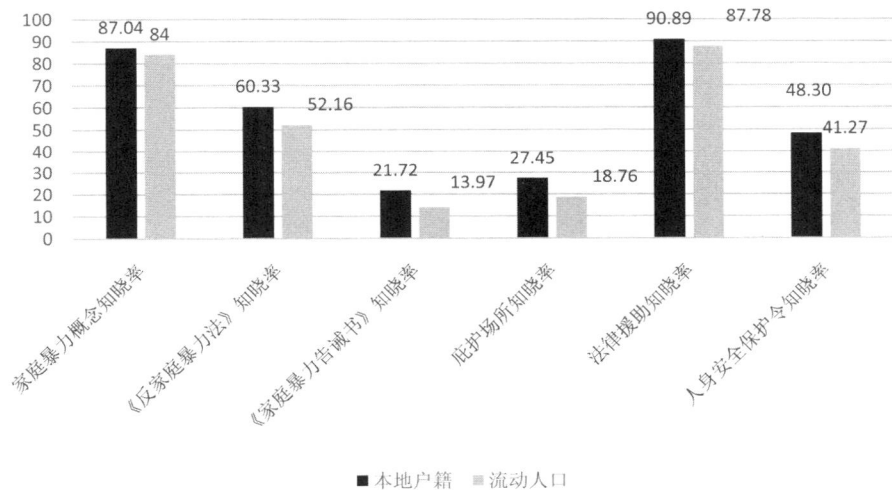

图6　《反家庭暴力法》具体内容总体知晓率本地户籍和流动人口差异(%)

4. 从宣传接触情况来看,本地户籍受访者接触率为72.39%,非本地户籍(流动人口)接触率为61.92%,二者相差10.47%。(见图7)从宣传渠道来看,本地户籍受访者接触率较高的前三种媒体类型依次是电视(26.23%)、网络(21.11%)、微信/微博(12.01%);非本地户籍人员(流动人员)接触率较高的前三种媒体类型依次是电视(28.03%)、网络(26.93%)、微信/微博(13.52%),本地户籍人员和非本地户籍人员的比例结构高度一致,体现了当前城乡融合导致人们行为方式包括信息接收方式的趋同。从网络接触率看,非本地户籍(流动人口)高出本地人口5.82%,这是因为流动人口比本地人口更依赖于移动互联网获得相关信息。

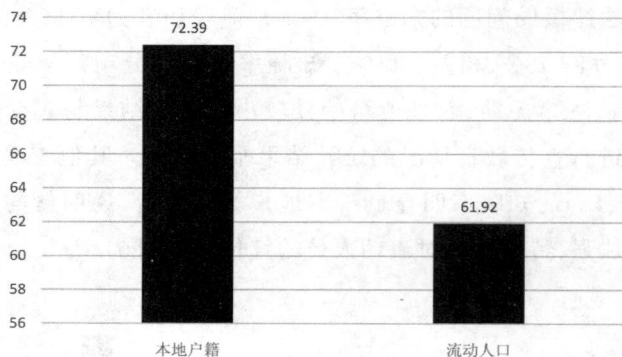

图7　本地户籍与流动人口的宣传接触率（%）

（四）各地市宣传教育总体情况

各地市对于反家庭暴力宣传普遍取得了较好的效果。关于家庭暴力概念的知晓率，舟山市最高，达到90.03%，最低是83.37%，均值为86.38%；对于《反家庭暴力法》的知晓率，杭州市最高，达到62.18%，最低为55.61%，均值58.68%。对于《反家庭暴力法》宣传接触率均值排在前五位的宣传渠道依次是电视（65.78%）、网络（54.56%）、微信/微博（30.37%）、散发的宣传资料/宣传册等（26.07%）、报刊（18.64%）。（见图8）各地市宣传形式接触率顺序高度一致。调查结果显示，传统媒体中的电视在反家暴宣传中的重要作用不可撼动，新媒体的作用不可忽视。

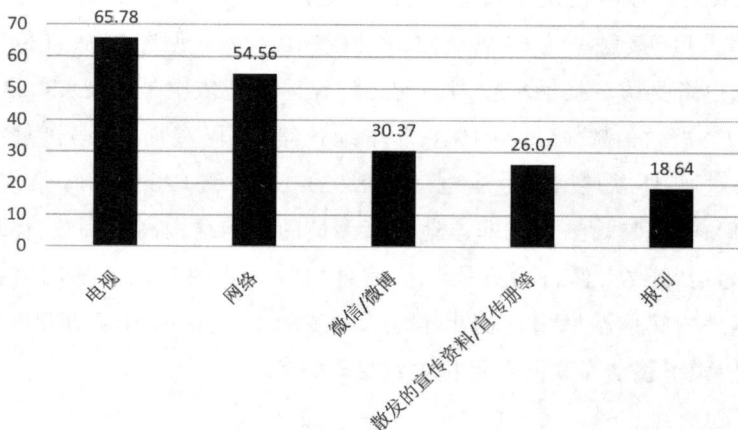

图8　《反家庭暴力法》宣传形式接触率（%）

受访者接触到的各地市宣传机构中,前三位分别是居委会或村委会、妇女联合会以及工作单位,其次是学校及幼儿园、工会、共产主义青年团、残疾人联合会,其中受访者对于各地市居委会或村委会、妇女联合会的宣传接触率平均在20%以上,其他机构均值为2%～5%,二者相差较大。受访者在各地市宣传机构接触率基本一致。

四、建议与对策

(一)加强统一领导,各方配合,充分发挥各群团组织、学校及单位的作用

《反家庭暴力法》实施后,浙江省立即开展了《反家庭暴力法》的宣传教育活动,在不到两年的时间里,全省反家庭暴力的宣传教育工作取得了较好的成效。居委会或村委会、妇女联合会成为宣传教育的有效组织力量,发挥了重要作用。建议在浙江省预防和制止家庭暴力委员会的统一领导下,各单位、群团组织、学校利用自身优势,进一步增强人员力量,积极推进反家庭暴力的宣传教育工作的开展。

(二)开发、制作高质量的反家庭暴力法治文化创意产品

本次调查结果显示,媒体(电视、广播、报刊等)、网络、微信/微博是公众接触率最高的宣传渠道,在反家庭暴力的宣传教育活动中起到了非常重要的作用。建议充分利用媒体、网络及微信/微博等宣传渠道,开发制作高质量的、为公众所喜闻乐见的反家庭暴力法治文化创意产品并进行投放,增强力量开发运营好微信公众号、微博等网络传播工具。

(三)加大对于家庭暴力行为违法性及反家庭暴力救济手段的宣传力度

对于家庭暴力行为及其违法性的认知,社会公众的法治意识仍有待加强,否则不利于从源头上减少家庭暴力的发生。另一方面,受害人对于遭受

家庭暴力后如何进行处置或得到救助的手段知晓率不高,不利于保护自身的合法权益。建议加强对于家庭暴力及其违法性的宣传力度,强化公众的法治意识,同时,注重宣传内容的实效性,加强对于《家庭暴力告诫书》、家庭暴力庇护场所、人身安全保护令的宣传教育力度。

(四)加强对特定人群的宣传力度

从调查结果看,50周岁以上的社会公众中,农村人口、非本地户籍人口(流动人口)对于家庭暴力概念的知晓率明显较低,25周岁以下的青少年对于《反家庭暴力法》接触率较低,此外,男性在遭受家庭暴力后报警的比率也较低。建议对于上述特定人群有针对性地开展《反家庭暴力法》的宣传教育。

浅析家庭暴力的现状及对策

潘月新　　曹　霞　　徐新鹏*

摘　要：家庭暴力严重侵犯他人人身权利、影响家庭和睦安宁,已成为影响社会稳定的因素之一。该文从家庭暴力的现状及特点入手,分析了家庭暴力的成因和城乡差异,并试图找到有效可行的解决办法和对策。

关键词：家庭暴力;现状;对策

家庭是社会的细胞,也是人类繁衍生息的依托。只有家庭和睦安宁,国家才能长治久安,社会才能繁荣昌盛。然而,家庭暴力这一严重侵犯他人人身权利、影响家庭和睦安宁的问题,已成为影响社会稳定的因素之一。正确认识我国家庭暴力的现状,并对其进行深入的分析和思考,这对保障家庭成员的合法权益,建立和睦安宁的家庭关系,构建和谐社会具有重要的意义。为了给予家庭暴力的受害者更全面、更具体、更适当的协助,以取得更好的社会效应,杭州市西湖区紫薇花女性婚姻家庭服务中心(以下简称"紫薇花团队")根据承接西湖区妇联"110"反家暴平台(以下简称"'110'反家暴平台")两年多来的接警工作实践和真实案例,从家庭暴力的现状及特点入手,分析家庭暴力的成因和发展趋势,并试图找到有效可行的解决办法和对策。

---

* 潘月新,浙江省杭州市西湖区妇联执委,西湖区家事调解委员会主任,紫薇花女性婚姻家庭服务中心主任,研究方向为家事调解。曹霞,紫薇花女性婚姻家庭服务中心一级调解员,研究方向为家事调解。徐新鹏,紫薇花社会组织指导中心主任,二级调解员,研究方向为家事调解。

一、我国家庭暴力的现状与特点

家庭暴力,简称"家暴",在 2015 年 12 月 27 日颁布的《中华人民共和国反家庭暴力法》中被界定为:家庭成员之间以殴打、捆绑、残害、限制人身自由以及经常性谩骂、恐吓等方式实施的身体、精神等侵害行为。家庭暴力直接作用于受害者的身体,并使其身体和精神都感到痛苦,损害其身体健康和人格尊严。家庭暴力发生于有血缘、婚姻、收养关系以及依法律关系形成的继父母子女、继兄弟姐妹等生活在一起的家庭成员之间,比如丈夫对妻子、父母对子女、成年子女对父母等,妇女和儿童是家庭暴力最主要的受害者,有些中老年人和残疾人也会成为家庭暴力的受害者。其主要表现形式有身体暴力、语言暴力(软暴力)、精神暴力(冷暴力)和性暴力。

(一)我国家庭暴力的现状

根据我们 2017 年"110"反家暴数据显示,施暴者中 90% 为男性。[1]在 2.7 亿个中国家庭中,每年约有 40 万个家庭解体,其中约 1/4 的家庭因家庭暴力而解体。从对近年离婚案件的分析来看,家庭暴力导致离婚的比例逐年上升。根据调查显示,家庭暴力离婚案件中,因丈夫的暴行而涉讼导致夫妻离异的比例越来越高。家暴受害者中绝大多数是妇女,约占 72%,儿童约占 15%,老年人约占 11%。实施家庭暴力的绝大部分是家庭成年男性,在少数家庭中,也出现女性对丈夫不尊重,直接实施暴力的现象。除了殴打、捆绑等一些传统暴力行为外,还有一些人对受害者采取"软暴力",比如讽刺挖苦、随意辱骂、冻饿、剥夺经济权、威胁等虐待方法,这种"软暴力"同样侵犯受害者的身心健康和合法权益。家庭暴力给社会带来了极大危害,导致女性犯罪增多,成为社会不安定因素之一,不利于和谐社会建设。

(二)家庭暴力的特点

1. 对象的特定性

家庭暴力对象的特定性主要表现为施暴者和受害者之间不仅存在家庭

关系,而且表现为受害人身份的相对特定性。施暴者与受害者是共同生活在一个家庭内的亲属,一般应具有法定的亲属关系和共同生活两个特征,如父母与子女关系、夫妻关系,还包括依法律关系形成的亲属关系,如已形成抚养关系的继父母子女关系、继兄弟姐妹关系等。紫薇花团队通过"110"反家暴平台接警记录情况看,家庭暴力的对象主要是针对妇女、儿童、老人及残疾人,这其中尤以女性居多。

2. 行为的隐蔽性

家庭暴力的发生率远比调查数据高,这是家庭暴力的显著特征。行为的隐蔽性主要表现在:一是家庭暴力发生在具有血缘关系或婚姻关系的家庭成员之间,暴力发生时,受害者经常处于无防备状态,一旦发生伤害,又因发生地一般在家里而鲜为人知。二是由于传统文化的影响,一些人错误地将家庭暴力归为"家务私事""个人隐私",认为"家丑"或"家事"不能外扬,邻居和其他人不便干预这种"闲事",使得很多受害人特别是女性受害者,在受到侵害时宁可在家忍气吞声也不愿意声张,这就使得很多家庭暴力现象不能及时曝光得到解决。

性暴力是一种更隐蔽的家庭暴力行为,它主要是指在婚姻关系存续期间,丈夫违反妻子的意愿强迫妻子发生性行为或有性虐待行为。由于传统性观念的影响,绝大多数妇女总觉得夫妻之间有关性生活的事情较之一般的家庭暴力更难启齿,故对于丈夫的性暴力采取一种忍让的态度。家庭暴力的隐蔽性在性暴力行为中显得更突出、更典型。

3. 手段的多样性

家庭暴力的形式多种多样,既有肉体上的伤害,也有精神上的损害,还包括性虐待和婚内强奸。就手段而言,既有语言攻击也有肢体袭击。[2]值得注意的是,近年来出现越来越多的冷暴力,这类暴力现象不是以身体伤害为表现形式,而是对对方表现出冷淡、疏远、轻视、放任和漠不关心,将语言交流降低到最低限度,停止或敷衍性生活,这是隐性暴力中较常见的形式,也是一个容易被忽视的家暴现象。

4. 主观的故意性

与其他暴力行为一样,家庭暴力施暴人主观方面所持有的态度是故意的,而且大多数都有明确的目的。所谓故意,是指行为人明知自己所采取的暴力手段会给其家庭成员的身体、精神等方面造成一定的伤害,却希望或放任这种结果发生的心理态度。过失行为不构成家庭暴力。

5. 发生的连续性、渐进性

家庭成员共同生活是一个长期的过程,所以家庭暴力也不是一日突起,往往是日积月累,具有时间上的连续性。恶性家庭暴力事件,也不是突如其来的,是逐渐从拳打脚踢的过程中慢慢演变而来,具有渐进性,这也是家庭暴力与社会暴力的不同之处。一般从开始的语言攻击和敌对状态到紧张压抑暴发为对受害者的攻击、袭击,再到后来施暴者表现出悔恨、良心谴责和不再施暴的誓言,常常使受害者满怀希望地认为施暴者会回心转意,其实不然,而受害者也常常在这种一而再,再而三的容忍中渐渐麻木。

6. 行为的违法性

受传统思想的影响,人们往往认为家庭暴力现象属于"家务事",无须法律干涉和解决。随着社会法治程度不断提高,具有严重社会危害性的家庭暴力行为已作为违法行为在法律条文中得到明确规定。家庭暴力行为的违法性主要表现在家庭暴力侵害的是法律所规定的人人都有的生命权、健康权、自由权和身体权。

二、家庭暴力发生和存在的原因

古人常言"家和万事兴",可见家庭的和谐安定关系到整个社会的稳定团结。为什么在社会文明高度发达的21世纪仍然会存在家庭暴力?就我国目前的家庭暴力现状和紫薇花团队在"110"反家暴平台接触到的真实案例来分析,这既有历史和社会原因,还有相关法律等原因。

1. 历史原因

家长制和男权思想是家庭暴力现象存在的根本原因。毛泽东在《湖南农民运动考察报告》中指出,中国妇女受四种权力的压迫,这就是政权、族权、神权、夫权。封建社会里,作为一家之主的男人拥有支配社会一切道德、风俗、习惯、法律、政治、经济的权力,男尊女卑、夫为妻纲、父为子纲,男人是天然的统治者,妇女和儿童成为男性家长的附属品,必须服从男性家长的一切意志。目前虽然社会文明有了很大进步,但是封建思想还没有完全肃清。另外,受害人因受传统习俗和封建思想束缚而对家庭暴力的默认、容忍和麻木也助长了施暴者的行为,成为施暴者恶劣行为滋生、蔓延的温床。

2. 社会原因

社会容忍度较高而维权意识不强助长了家庭暴力的发生。从紫薇花团队在"110"反家暴平台所接触到的案例来看,除了产生严重后果的家暴事件外,对一些伤害不大、情节轻微的暴力现象,一句"清官难断家务事"就把家庭暴力排斥在法律的管辖范围之外,使之形成邻居不劝、居委会不问、单位不管、不出人命执法机构不理的"四不"真空地带。而家庭暴力的受害者往往缺乏维护自身权益的意识,甚至觉得"家丑不可外扬",又害怕失去家庭庇护和经济支持,采取容忍、姑息的软弱态度,这实质上成了对家庭暴力的默许,对施暴者的姑息和纵容,也使法律失去了应有的震慑、预防、惩罚作用。

3. 法律原因

反家庭暴力立法的相对滞后和家庭暴力损害赔偿缺乏可操作性,使家庭暴力行为难以受到法律的制约和制裁。虽然在《宪法》《刑法》《婚姻法》《妇女权益保障法》《未成年人保护法》《老年人权益保障法》《治安管理处罚法》等相关法律法规中都有对侵害妇女、儿童、老人人身权利的家庭暴力行为的禁止性规定,但缺乏明确的行为认定和具体的制裁办法,特别是在对受害人的赔偿如何不损害受害人本身利益这一问题上缺乏具有可操作性的处理办法,影响对家庭暴力行为的认识、惩处、制裁。

另外,随着中国社会的高速发展,贫富差距变大、阶级阶层分化、社会竞争激烈等因素,造成了经济收入水平差别、文化教育水平差异、生活方式不断变化、精神压力普遍增加、心理疾病不断出现等社会现象,加上法制宣传力度不足和施暴者自身性格缺陷、心理扭曲等原因,也使得家庭暴力事件时有发生,并形成新的发展趋势。

三、家庭暴力城乡发展的差异性

家庭暴力作为一种社会现象,之前较多发生在农村或城市一些知识水平、职业层次、社会地位较低的家庭中。紫薇花团队在"110"反家暴平台所有接警案例的统计数据显示,每10个家暴案例中,农村与城市的占比为6:4;每10个施暴者中,就有2人受过高等教育,值得引起重视的是这种比例正在逐渐增加。家庭暴力的范围正在从农村向城市、从低文化素质向高文化素质群体、从低收入向高收入人群蔓延。所以,家庭暴力不仅仅是发生在农民、工人家庭,在干部、教师、医生、法律工作者家庭也时有发生,而且隐蔽性更强、伤害程度更深。家庭暴力城乡发展差异性体现在以下三方面:

(一)发展趋势不同

在涉及夫妻关系的家暴案例中,由于城市社会竞争越来越激烈,夫妻双方各有各的职业发展、业绩追求和社交范围,当彼此的价值观发生冲突时,浮躁、焦虑心态使双方的沟通发生障碍,纠纷处理不当就升级为家暴。很多人由于工作上的压力与烦恼常常心情欠佳,处理家庭事务时容易丧失理智而发生家庭暴力行为。紫薇花团队在"110"反家暴平台接警数据显示,这类案件中医生、警务工作者和法律工作者居多。有的丈夫为了自身发展的需要,要求妻子辞去工作,妻子不想放弃自己的事业没有顺从丈夫的意愿,于是丈夫大打出手。另外,"黄赌毒"、婚外情等多种不良行为不断侵蚀着各个家庭,使城市家庭矛盾冲突加剧,家庭暴力呈上升趋势。与此相反,近年来随着农村经济的发展,农村妇女法律意识正在逐步提高,在经济上也日益独立,因此农村家庭暴力现象有下降的趋势。

在家长对孩子的家庭暴力案件中,由于望子成龙、望女成凤几乎成了国人的共同心态,而且城市的家长受"起跑线理论"影响更深,把孩子"读好大学就有好工作"当成信条,把读大学当成孩子成功的唯一途径,对孩子期望值越来越高。当孩子未能达到父母的期望值,而父母又因自己事业无望把全部希望倾注在孩子身上时,亲子关系就变得非常紧张,家暴事件也时有发生。相比较而言,农村家庭由于父母文化程度有限,对孩子也没有特别大的期望,"成功"压力没有城市家庭大,家长对孩子的家暴事件发生率相对城市要低。

在虐待长辈和残疾人的家暴案件中,由于农村中年龄较长的和身有残疾的人因经济收入较低,属于家庭中的弱势人群,他们在经济上高度依赖儿女或其他家人,往往沦为家庭暴力的对象。而城市里却相反,除了部分下岗人员外,大多数老年人有退休工资,加上城市里老人大多都有社会保险,残疾人也有社会补助,他们在经济上对家人的依附度不高,这类家暴案件的发生率要低于农村。

(二)隐蔽程度不同

根据《中华人民共和国刑事诉讼法》的规定,家庭暴力行为除杀人和造成重伤外,司法机关大多作为自诉案件处理。因此,家庭暴力案件中,真正由司法机关介入处理的很少。城市家庭暴力的隐蔽程度较农村更高,不少施暴者对法律有一定程度的了解,有些人本身就是从事与法律相关的工作,知道家庭暴力是违法犯罪行为,往往会选择没有他人在场时实施家庭暴力,而且施暴的部位往往是身体的隐蔽处,他人不易察觉。有些人更是以自己的地位、职务所带来的权力威胁受害者,使受害者不敢诉诸法律。另外,城市的邻里关系比农村封闭。所以,家暴在城市比农村具有更强的隐蔽性。

(三)受暴后的解决方式不同

农村妇女缺乏必要的法律知识、法律意识以及基本的自我保护观念,求助公安机关也不如城市的那样方便快捷。与城市相比,大多数农村妇女对家庭暴力采取隐忍态度。据《法制日报》报道,在一项关于农村“发生家庭暴力后,大多数人习惯用什么方式来解决”的调查中,前三位的回答是:找亲友或干部调解、让娘家(或婆家)人出面解决、以暴制暴,只有少数人选择向公安机关求助。紫薇花团队在“110”反家暴平台接警及处理的统计数据显示,目前,无论农村还是城市,只有10.80%的家庭暴力通过法律手段解决,而大多数家庭暴力是通过社会组织的非法律手段处理或解决。在2015年《反家庭暴力法》颁布后,越来越多的女性在面对家庭暴力时已经不再保持沉默,而是拿起法律武器,有意识地收集、保留遭受家庭暴力的证据,及时报警,将施暴者告上法庭。

四、反家庭暴力的对策与建议

家庭暴力不但直接损害受害者的身心健康,导致婚姻破裂、家庭解体,而且因家庭暴力引起的侵害行为严重影响社会的稳定和发展。反家庭暴力是一项长期艰巨的任务,不可能"毕其功于一役"。政府及相关部门必须从转变观念入手,充分运用法律手段和社会力量,通过综合治理形成合力,逐步将家庭暴力制止在萌芽状态。紫薇花团队根据"110"反家暴平台两年多的接警案例,从社会和司法角度对反家暴提出以下建议和对策:

(一)社会工作角度

1. 加强公民道德和法制教育

广泛宣传《反家庭暴力法》及其他相关法律法规,借助各种渠道,包括报刊、电视、广播、互联网等大众传媒,让大家认识到家庭暴力的危害,以增强人们反对家庭暴力的责任感和自觉性。尤其要加强女性的法律意识教育,引导她们勇于同各种侵犯妇女合法权益的行为做斗争,在遭受家庭暴力侵犯时,要勇敢地拿起法律武器维护自身的合法权益和人身安全。

2. 建立社会干预和介入机制

很多家庭暴力仅仅依靠夫妻间的沟通是难以解决的,还应该有社会力量及时介入干预。由于家庭暴力是一个涉及面很广的社会综合问题,不仅要从立法和司法上惩治施暴者,还要建立家庭纠纷调解机制,组织街道、社区、妇联、社会组织等社会力量为家庭暴力的受害者提供庇护场所,让家庭纠纷在最初得到干预和处理,以免冲突升级后产生家暴事件。举办各种类型的夫妻课堂,有针对性地培养夫妻间的沟通技巧,进行家庭成员互助互爱、相互尊重的伦理道德教育。

3. 建立社会保护和监督机制

遭受家庭暴力的大多是女性,应建立专门的妇女援助机构,为受害妇女提供法律和经济援助,同时可以开通反家暴举报热线、反家暴咨询网站,及时接收家庭暴力发生的信息,并设立相应的心理咨询机构以减轻受害者的精神痛苦,使其在暂时逃离家庭后能获得有效的帮助,使之有信心和勇气面对生活。这对反家暴工作能起到积极的推动作用。

4. 构建新型家庭伦理和道德体系

法律是调整人们的外部关系,而道德支配人们的内心生活和动机,二者是既分离又相关联的社会控制力量。[3]要从源头上遏制家庭暴力,不能仅靠法律的威慑力,还需辅之以柔性的道德约束。尤其是在依法治国和以德治国相结合的今天,道德被赋予了时代的新内容,发挥着法律所不能及的作用。因此,我们对家庭暴力问题进行法律规范的同时,还需建立一套适应市场经济的家庭伦理道德体系。要让家庭伦理道德观念深入人心,充分发扬中华民族互敬互爱等优良传统和家庭伦理道德的积极作用,从而在源头上遏制家庭暴力,真正实现人格上的男女平等,切实保障妇女、儿童的权益及人身安全。

(二)司法工作角度

1. 理解法律精髓,增强执法力度

在我国的《宪法》《婚姻法》《妇女权益保障法》《未成年人保护法》《老年人权益保障法》《治安管理处罚法》中,都有反对家庭暴力的法条,但是,这些法条都是原则性、抽象性的规定。例如,2001年4月公布施行的《婚姻法》总则第三条第二款规定"禁止家庭暴力。禁止家庭成员间的虐待和遗弃",但并没有对家庭暴力进行详细的阐述和规定。2015年颁布的《反家庭暴力法》中,有关反对家庭暴力的内容变得具体而详细,这部法律的实施能够给司法实践提供更为全面的指导。深入学习和理解《反家庭暴力法》的要义,能帮助我们提高防范意识和维权意识。

2. 依托司法体系,建立维权机制

《婚姻法》和《妇女权益保障法》等法律遵循"充分尊重公民的隐私权,以私人自治为主,国家公权适当干预为辅"的理念,由于婚姻家庭是夫妻及其家庭成员私人的自治空间,是国家公权审慎介入的"特区",在预防和调解家庭暴力方面,社会调解组织、心理咨询组织、婚姻家庭救助组织等往往可以发挥其特殊作用。[4]因此,应建立一套社会综合性维权机制,包含以公安部门为主体的保护网络,以司法部门、律师事务所和基层法律服务为基础的法律援助网络,以各级妇女儿童工作委员会、妇联信访为轴心的行政协调维权网络,并依托民间社团和社会组织建立妇女家庭暴力救助中心等,有效地遏制和减少家庭暴力的发生。

3. 重视司法实践,完善执法程序

《反家庭暴力法》实施至今,从紫薇花团队在"110"反家暴平台两年多的接警及处理实践中发现,有些司法执行合法但不合情,常常是执法问题解决了,却给受害者及其亲属带来影响长远的困扰。如何让受害者及子女的生活和工作不受施暴者违法行为带来的不良影响,是一个值得关注的问题。解决了这个问题,才会有更多的受害者勇敢地拿起法律的武器维护自身的人身安全和合法权益;也有些司法执行合法合情但不合理,以致受害者有可能遭遇二次伤害。比如对受害人的伤害赔偿问题,当受害者要求伤害赔偿时,赔偿金属于共同财产的情况非常普遍。如何真正从法律角度维护受害者,让受害者在身体和精神的恢复中得到一定的经济保障;执法程序不规范,也会给受害者的报警行为产生负面影响,使得家庭暴力受害者产生报警无用、反受其害的心理,对反家暴工作非常不利。如果在接警处理时有规范的记录程序,及时留下重要的伤害证据,会很有力地震慑施暴者的违法行为,使其再次企图施暴时会有所忌惮,从而让家庭暴力的受害者真正地受到法律的庇护。

参考文献

[1]王宇. 从社会学视角浅谈家庭冷暴力[EB/OL]. (2015-05-14)[2018-03-22]. https://wenku.baidu.com/view/cebca54dda38376bae1fae5b.html.

[2]谭尊飞. 关于家庭暴力的法律思考[EB/OL]. (2011-05-16)[2018-03-29]. https://wenku.baidu.com/view/1b981f0790c69ec3d5bb752d.html.

[3]周本强. 论家庭暴力中妇女权益的保障[EB/OL]. (2006-12-04)[2018-01-18]. http://www.law-lib.com/lw/lw_view.asp?no=7856&page=2.

[4]佚名. 关于家庭暴力的调查与思考[EB/OL]. (2016-03-20)[2018-02-01]. http://www.docin.com/p-1496379904.html.

家事纠纷多元化解的路径探析

骆忠新　宁　婷　潘　婷*

摘　要：该文通过对近年来浙江省衢州市两级法院家事审判方式和工作机制改革现状，特别是对其中的多元化解家事纠纷模式、途径的深入调查，指出了家事纠纷多元化解的现实瓶颈，基于家事审判的理念与定位，提出法院内部家事纠纷化解新模式及多元化解家事纠纷的途径等建议。

关键词：家事纠纷；多元化解；现实瓶颈；路径

俗话说，清官难断家务事。家事纠纷案件一直是各级法院审理特别是基层法院审理的"大户"，也是审判实践中的难点。随着社会情势的不断发展、家庭资产的快速累积，家庭内部关系变得越来越脆弱，法院受理的家事案件种类不断增加，通过审理彻底化解矛盾的难度越来越大。一方面，法官断得清是非对错，但家事纠纷中掺杂着感情，导致不少案件中很难明晰各方当事人的责任份额；另一方面，虽然案件从法理上给予了公正的判决，但家事纠纷案件的当事人往往在情感上很难接受判决结果，由此导致后续信访、上诉、申请再审的案件增长较快。对此，《最高人民法院关于开展家事审判方式和工作机制改革试点工作的意见》中指出，通过家事审判方式和工作机制改革试点，转变家事审判理念，推进家事审判方式和工作机制创新，加强家事审判队伍及硬件设施建设，探索家事诉讼程序制度，开展和推动国内外

---

* 骆忠新，浙江省衢州市中级人民法院立案二庭庭长，研究方向为民法、行政法。宁婷，浙江省衢州市妇联副主任科员，研究方向为婚姻家庭。潘婷，浙江省衢州市中级人民法院助理审判员，研究方向为民法。

法院之间家事审判经验交流与合作,探索家事审判专业化发展,维护婚姻家庭关系稳定,依法保护未成年人、妇女和老年人权益,弘扬社会主义核心价值观,促进社会健康和谐发展。如何利用多元化解妥善解决家事纠纷,是一个大、广、深且需要不断实践和推进的课题。

一、家事案件主要特征

2015年衢州全市法院共审结民事案件9743件,其中审结家事案件3349件,占比34.37%;2016年全市法院共审结民事案件11880件,其中审结家事案件3562件,占比29.98%;2017年全市法院共审结民事案件14426件,其中审结家事案件3502件,占比24.97%。(见图1)

2015年全市法院调撤家事案件2230件,占比66.59%;2016年全市法院调撤家事案件2381件,占比66.84%;2017年全市法院调撤家事案件2643件,占比73.38%。(见图2)

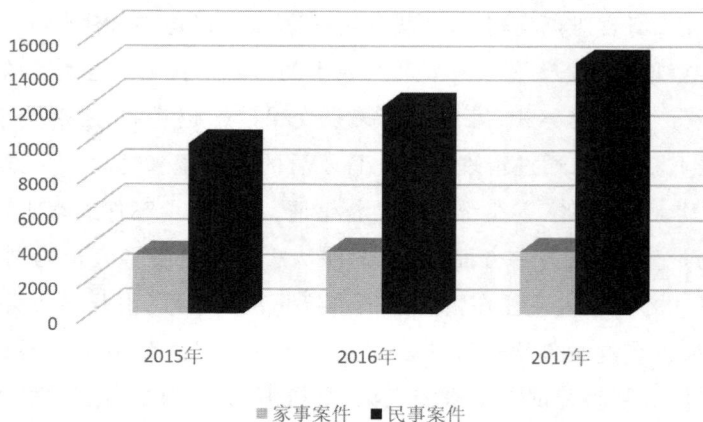

图1　2015年—2017年衢州市法院家事案件数量(件)

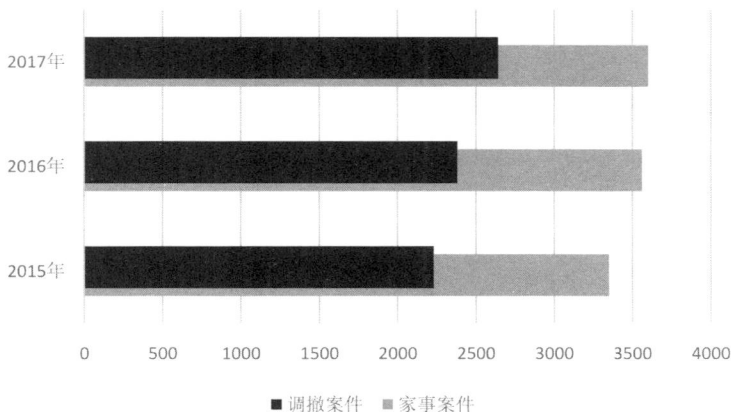

图2　2015—2017年衢州市法院家事案件调撤数量（件）

已审结案件具有以下几个特点：

1. 收结案相对稳定。全市两级法院的收结案均保持基本平稳，数量上占总收结案的比重均在30%左右。

2. 上诉率相对较低。从衢州市中级人民法院的收案数来看，家事案件的上诉率相对较低，但因经过起诉前的纠纷及一审法院的审理，到二审之后矛盾更加尖锐，上诉案件的处理难度相对加大。

3. 调撤率不均衡。2016年开始自行探索家事审判改革工作的三家基层法院家事案件调撤率均比2015年有所提高，并且高于另外三家基层法院。

二、浙江衢州家事纠纷多元化解的实践探索

（一）人民调解及法院外部实践

1. 家事纠纷人民调解组织体系的成立。2013年，衢州市柯城区妇联与柯城区司法局依据《中华人民共和国人民调解法》，成立了衢州首个婚姻家庭纠纷人民调解委员会，至2016年实现市、县、乡三级全覆盖，累计受理案件581件。

2. 家事纠纷调解社会资源的入驻。2013年，衢州市柯城区荷花街道"兰花热线"推广到乡镇（街道）；衢州市妇联成立妇女疏导室"馨聆家园"，招募

30多位心理志愿者参与婚姻家庭纠纷调解。

(二)诉调对接及法院内部探索

1. 家事纠纷诉调对接制度的雏形。2015年3月,衢州市开化县马金法庭成立了浙江省首个以女法官命名的"佳姐有约"妇女维权工作室,为辖区妇女提供全方位法律服务,在现有司法体系下积极探索诉调对接行之有效的方法。工作室有三个"美丽约定":约定接待时间、约定联系方式、约定服务内容。

2. 家事纠纷调解中心的设立。衢州市两级法院均设立各种形式的家事纠纷调解中心,内设家事调解室、客厅式审判法庭、心理疏导室、儿童观察室、妇女及未成年人子女庇护所等。坚持以家、和、缘为主旋律,尽量凸显浓厚的家庭基调和氛围,并以家庭责任担当、亲情维护、宽容理解为内涵,采取客厅家居式的布置方式。调解中心着力淡化原、被告的对立性,努力营造温馨、和谐的氛围,使当事人置身家庭氛围下,以宽容、包容的心态去看待、处理纠纷,促进家庭成员之间关系的改善与和好,达到化解矛盾的目的。如衢州市衢江区人民法院与区妇联、团委、文明办、司法局对接,邀请获得全国文明家庭的"胡金凤家庭""最美衢州人""中国好人""浙江好人"作为特邀调解员参与家事纠纷化解;选派5名擅长调解的法官担任家事指导法官,通过衢江区联合人民调解委员会任命12名人民调解员(其中7名为专职调解员)及分别遴选来自心理咨询师、婚姻家庭咨询师、社工、"最美"人物、人民陪审员及律师等共计67名特邀调解员,按照"1+1+N"调解模式,即"1位人民调解员+1位指导法官+N位特邀调解员"调解一个家事案件。

3. 多元化解纠纷机制的构建。衢州市两级法院积极整合行政和社会资源,多方联动协作,发挥各自优势,构建家事纠纷的先司法(诉前)解决机制、案件审理过程中的协作配合机制、诉后跟踪帮扶机制、信息数据共享机制及家事纠纷诉调衔接工作机制,形成家事纠纷社会管理新格局。同时,衢州市两级法院探索和实施特邀调解员制度,邀请包括全国文明家庭、"最美衢州人""中国好人""浙江好人"在内的百余名各界杰出代表担任两级法院特邀调解员,目前特邀调解员资源库通过一人一档实行动态管理,参与家事纠纷化解。

三、家事纠纷多元化解的现实瓶颈

（一）法院内部制度瓶颈

1. 调解时限与审理期限的矛盾

探索家事纠纷多元化解过程中，创设了婚姻冷静期制度。所谓婚姻冷静期，一是法院在审理离婚案件过程中，根据当事人之间纠纷产生的原因、矛盾激烈程度、有无和好可能等情况，综合判断确定是否给予冷静期；二是离婚案件当事人的子女、父母反对他们离婚，强烈要求法院帮助做和好工作，申请法院设置冷静期。通过给予离婚纠纷当事人冷静期，推迟开庭时间或宣判时间，使当事人冷静对待双方感情问题，对减少因一时冲动而离婚的效果不错。因此，不少法院也在探索扩大冷静期适用范围，对其他家事纠纷、邻里纠纷、侵权纠纷，给予双方必要的冷静期，以平静心态，缓和心情，减少对抗，促进纠纷化解。但民事案件的审理有法定的审理期限，冷静期的设置势必会影响案件正常的审判进程，会削弱当事人对司法的合理预期，由于家事关系的特殊性，当事人生活轨迹高度重叠，在冷静期矛盾升级的可能性依旧存在，冷静期与现行的司法审判制度存在不可回避的冲突。

2. 诉调法官重叠性高与中立审判的矛盾

诉讼调解的终极目标是当事人双方达成调解协议，实质是体现当事人意思自治而引导、组织、促成当事人在理性的状态下达成调解协议。而法官作为案件的居中裁判者，本身应当"被动""中立"，由法官先行调解再开庭判决，审前会见当事人导致先入为主和先定后审的情况则难以避免，以及单独会见一方当事人会影响判决公正性的顾虑很难消除，"调审合一""诉调对接"模式下法官调解给司法权威、司法公信力等带来负面影响不可小觑，如司法的被动性与调解的主动性，法官的中立性与调解的偏倚性，庭审的程序性、规范性与调解的多样性、灵活性，以及庭审的对抗性与调解的中和性等现代与传统司法理念的冲突与矛盾。各地法院越来越重视调撤率，甚至产生"以判压调"和"以拖逼调"等问题。

(二)诉调对接的实践瓶颈

1. 家事调查员权利与法官调查权的矛盾

所谓家事调查员,是指法院选择具有一定经验、阅历的社会人士担任家事案件的调查员,在家事案件处理过程中,由法院委托专门的家事调查员进行调查,通过走访当事人所在社区、工作单位、子女学校,约谈当事人亲属、邻居等,调查了解案件相关事实,比如当事人的婚姻状况、未成年子女抚养状况及周围亲朋好友的评价,并由调查员出具书面调查报告,为法院裁判提供参考。而法官的调查权是法律明确规定的,在案件审理过程中,法院可以依当事人申请或依职权调查取证,并作为证据使用。但家事调查员已进行先行调查,其所调取的材料证明力如何,与法官所调取的证据、与当事人一方提供的证据之间如果发生冲突该如何采信证据,调查员是否需要出庭接受质询等等,都未有据可依。

2. 特邀调解员的地位问题

特邀调解员是指法院聘请工作经验丰富、调解能力强的非法院工作人员,在案件受理前、后参与家事案件的协调处理。特邀调解员在审判程序中属于独立的一员,并不对案件最终裁判产生影响,也不在法律文书上署名。经特邀调解员参与,很多案件得到了妥善处理,但其工作量在法律文书上无法体现,并且调解成功后,也须再交由法官出具相应的法律文书。久之,对特邀调解员的职业荣誉感及当事人认同度的培养必然会造成不利影响。

3. 利用社会资源与法院经费短缺的矛盾

开展家事纠纷多元化解,需要法院、司法、民政、妇联等单位的参与,需要对特邀调解员、家事调查员进行培训、发放酬劳,需要政府向社会组织、心理咨询机构等购买服务,但经费尚未列入专项费用,这与现实案件当事人的需求存在较大缺口。

(三)当事人的抵触情绪明显

对于法院为妥善处理家事纠纷所设立的心理疏导与干预机制、冷静期制度、家事析产案件的财产申报制度等,部分当事人感受不到制度利益,对新的诉讼矛盾化解制度存在一定的抵触情绪。如冷静期制度,一般是被告提出申请,但往往原告有抵触,甚至认为法官人为增加障碍,降低矛盾化解效率;对心理疏导机制,很多当事人认为自己不存在心理障碍,不愿意接受心理疏导,甚至认为这是"精神疾病"的暗示,不利于保护自己的权利;财产申报制度上,随意性较大,少报、瞒报的情况不在少数,认为这样既可以保护财产又可以减免部分诉讼费用。

四、打破家事纠纷多元化解瓶颈的路径探析

(一)明确家事审判的价值理念与定位

家事审判是民事审判的基础与支柱,在社会治理中具有非常重要的意义。

1. 整合社会力量,共同化解家事纠纷。家庭幸福事关社会稳定,需要从社会治理角度考虑,通过全社会协同参与,合力促进家庭关系的和谐稳定,坚持"党委领导、政府支持、法院推动、综治协调、社会参与",充分发挥各方主体的综治合力,走群众路线,带动社会力量、民间力量参与到家事纠纷化解中。

2. 全面关注当事人利益,注重家庭关系的修复。家事纠纷包含复杂的情感纠葛,极易引发当事人的非理性行为,甚至产生报复社会等危险心理,要尽可能通过调解彻底化解矛盾。既要厘清法律争议,又要降低情感伤害,修复家庭关系,对需要救助的当事人给予最大可能的帮扶,防范社会隐形危险;既要维护当事人的财产权利、身份权利,又要注重人格利益、情感利益、安全利益的保护,依法保护未成年人、妇女、老年人等弱势群体的合法权益。

3. 倡导正向价值引领,打造具有社会公信力的家事纠纷化解平台。家事纠纷带有强烈的伦理道德色彩,案件的处理需顾及社会主流价值观念。在个案处理上应注重社会正向价值引领,传递"和"的理念,提升家庭亲情观念,彰显优秀传统美德,弘扬社会主义核心价值观,促进全社会家庭、家教、家风建设。同时以此为基础打造彰显司法形象、提升司法公信力的家事纠纷化解平台。

(二)探索法院内部家事纠纷化解新模式

1. 设立独立的家事审判庭和专业化家事审判团队。开辟专门的家事审判场所,包含家事调解室、家事审判法庭、心理疏导室、儿童观察室、妇女及未成年人子女庇护所等。家事审判法庭设置椭圆形的审判桌,给当事人营造一个和睦、宽容、缓和的心态环境,尤其在席位牌设置上,不再按"原告""被告"等当事人称谓设置,而代之以"丈夫""妻子""母亲""儿子"等,拉近亲情距离,传递司法温度。选派社会阅历丰富、擅长调解的法官担任家事案件审判法官,配备热爱家事审判、工作耐心细致的法官助理和书记员,重视吸收包括公益律师、心理疏导师、社会工作师、婚姻家庭咨询师等力量,组建"家事审判法官+家事调查员+特邀调解员"专业化家事审判团队。

2. 建立法官助理审前调解程序。法官的职责是依法裁判,而法官助理的定位是从事审判业务的辅助人员,因此他们之间是"师徒式"的指导与服务关系,即法官不仅要注重对法官助理业务上的指导,还要注重人才的培养,而法官助理要为法官公正高效审判做好辅助性工作。他们又是协作与监督关系,即法官助理负责组织庭前准备、调解等辅助性工作,法官负责庭审裁判工作,庭前准备与庭审两个阶段互相配合,互相制约。因此可侧重以立法或制度的形式对法官助理的工作流程、工作要求和工作标准等方面做出规定,如法官助理可以查阅相关法律、案例、有关学说观点等资料,向法官提出参考性意见,并在开庭时旁听。

法官助理制度成熟后,法院调解应该独立运作于法院审判程序之外,由法官助理担任调解人,而不应由审判该案的法官担任。引入、推行法官助理制度后确立的法官助理主持调解原则,既发挥法院调解在解决民事纠纷上的独特优势,减少当事人的讼累,节约诉讼成本,又能从根本上改变调解人员与主审法官身份竞合的状况,确保法官审案的独立性,增强司法权威,提升司法公信力。建立法官助理审前调解程序,不仅没有违背法官的被动性、中立性、独立性原则,还能进一步优化法院内部审判资源配置,缓和基层法院普遍存在的法官短缺等问题。这在我国当前的国情下尤为重要。不过,由于法院做出的调解书与判决书具有同等法律效力,而法官助理不享有裁判权,因此调解协议的合法性须经法官审查,调解书应由法官签发。

3. 构建家事纠纷案件审理特殊制度的审限扣除。在家事案件审理中，冷静期、心理疏导、家事调查、财产申报等制度对家事纠纷案件的妥善处理有重要意义，为解决上述新型制度与法定审理期限之间的矛盾，建议在立法中明确，对家事纠纷案件中适用了特殊制度的相应时间，在不改变审理期限的前提下设立中止或扣除程序，保障双方当事人的合法权益，维护司法的可预见性。

（三）破除诉调对接障碍，畅通多元化解渠道

1. 建立家事观察团制度。家事观察团，是指对法律关系相对明确、当事人矛盾较为突出、案件事实争议较大等需要更多社会经验判断的家事纠纷案件，法院邀请人大代表、政协委员、特邀调解员、媒体代表以及检察机关、公安机关、群团组织、当事人所在社区等工作人员共同组成家事观察团。家事观察团具有以下特点。一是"一案一选"，即每个案件的家事观察团并非固定，而应根据每个具体案件进行具体分析和选择。二是全程参与庭审。观察团全程旁听庭审，观察当事人的言语行为，全面了解案情和争议焦点，寻找调解的切入点，思考纠纷化解方案。三是当庭投票表决，评判争议问题。观察团对是非曲折进行评议，评议过程记入笔录，评议结果作为案件调解、裁判的重要参考。四是判后心理慰藉，案后回访帮扶。案件裁判后，观察团对当事人特别是家庭暴力的受害人等特殊案件当事人进行心理干预，疏导当事人情绪，增加双方当事人对法院工作的信任和对处理结果的信服。对涉及探视权、赡养、家暴等案件，观察团认为有必要的，可在案后对当事人进行回访，彻底化解纠纷。观察团在情感、身份上更贴近群众，能从群众的角度评判问题，使民意与司法有机结合，拓宽了法官的审理视角和裁判思路，提升当事人对裁判的接受度，也体现了司法的公开和民众对司法的监督。

2. 建立完善的特邀调解员、家事调查员和观察团聘用管理制度。（1）明确选聘条件。建立调解员、调查员和观察团数据库，参照人民陪审员条件进行选聘，由各单位推荐+自荐组成，对拟任调解员、调查员的基本资料进行核实、汇总，选取适合担任者入选数据库。（2）规定选聘程序。主要是针对每个案件确定如何选聘特邀调解员、家事调查员和观察团，应当是一案一选，可

以由法官推荐或当事人随即抽选,如当事人缺席或不愿意参选,可由法院直接指定,适用案件审理人员回避原则,切实维护双方当事人的合法权益。

3. 建立完整的履职保障系统。履职保障包括业务培训、个人信息和人身安全的保护、考核激励、淘汰惩处机制等。(1)业务培训。建立培训机制,定期由家事审判法官对家事调查员、特邀调解员等进行法律知识、调解技能、沟通技巧等方面的培训。(2)保护和便利。各部门建立联席机制,出台相关文件,保障家事调查员、特邀调解员等在履职时由其所在单位给予一定的便利,并出台相应制度保障其个人信息和人身安全。(3)考核激励机制。薪酬待遇上可参照人民陪审员进行发放,建立完整的激励机制,一方面保障其有合适的报酬;另一方面实行奖惩制度,对工作出色的人员给予一定的奖励,对多次拒绝履职等人员给予取消选任资格等处罚措施。(4)淘汰惩处机制。对在参与案件审理中,有接受当事人财物、隐瞒关键证据等行为的特邀调解员,一经发现,则立即除名,并通报所属单位,对造成严重后果的依法追究责任。定期对特邀调解员进行审查,包括违法犯罪、利益冲突、身体情况等方面。

4. 建立案后帮扶机制。积极打造集纠纷化解、案后帮扶于一体的司法关怀延伸机制,对陷入家庭困难的当事人或与当事人共同生活的家属予以必要救助。联合民政、妇联、团委、当事人所在乡镇等部门及红十字会、爱心联盟等民间力量对确需帮助的当事人予以重点关注并根据情况发放救助金,联系社会帮扶。与学校建立单亲子女关爱行动,联合学校开展亲子公众开放日活动,向学生和家长普及法律知识,促进家庭关系的良性互动,从源头减少家事纠纷。

妇女工作探索

改革开放40年浙江省妇女工作综述

黄佩芳[*]

摘　要: 该文从妇女组织建设、妇女干部培养和妇女参政议政、宣传男女平等基本国策和文明进步妇女观、评比表彰先进妇女(个人、集体)和五好文明家庭、发动组织妇女投身经济建设、代表和维护妇女合法权益、解决托幼难和开展少儿家教工作、加强妇女干部培训及妇女工作调研和理论研究八个方面,综合梳理了改革开放40年来浙江妇女工作的成绩,揭示只有坚持中国共产党的领导,坚定不移走中国特色社会主义妇女发展道路,浙江妇女工作才能谱写出时代新篇章,浙江妇女才能在改革开放中团结奋进、共创共享美好新生活。

关键词: 浙江省;改革开放;妇女工作;综述

1978年12月,中共十一届三中全会在北京胜利召开,中国历史进入改革开放、建设中国特色社会主义现代化新时期。在十一届三中全会精神指引下,全省妇联组织拨乱反正,不断清除"左"倾思想影响,整顿健全各级组织。各级妇联充分发挥组织职能,动员组织广大妇女群众积极投身改革开放和现代化建设事业,为经济发展和社会全面进步做贡献。宣传男女平等基本国策和文明进步妇女观,维护妇女儿童合法权益,推动妇女儿童事业的新发展。

2003年6月17日,在浙江省第十一次妇女代表大会上,时任省委书记、

---

*　黄佩芳,浙江省妇女干部学校副教授,研究方向为妇女工作、妇女运动史、妇女教育史、妇女社会生活史。

省人大常委会主任习近平要求"各级妇联要认真研究现实生活的新变化和群众工作的新特点,在新形势下继续履行好妇联的职能,发挥好党和政府联系妇女群众的桥梁纽带作用,当好国家政权的重要社会支柱,做好党的群众工作的重要帮手,真正成为妇女利益的代表者和维护者。要把提高妇女群众的整体素质,培养'四有''四自'的女性作为一项长期的战略任务。最大限度地把广大妇女团结在党和政府周围,更好地落实增强党的执政基础、扩大党的群众基础的要求""要坚持以改革的精神加强妇联组织的自身建设,把继承优良传统与勇于开拓创新统一起来,研究新情况,解决新问题,探索新路子,创造新经验,把浙江的妇女工作提高到一个新水平"。[1]各级妇联组织坚持"妇女所急、党政所需、妇联所能"的工作定位和"一手抓维权,一手抓发展"的工作方针,以创新工作机制和方式,开创了浙江妇女工作的新局面,实现了妇联工作的跨越发展。

一、整顿健全、充实发展妇女组织,建立多层次、全方位、枢纽化、社会化的组织网络

　　1979年11月,为适应省管市行政改革,地区妇联改称为省妇联地区办事处。1981年开始,随着撤地建市,相继建立市级妇联。县(市、区)级妇联组织的设置也随行政区划的调整而变化。至2018年7月,浙江省第十四次妇女代表大会召开前,全省共有11个市级妇联、89个县(市、区)妇联。

　　1978年10月,浙江省第六次妇女代表大会布置公社(街道)和基层妇联整顿工作。至1980年,全省80%的公社妇女组织进行整顿,健全领导班子,基本配齐了公社妇联干部。1983年4月,浙江省第七次妇女代表大会报告提出,要把基层妇女组织建设成保护、教育妇女和儿童的前哨阵地。整顿、健全基层组织,完善代表联系妇女群众制度,成为妇联工作的重大任务。至1988年,全省有乡镇(街道)妇联3213个。1990年,全省各地开展创"五好"妇代会达标升级活动。至1993年初,组织健全、工作开展得好和比较好的基层妇代会组织占总数的92.99%。

　　1988年5月,浙江省第八次妇女代表大会提出,面向各界妇女,建立、健

全妇女组织。此后,浙江省妇联根据全国总工会、全国妇联《关于加强工会、妇联在女职工工作中密切合作的几点意见》,在党政机关、教科文卫等行政事业单位建立妇女委员会,在乡镇企业建立妇女组织,加强街道妇女工作,协调、处理与工会等群众团体的关系。至1992年底,全省已建村(居)妇代会4.74万个,占应建数的99.59%;乡镇企业妇女组织,党政机关、教科文卫等行政事业单位,各民主党派妇委会和按行业界别建立的各种妇女联谊会、协会发展到9402个。初步形成城乡结合、上下贯通、纵横交织的妇女组织网络。

2001年底,浙江省委召开浙江省妇女工作会议,提出要努力构筑全方位的妇女组织网络。妇联组织根据妇女群体分布的新特点,拓展横向联系,密切与团体会员的联系与合作,发挥各类专业学会、联谊会、研究会等横向妇女组织的作用,积极推进新型经济组织、新型社会组织中妇女组织的建立,扶持引导中华巾帼志愿者队伍以及各种公益性、互助性、自治民间妇女组织的健康发展。由此,妇女工作形成了多层次、全方位的组织网络。妇联组织建设实施"固本强基工程",在巩固传统妇联基层组织基础上,加强创新型、服务型、实干型妇联组织建设。至2013年,通过单建、联建等方式推动全省新经济、新社会组织建立8万余个妇女组织。村(社区)普遍建立妇女之家,逐步完善工作制度和综合服务功能。发挥妇联团体会员和各类女性社会组织的作用,促进妇联组织枢纽化和妇女工作社会化。全省有9000多支巾帼志愿者服务队,开展文明宣传、家庭教育、法律帮助、心理咨询、助老帮困等各具特色的巾帼志愿服务。

2013—2018年,妇联组织建设坚持改革创新,围绕增"三性"、去"四化"①要求,改革创新迈出坚实步伐;坚持党建带妇建,"广代表、优机关、强基层、活末梢"组织体系基本形成;"敞开大门建妇联",实行省市县乡四级妇联干部专挂兼相结合制度,队伍结构更趋合理。2017年,市县两级妇联新增挂职、兼职副主席90人。乡镇(街道)新增挂职、兼职副主席2658人、执委1.3万人。根据《浙江省妇联基层组织改革工作方案》文件精神,全面完成村妇代会改建村妇联工作,全省村和社区妇联执委人数达22.90万,其中新增执

---

① 2015年7月6日,习近平总书记在中央党的群团工作会议上发表重要讲话,明确群团工作和群团组织要增强政治性、先进性、群众性,防止和克服"机关化、行政化、贵族化、娱乐化"现象。

委15.20万人。1.2万支巾帼志愿服务队、50万名巾帼志愿者活跃在全省各地。建设"网上妇女之家",在新领域、新群体、新组织中建立形式多样的妇女组织9.50万个。乡镇(街道)妇联建立团体会员制度。基层妇联组织星级评定、片区联动、带项目兼职副主席选配等工作机制日益完善,以妇女议事会、妇情恳谈会等形式,发挥8.50万个功能型妇女小组作用,推动和活跃基层妇联工作。在优化服务中增强了妇联组织的凝聚力和号召力。网络化、社会化、群众化妇联工作运行格局初步形成。全力推进网上妇联建设,成立省妇联网络新媒体中心,构建以"浙江女性"为统一标识的省妇联"一网两微一端"网络信息平台,初步形成以222个妇联官方网站、微信、微博为主,5.40万个"工作群"和"联系群"为辅的网络新媒体矩阵,推动妇联工作网上网下相互促进、有机融合。探索推进社会化工作模式,以项目征集、社会购买方式,推动一批实事项目精准落地。

为协调、推动妇女儿童事业的发展,1998年9月,浙江省政府成立省妇女儿童工作委员会,办公室设在省妇联。市县两级政府相应建立妇儿工委组织。在各级妇儿工委协调和推动下,在全省,《中华人民共和国妇女权益保障法》《浙江省实施〈中华人民共和国妇女权益保障法〉办法》等有关妇女儿童的法律法规的贯彻执行、《中国妇女发展纲要(1995—2000年)》《九十年代中国儿童发展规划纲要》《浙江省妇女发展规划(1996—2000年)》《浙江省儿童少年事业发展规划(1996—2000年)》的实施、妇女儿童发展中的重大问题的解决成效显著。进入21世纪,浙江省妇女儿童发展"十五""十一五""十二五"规划目标如期实现,"十三五"规划全面实施。浙江妇女儿童事业发展与经济社会发展协调同步,总体水平保持全国前列。

二、推动培养选拔妇女干部和妇女参政议政, 提升妇女参与政治的广度和深度

1980年10月,浙江省妇联党组向省委呈报《关于培养选拔女干部问题的请示报告》,提出培养教育和提拔女干部的建议。20世纪80年代初,按照中共中央干部队伍建设革命化、年轻化、知识化、专业化要求,全省选拔了一批

女干部充实到各级领导班子。各级妇联组织抓住各种时机推动妇女参政议政,妇女当选各级人大代表和政协委员的比例明显上升。1983年4月,浙江省第六届人大妇女代表占代表总数的21.87%,浙江省第五届政协妇女委员占委员总数的14.24%。至1988年5月浙江省第八次妇女代表大会召开时,已有4300多名妇女经换届选举当选为省市县(区)三级人大代表;有数百名女干部担任县级以上党政领导,省市(地)两级女领导干部有所增加。

浙江省委十分重视培养选拔女干部工作,20世纪90年代和21世纪初,浙江省委先后于1990年、1994年、1997年、1999年、2001年、2006年六次召开培养选拔女干部会议。各次会议均对培养选拔女干部工作进行部署,明确工作目标、政策措施和具体要求。妇联组织积极主动配合组织部门做好培养选拔女干部工作,女干部的任职情况在21世纪初有了根本性的改善,达到或基本达到《中国妇女发展纲要(2001—2010年)》《浙江省妇女发展规划(2006—2010年)》中妇女参政的各项指标,部分指标走在全国前列。一大批德才兼备的优秀女性走上领导岗位,成为推进民主政治建设的重要力量。全省100%的村"两委"都有1名以上女性,村民代表中女性比例超过1/3,居民委员会成员中女性比例达到63.20%,妇女在基层民主自治中的作用得到有效发挥。2018年,新一届全国及浙江省人大代表、政协委员中女性占比均比上届提高,浙江省市县党政领导班子100%配备女干部,村委会成员中女性比例占30.72%。

三、宣传男女平等基本国策和文明进步的妇女观,推动营造和谐平等的妇女发展社会环境

1995年9月,中国政府在联合国第四次世界妇女大会上第一次公开向国际社会承诺,把男女平等作为促进中国社会发展的一项基本国策。各级妇联组织把宣传男女平等基本国策作为妇联宣传工作的重要内容,利用报刊、电台、电视台、网络等各种媒体,争取人大政协会议、党政干部培训班、妇女理论和工作研讨会等各种机会,宣传男女平等基本国策和浙江妇女发展与进步。1997年"三八"节期间,时任浙江省委副书记王金山在《浙江日报》头

版发表《认真贯彻男女平等基本国策　大力推进我省妇女事业发展》的文章。1998年6月,浙江省第十次妇女代表大会提出要认真贯彻江泽民关于"全党全社会都要树立马克思主义妇女观""把男女平等作为促进我国社会发展的一项基本国策"的讲话精神,进一步发挥社会主义制度在保障妇女权益、提高妇女地位方面的优越性,不断改善妇女发展的外部条件。1998年12月,浙江省第十次党代会明确提出"坚持男女平等的国策,切实维护妇女儿童的合法权益",将男女平等基本国策写入省党代会报告。2001年4月,男女平等的基本国策写入《中国妇女发展纲要(2001—2010年)》。是年,浙江省妇联和各地妇联与有关部门联合举办"女性世界""我与21世纪妇女形象"讨论、新世纪女性风采展、请市委领导到电视台发表男女平等基本国策讲话活动,向社会宣传一大批富有先进性、知识性、时代性的妇女先进典型,宣传男女平等基本国策。2003年6月,时任浙江省委书记、省人大常委会主任习近平出席省第十一次妇女代表大会致祝辞,指出做好妇女工作,发挥妇女作用,保障妇女权益,促进妇女的进步与发展,是全社会的责任。2004年"三八"国际劳动妇女节期间,全省各级领导带头学习宣传男女平等基本国策。时任浙江省委书记、省人大常委会主任习近平就贯彻男女平等基本国策接受《中国妇女报》专访,省委副书记乔传秀在《中国妇运》上发表关于男女平等基本国策的专论文章。浙江省妇联推出"市委书记谈国策"活动,《浙江日报》以"把男女平等作为促进我国社会发展一项基本国策"为通栏标题,刊登全省11位市委书记的署名文章。2004年4月5日,时任浙江省委书记、省人大常委会主任习近平在《人民日报》发表《发挥妇女"半边天"作用(认真贯彻男女平等基本国策)》的文章,指出"妇女是人类社会的'半边天',与男子一样,同是社会物质财富、精神财富的创造者,同是人类历史前进的推动者""浙江省各级党委、政府坚持用科学的理论指导妇女工作,用发展的眼光看待妇女工作,用创新的精神推进妇女工作""浙江省把发展作为新时期妇女工作的主题。组织、引导和鼓动妇女积极投身加快浙江全面建设小康社会、提前基本实现现代化的伟大实践""浙江省把加强妇女参政议政作为推进社会主义政治文明建设的有力抓手"。[2]同年6月,浙江省妇联举行男女平等基本国策报告会,时任全国人大常委会副委员长、全国妇联主席顾秀莲做专题报告。2005年2月,浙江省妇联举行庆"三八"、话平等、促发展,"三八"国际劳动妇女节

95周年和联合国第四次世界妇女大会在北京召开10周年及我国男女平等基本国策提出10周年纪念活动。2010年2月,浙江省妇联与浙江省政府新闻办公室联合举行"纪念'三八'国际劳动妇女节100周年——浙江妇女事业发展成就"新闻发布会,发布的《浙江妇女发展状况报告》显示,浙江省妇女社会地位和发展水平显著提升,发展环境不断优化,合法权益进一步保障,妇女发展总体状况居全国前列。2016年,浙江省政府妇女儿童工作委员会办公室、浙江省统计局联合制定《浙江省妇女发展指数指标体系》和《浙江省儿童发展指数指标体系》,之后,相继完成2015年、2016年浙江省妇女、儿童发展指数评价报告。2016年的指数评价报告显示,在浙江省委省政府的正确领导下,在各地各部门的共同努力下,我省妇女儿童发展取得新进展,全省妇女儿童发展指数稳步增长。

四、开展富有时代特色的创建评比表彰活动,彰显时代先进女性、美好家庭风采

开展"三八红旗手(集体)"评选表彰活动。1978年,浙江省第六次妇女代表大会根据中国妇女第四次代表大会精神通过《关于开展"三八红旗"竞赛活动的决定》,争当"三八红旗手(集体)"活动在全省普遍开展。"三八红旗手(集体)"评比表彰活动,与在20世纪80年代初全省开展的比学竞赛活动、80年代末90年代初后一直开展的"双学双比"和"巾帼建功"活动、优秀妇女干部和妇联系统先进单位等的评选活动相结合,评选出一批时代先进妇女和妇女集体。进入21世纪,一批在新农村建设中勤劳致富、在促进经济转型升级中建功立业、在应对金融危机中攻坚克难、在市场经济大潮中创业创新、为富民强省贡献聪明才智的爱岗敬业、创造骄人业绩的优秀妇女和妇女先进集体脱颖而出。在2018年浙江省妇女十四大前,全省共评选表彰全国"三八红旗手"1071名,"三八红旗手标兵"7名,"三八红旗集体"456个,"三八红旗集体标兵"2个;省级"三八红旗手"3516名,"三八红旗手标兵"24名,"三八红旗手标兵"提名奖11名,"三八红旗集体"2086个。她们是弘扬新时代浙江精神的浙江妇女的典范。

推进"五好文明家庭"创建活动。1982年5月,时任中共中央书记处书记习仲勋在全国妇联四届四次执委扩大会上提出,把开展"五好"家庭活动和"五讲四美三热爱"活动紧密地结合在一起,纳入党委议事日程,由党委统一领导,宣传部牵头,妇联主管,各方配合。此后,该活动由党委统一部署,妇联具体组织开展,成为城乡全民性活动。各级妇联围绕社会主义精神文明建设要求,把"五好"家庭活动和"五讲四美三热爱""全民文明礼貌月"、宣传《婚姻法》等活动紧密结合起来,推动新道德新风尚的树立、妇女儿童合法权益的维护、刹"三风"评"三户"①和创文明单位等工作的开展,推动全省"五好"家庭活动进一步发展。1997年1月,浙江省委省政府成立"五好文明家庭"创建活动协调小组,创建"五好文明家庭"活动被纳入省精神文明建设纲要。各级妇联将"五好文明家庭"创建活动与环境保护、尊老爱幼弘扬传统美德、提高全体公民道德意识宣传相结合,开展"妇女·家园·环境"等主题宣传教育、"五好文明家庭奉献月"等活动,并将"五好文明家庭"创建活动与创建文明城市、文明社区、文明村镇有机结合,产生更加广泛的社会影响。进入21世纪,浙江省文明家庭评选活动在浙江省精神文明建设委员会办公室统一领导下,浙江省妇联具体组织,围绕环境保护、可持续发展、终身学习等时代要求,宣传评选表彰"五好文明家庭"、绿色家庭、学习型家庭等,组织申报全国创建学习型家庭示范城市(城区)及示范社区。发动妇女参与节能减排家庭社区行动、"清河治水·美丽人居"巾帼行动、庭院整治活动。在文明家庭创建活动中,深入贯彻习近平总书记"注重家庭、注重家风、注重家教"的重要指示精神,推动社会主义核心价值观在家庭落地生根。宣传"最美妈妈"吴菊萍动人事迹,全省开展"争做最美浙江人,浙江最美女性"评选宣传活动,开展"最美家庭"的寻找推选、宣传表彰活动,通过"浙江最美女性""最美家庭"以及武警浙江省总队"十佳军嫂"等女性典型宣传表彰,引导广大妇女争做美丽女性、经营最美家庭,积极倡导"务实、守信、崇学、向善"的当代浙江人共同价值观。至2018年6月,共组织参与10届全国和省级"五好文明家庭"评比活动,评选出全国"五好文明家庭"206户和"五好文明家庭"标兵18户、省级"五好文明家庭"2533户,这些活动汇聚起家庭文明正能量。

---

① "三风"指赌博、封建迷信、婚嫁丧葬大操大办。"三户"指遵纪守法户、五好家庭户、双文明户。

五、发动妇女投身商品经济、市场经济大潮，
　组织妇女为经济建设建功立业

　　中共十一届三中全会后，浙江妇女率先投入改革开放的市场经济大潮中。1979年11月，温州姑娘章华妹成为全国第一位个体工商户营业执照的申领者。1981年，中央实施"劳动部门介绍就业、自愿组织起来就业和自谋职业相结合"的就业方针，浙江省妇联贯彻鼓励合资、私营、个体经济发展的方针，城乡商品经济的发展拓宽了女性就业门路。至1984年3月，全省涌现出的100多万户专业户、重点户中，不少户是以妇女为主的；以妇女为主生产的农副产品和工艺产品，在外贸总额中占很大比重。1984年，全省女职工人数为147万，1985年增至166万，广大妇女顶起生产的半边天。1985年2月，根据中共十二届三中全会《关于经济体制改革的决定》和浙江省委指示精神，浙江省妇联七届三次执委会要求各级妇联广泛动员城乡妇女投身改革，在大力发展社会主义商品经济中立新功。此后，全省城乡大批富余女性劳动力加入个体工商户的行列。至1992年底，全省个体工商户达127.39万户，其中妇女占相当大的比例。据温州、黄岩、永康、义乌等地统计，以妇女为主的个体私营工商户和从业人员约占半数，成为全省流通领域的一支强劲力量。1993年，全省女职工占城镇职工总数的39%。

　　20世纪80年代，浙江省妇联与有关部门联合发动农村妇女开展"三八"银花赛、银茧赛、银兔赛（合称"三银"赛）。之后，各级妇联组织农村妇女先后开展"争当双千元户""争当五种五养十能手""扶贫帮困，姐妹结对子"等活动。农村妇女通过活动提高种养业水平、扩大种养业品种和规模，投身于商品经济大潮。

　　1989年和1991年，全国妇联分别发起在全国各族农村妇女中深入开展学文化、学技术、比贡献、比成绩（简称"双学双比"）竞赛活动和在城镇女职工中开展"做'四有''四自'女性①，为'八五'计划建功立业"（简称"巾帼建

---

① 做"四有""四自"女性，即发扬自尊、自信、自立、自强精神，做有理想、有道德、有文化、有纪律的女性。

功")活动(合称"两项活动"),省、市(地)、县各级政府牵头,妇联组织会同相关部门分别成立农村妇女"双学双比"竞赛活动协调小组、城镇妇女"巾帼建功"活动协调小组,协调小组办公室均设在妇联。1998年8月,两项活动协调小组合并为省"巾帼建功"和"双学双比"活动协调小组。各级妇联搭建培训、服务、竞赛等各种平台,引导组织广大农村妇女、城镇女职工积极参与两项活动,为全省经济发展做出新贡献。"双学双比"活动中,涌现出一大批"双学双比"女能手、女农业技术员,推动农村妇女脱贫致富、奔小康。"巾帼建功"活动中,涌现出一大批"巾帼建功标兵"和"巾帼文明岗"。各级妇联以两项活动为载体,推动城乡妇女携手共建新农村,促进城乡统筹协调发展。

2008—2013年,各级妇联大力实施"创富建功工程",紧扣"两富"现代化浙江建设,赋予"双学双比""巾帼建功"两项活动新的时代内涵。引导妇女发展现代农业,支持妇女创办各类新型农业生产经营主体,创新农业经营体制,提高生产经营集约化、专业化、组织化水平。以扶持"妇字号"示范性的家庭农场、专业合作社、农业龙头企业、农业科技示范基地和"农家乐"为抓手,带动更多农村妇女参与现代农业和新农村建设,实现增收致富。推动各行各业妇女岗位创富、岗位建功,促进"巾帼文明岗"创建活动向女性集中的新经济、新社会组织等领域延伸,规范完善动态管理和社会监督机制。以妇女创业就业服务中心为平台,服务失业妇女、农村女性劳动力、女大学生等群体,深化技能培训、信息服务、就业援助、创业指导、基地实践、小额贷款等措施,建立健全妇女创业就业服务体系。鼓励支持城乡妇女发展家政、电子商务等服务业,继续推进妇女来料加工业发展转型,帮助更多妇女实现就业创业。

2014—2018年,妇联系统搭建创业培育平台,发挥浙江省妇女来料加工推广中心创业孵化作用,成立浙江妇女创客园,助推妇女实现创业梦想。举办女性创新创业大赛、创业精品展洽会,承办中国妇女创业创新大赛暨论坛,全省2万个"巾帼文明岗"积极参与G20杭州峰会服务保障工作和"最多跑一次"改革。全力参与脱贫攻坚,大力发展妇女来料加工,累计发放来料加工费超500亿元,带动近百万妇女就地就近就业。实施"百万妇女职业技能培训计划",帮助百万妇女提高创业就业能力。培育扶持"妇字号"农业龙头企业、农家乐、巾帼科技示范基地、妇女领办专业合作组织5900多个。全省涌现出"巾帼建功标兵"3530个,她们成为新时期"巾帼建功"的典范。两项活动成为妇联组织引领广大妇女在实施省委省政府提出的"八八战略""两富浙江""两美浙江"的战略中显身手的重要抓手。

六、代表和维护妇女合法权益,推动妇女共建共享美好生活

1983年12月26日,浙江省六届人大常委会第四次会议通过《关于坚决维护妇女儿童合法权益的决议》。1984年1月,全省范围内开展"维护妇女儿童合法权益法制宣传月"活动,受教育面达80%～90%。同年4月,浙江省妇联法律顾问处正式成立。1986年3月6日,浙江省六届人大常委会第十八次会议公布实施《浙江省保护妇女儿童合法权益的若干规定》。各级妇联认真履行职能,推动乡镇企业男女同工不同酬、中专技校招生男女不一视同仁、拐卖妇女儿童犯罪活动等侵害妇女儿童权益问题和加强外来女管理、生育基金社会统筹等问题引起党和政府的重视并逐步解决。

1990年,全省81个县以上的妇联相继建立法律顾问机构,占应建数的98.10%。浙江省妇联法律顾问机构(权益部)先后参与《浙江省保护妇女儿童合法权益的若干规定》《浙江省未成年人保护条例》《浙江省取缔卖淫、嫖娼违法活动的若干规定》《浙江省保护老年人合法权益的若干规定》《浙江省女职工劳动保护暂行规定》《浙江省实施〈中华人民共和国妇女权益保障法〉办法》等一系列法规的制定与修订,积极开展群众性的法律教育和普法工作。全省各级法律顾问机构积极向人大提出立法建议,配合政法机关处理重大疑难案件和各种侵犯妇女儿童权益的问题,接待来信来访,为受害妇女代写诉讼状,充任代理人、辩护人,切实维护妇女儿童的合法权益。1991年,全省各县(市、区)均建立了三级信访网和信访工作制度。1992年6月,全省开展《中华人民共和国妇女权益保障法》宣传月活动,各级领导带头宣讲和动员,各地运用法律武器,为妇女解决划分口粮田、责任田,婚姻家庭、财产继承,男女同工同酬、适龄女童求学以及劳动保护等方面存在的侵权问题,及时审判一批严重侵害妇女权益的典型案件。1993年7月,浙江省政府成立浙江省妇女权益保障委员会,办公室设在浙江省妇联。各级妇联积极推动

当地建立妇女权益保障机构。妇女权益保障委员会主任由省、市、县(区)分管副省、市、县(区)长担任,有部分乡镇也相应建立由党群书记或分管乡镇长任组长的妇女权益保障领导小组或协调小组。一个纵向贯通、横向配合、各司其职、通力协作的妇女权益保障工作组织网络形成。

2001年,浙江省妇联与浙江省法律援助中心成立浙江省法律援助中心妇女联络处,为贫、弱、残等处于困境中的妇女提供法律援助;浙江省妇联与司法部门合作,设立"148"热线和法律援助制度为困难妇女提供法律帮助;与法院合作,建立维权合议庭和特邀陪审员制度;与公安部门合作,建立反家庭暴力机制,在许多社区,警务站和妇女投诉站联合发挥作用;与工会、劳动部门合作,维护女职工劳动权益。妇女维权工作的社会化维权网络正在形成。2002年11月,建立全省维护妇女合法权益的协调议事制度——浙江省妇女权益保障联席会议。各市相继建立妇女权益保障联席会议制度。2005年2月,根据全国人大常委会《关于完善人民陪审员制度的决定》,各地妇联积极推荐符合条件的妇联干部为人民陪审员。浙江省妇联启动维权热线"12338"和"16838198"反家暴热线。至2005年,全省各级妇联围绕妇女维权的长效机制建设,组建人民陪审员队伍、劳动保障法律监督员队伍、妇女信访工作队伍和妇女维权志愿者队伍4支队伍。全省社会化的妇女维权工作格局基本形成。2007年4月,成立浙江省妇联信访工作领导小组,办公室设在权益部。2008年3月,浙江省妇联成立由12名热心公益的法律工作者组成的浙江省妇女权益保障法律顾问团。2008—2013年,全省实施妇女儿童权益保障行动,切实维护妇女儿童合法权益。浙江省妇联强化源头维权,积极推动《浙江省预防和制止家庭暴力条例》[①]制定出台,推动省、市、县(区)普遍建立预防和制止家庭暴力委员会,实施反家暴五年行动计划。争取和推动省、市、县(区)全部开通"12338"妇女维权热线,乡镇(街道)、村(社区)妇女维权站覆盖率达到94%。建立妇联法律援助工作站98个,受援助妇女7.4万余人。

各级妇联切实代表和维护妇女合法权益,推动妇女参与平安家庭、平安浙江建设,组织开展妇女帮教、禁赌和禁毒、"不让毒品进我家"等活动,共建

---

① 2010年9月,该条例由浙江省第十一届人大常委会第二十次会议通过。

共享美好生活。针对基层妇女参选参政、农村土地承包经营、出生人口性别比偏高等问题,开展《浙江省实施〈妇女权益保障法〉办法》执法调研。就妇女呼声较高的就业、健康、经济权益等问题积极建言献策,得到党委政府的重视;一批有关妇女儿童事业发展的人大建议、政协提案得到有效落实。2015 年 10 月,浙江省妇联与联合国妇女署和杭州市政府在杭州共同主办"2015 性别平等与企业社会责任"国际会议暨"他为她"行动,推动企业更好地履行性别平等社会责任。发挥省市县预防和制止家庭暴力委员会作用,参与省人大反家暴法律法规执法检查,推动多地出台实施家庭暴力告诫制度、人身安全保护令制度。助推家事审判改革,乡镇(街道)以上建立婚调组织,乡镇(街道)普遍建立妇女维权站,村(社区)妇女之家维权服务功能进一步健全,"12338"妇女维权热线作用明显,积极发挥基层妇联在网格化管理中的作用。

七、推动解决托幼难,开展儿童少年工作和家庭教育工作,优化儿童少年成长空间

中共十一届三中全会后,妇女要求解决孩子入托的呼声强烈。1979 年 8 月,浙江省妇联等单位向浙江省委提呈《关于建立省托幼工作领导小组的请示报告》;同年 11 月,浙江省委建立省托幼工作领导小组,办公室设在浙江省妇联。1981 年初,中共中央书记处号召全党全社会都要重视少年儿童工作,要求"妇联应把抚育、培养、教育三亿以上的儿童少年工作作为自己的工作重点"。浙江省妇联将儿童少年工作放到妇联工作重要位置,协调、推动有关部门、社会团体共同做好工作。1981—1985 年,在全省推广嘉兴、绍兴、温州多渠道集资办托幼园所和发展家庭幼儿班的经验,城镇入托、入园难问题逐步缓解,50% 左右的行政村办起幼儿班或学前班。1986 年 4 月,浙江省政府设立省托幼工作办公室,办公室设在浙江省妇联。1997 年 7 月,根据浙江省政府有关文件,全省幼儿教育事业划归各级教育部门归口管理。

1982 年,浙江省妇联牵头成立省家庭教育研究会(1989 年更名为省家庭教育学会)。1984 年,浙江省妇联创办《家庭教育》杂志,宣传科学育儿知识。

20世纪80年代,浙江省妇联联合有关单位开展争做"合格家长"活动,介绍推广象山县石浦镇以学校为阵地深入开展"好家长"活动的经验,联合举办"在家里怎样培养孩子有良好品德和习惯"广播讨论等活动。1996—2000年,浙江省妇联、浙江省教委联合制定《浙江省家庭教育工作"九五"计划》;制定、印发《浙江省家长学校工作规程(试行)》《浙江省家长学校教学指导纲要(试行)》,促进全省家长学校管理制度化、规范化、科学化;在全省范围内开展争创示范性家长学校活动。2000年,浙江省妇联和浙江省家庭教育学会组织编写家长学校系列教材,联合在"六一"节期间开通省家庭教育专家热线电话;联合有关部门在全省开展家庭教育知识学习、宣传、竞赛活动。"九五"期间,全省家庭教育知识普及率达95%以上,实现全国和省家庭教育工作"九五"目标。全省形成以市家庭教育学会、县(市、区)家庭教育学会(研究会)、乡(镇)中心学校的家长学校总校、街道办事处家庭教育领导小组构成的家庭教育工作组织网络。全省建立家庭教育工作的3支队伍,即妇联和教育系统的专(兼)职干部队伍、各类家长学校的家庭教育工作骨干队伍和家庭教育讲师团队伍。进入21世纪,浙江省妇联与有关单位联合制定《浙江省"十五"家庭教育工作计划》、修订《浙江省家庭教育工作规程》和《浙江省家长学校教学指导纲要》。贯彻实施《中共中央国务院关于进一步加强和改进未成年人思想道德建设的若干意见》。在全省开展以"为国教子、以德育人"为主题的"争做合格父母、培养合格人才"家庭教育宣传实践活动,将每年9月定为"家庭道德教育宣传实践月"。2004年12月,浙江省委成立浙江省家庭教育工作领导小组,由浙江省妇联、浙江省教育厅、浙江省文明办等11个单位组成。2006年,浙江省家庭教育工作领导小组颁布《浙江省家庭教育工作"十一五"计划》,浙江省妇联组织省家庭教育讲师团到各地开设家庭教育大讲堂,面向基层,面向农村,举办百场家庭教育巡回报告。各级妇联积极推动家庭教育领导协调机构的建立,市、县各级建立家庭教育工作领导小组或协调组织,不少乡镇(街道)也建立相应机构,基本形成由党委领导、各方协作、有关部门各负其责、社会大力支持的家庭教育工作格局。2007—2009年,各级妇联相继开展"为国教子、以德育人"为主题的"争做合格家长、培养合格人才"双合格家庭教育宣传实践活动,"知荣辱、树新风、迎奥运、我行动"为主题的家庭道德教育宣传实践月活动,"真情互动、健康成长"为主题的万名家长家庭教育咨询活动。2010年,浙江省妇联关注留守儿童,在全省城乡组织开展以"分享快乐、共同成长"为主题的万名家庭教育志愿者进村入户活动。2010—2017年,制定实施省家庭教育工作"十二五""十三五"规划,继续开展"争做合格家长、培养合格人才"家庭教育宣传实践活动,稳步推进家长学校和家庭教育指导中心(站)为主干的家庭教育指导服务体系建设,组建家庭教育讲师团,打响"家庭教育大讲堂"活动品牌,持续开展"家庭家教家风大讲堂""家庭教育圆桌会""智慧家长"等活动,传家训、立家规、扬家风,以优良家风滋养时代新风。

八、加强妇女干部培训、妇女工作调研和妇女理论研究, 提升妇女干部工作能力和理论水平

20世纪80年代以来,全省各级妇联采用以会代训、短期轮训、选送妇女干部到干校、党校学习等多种形式,开展全省妇联干部、基层女干部的教育培训,提高妇女干部工作能力和理论水平。80年代中后期,各级妇联组织调查研究工作逐渐展开,省、市(地)、县启动妇女运动史料征集与编纂工作,各地在大规模的调查研究、广泛深入征集史料的基础上形成一批富有特色的研究成果。1987年9月,浙江省妇女问题研究学会(1995年更名为省妇女问题研究会,2004年更名为省妇女研究会)成立,先后组织关于新时期的妇女观与改革开放中如何充分发挥"半边天"作用的问题、实现跨世纪宏伟目标与妇女发展理论的研讨。进入21世纪,浙江省妇联制定实施妇联干部教育培训工作规划,干部分级分层培训实现全覆盖。浙江省妇女问题研究会主持完成"浙江提前基本实现现代化与妇女素质的现代化"等省社科联2000年度重点课题,参与中国法学会关于反家庭暴力的重点课题调研。2003年6月,由浙江省妇联组织力量编写的《浙江省妇女运动史(资料)》《浙江省妇女运动大事记(资料)》《浙江省妇女联合会组织史(资料)》等作为内部资料付梓印刷。2010年,"浙江省女干部人才队伍发展现状研究"等10个课题被列入省社科联"当代浙学论坛——2010学术月"专项研究课题。浙江省规划办委托课题"浙江省女企业家参与经济转型升级路径研究"成果得到时任陈加

元副省长批示,并入选中国妇女研究会举办的"北京+15"论坛。浙江省妇联、浙江省妇女问题研究会联合召开妇女基本理论和妇女运动基本经验座谈会,联合举办"社会和谐与妇女发展"论坛、"经济转型升级与妇女发展"论坛及论文征集活动。2010年6月,浙江省妇联、浙江省妇女研究会联合建立省妇女研究专家库,首批公布31名专家名单。开展第三期中国妇女社会地位调查,举办浙江省妇女儿童发展论坛,形成了一批高质量的研究成果,为制定法规政策提供依据。2012年9月,浙江省妇女研究会承担省哲学社会科学规划课题"浙江省妇女社会地位状况(2000—2010年)"。2015年开始,各级妇联开展"进万家门、访万家情、结万家亲"基层大走访大调研、"访基层所要、访妇女所盼、访党政所需,争当新时代红船好女儿,争创高水平巾帼新业绩"大学习大调研大抓落实行动,面对本省"两个高水平"建设与解决妇女发展不平衡不充分问题的新要求,面对妇女多样多元多层变化的新特点,面对党对深化群团改革的新要求,各级妇联和妇女工作者以强烈的使命感和责任担当,全力以赴,奋力书写好新时代答卷。

此外,浙江省妇联发挥社会群众团体的特点,在工作中认真贯彻执行中国共产党的统战工作方针、政策,密切与各民主党派妇女组织、爱国妇女组织和各界爱国妇女的联系与合作;加强与国际妇女的友好联络和交往,热情接待各国(地区)代表团来访,派遣和参加妇女代表团出访,增进了相互了解和友谊。同时,派遣干部出国、出境培训学习,开拓视野,促进工作。组团参加1995年北京第四次世界妇女大会非政府组织妇女论坛活动。进入21世纪,妇联组织继续扩大交流合作,密切与港澳台地区妇女社团的联谊、与港澳台地区妇女组织的合作交流,同时深化中外妇女间的友好往来。

浙江是中国改革开放的先行地。改革开放40年来,浙江妇女工作在改革开放、市场经济大潮中谱写新篇章。浙江省妇联充分发挥其组织特点,切实履行组织职能,推动全省各级妇联组织的建立健全、各界各类妇女组织的建立发展;推动妇女参政议政比例的提高和水平的提升;推动和帮助城乡妇女在改革开放、市场经济大潮中大显身手,建功立业。同时,积极主动从源头上维权,有效地维护了妇女在政治、经济、文化教育、社会和婚姻家庭中的合法权益,提升了妇女工作的水平和妇联组织的声誉。全省妇女工作在传承中创新、在创新中发展。浙江妇女工作和妇女组织的发展实践显示,妇女工作是社会工作的组成部分,妇联组织是党和政府联系妇女群众的桥梁和纽带,妇女事业的发展、妇联工作的推进,必须坚持党的领导,坚定不移走中国特色社会主义妇女发展道路;必须坚持服务大局,紧紧围绕党中央的工作决策部署;必须坚持尊重妇女主体地位,真正以妇女为中心;必须坚持改革创新,解放思想,牢牢把握改革正确方向,切实增强组织联系和服务妇女的能力。新时代浙江妇女工作,必将在习近平新时代中国特色社会主义思想指引下,在贯彻"八八战略"和深化群团改革、推进妇女事业、做好妇联工作、促进男女平等和妇女发展方面取得新成绩。

参考文献

[1]发扬"四自"精神　创造美好未来——习近平在浙江省第十一次妇女代表大会上的祝词[A]. 杭州:浙江省妇联档案室,2003:J012-2003-3-19.
[2]习近平. 发挥妇女"半边天"作用(认真贯彻男女平等基本国策)[N]. 人民日报,2004-04-05(10).

群团改革思维引领下的基层妇女工作探索

刘秀珍*

摘　要：妇联组织是中国共产党领导下的重要的群团组织,承担着代表和维护妇女权益、促进男女平等的社会职能,肩负着引领广大妇女群众听党话、跟党走,共建共享美好社会的使命。在群团改革中,妇联组织和妇女工作者应该在互联网思维、社会思维、群众思维的引领下,积极探索妇女工作的新思路,努力练就围绕中心、服务大局、服务妇女的真本领,主动尽职尽责,协助党委政府提升广大妇女群众的获得感和幸福感。

关键词：群团改革;妇女工作;新思路;新常态;新本领

群团事业是党的事业的重要组成部分,党的群团工作是党治国理政的一项经常性、基础性工作,是党组织动员广大人民群众为完成党的中心任务而奋斗的重要法宝。2015—2017年,习近平总书记先后两次对群团改革做出重要指示,强调群团组织必须紧紧围绕增强政治性、先进性、群众性,去除行政化、机关化、娱乐化、贵族化,直面突出问题,采取有力措施,夯实基层工作基础,并且要求中央书记处、中央改革办和各级党委承担好指导、督察、组织的责任。就妇联组织而言,在改革背景下,必须以新的思维引领新的工作思路,妇女工作者必须练就新的本领,更好地适应妇联改革的新常态。

---

* 刘秀珍,黑龙江省妇女干部学院副院长、教授,研究方向为妇女组织建设、妇女工作、妇女心理健康和妇女理论。

一、群团改革新思维

（一）互联网思维

互联网首先是一种技术，全方位融入了当代中国政治、经济、文化、社会各个领域。据中国互联网络信息中心 2017 年 8 月 4 日发布的第 40 次《中国互联网络发展状况统计报告》显示，截至 2017 年 6 月，我国网民规模达到 7.51 亿，互联网正成为 7 亿多网民尤其是青少年网民的一种生活方式和生存方式。群团组织要组织、引领、服务群众，首先不能落后于群众，一要知网懂网，二要熟练用网，进而着力打造网上群团，建设网上阵地，通过互联网覆盖广大网民以及更多新兴社会群体。互联网更是一种思维，是在"（移动）互联网+"、大数据、云计算等科技不断发展的背景下，对市场、用户、产品、企业价值链乃至对整个商业生态进行重新审视的思考方式。互联网思维正在以极具冲击力的颠覆性势能，构建一种全新的价值观，包括平等、共享、众筹、用户至上、体验为王等。[1]群团组织要彻底转变行政化工作思维，在政策框架内，以更加包容、更加开放的态度，实现与群众关系的共生共存、共享共荣。据第 40 次《中国互联网络发展状况统计报告》，我国网民仍以 10～39 周岁群体为主，占整体的 72.10%，这些年轻的面孔，正是以往群团工作涉及不多的人群，充分运用互联网思维，可以吸引更多的年轻人参与到群团活动中来，激发群团组织的活力。可见，互联网以其方便快捷、双向沟通、辐射面广等特点，充分彰显其体验化、开放式、自主化，成为群团改革的新思维之一。

（二）社会思维

所谓社会思维，是指在特定的社会历史环境条件制约下，群体或个人为追求某种特殊需要，在社会实践的相互交往、相互作用过程中进行的一种具体思维。[2]社会思维是建立在人们之间相互交往、相互作用基础上的。群团改革必须自内向外推进，在组织内部资源优化配置、群团组织之间深度融合、相关领导机构和职能部门支持保障到位的前提下方能顺利进行，可谓牵一发而动全身。群团组织围绕中心、服务大局的社会定位，也要求群团组织运用社会思维,更好地争取和借用社会资源,借智、借力、借势。如果群团组织在工作中完全凭借自身力量而不借助党委、政府和社会力量,永远也无法把群众工作做好。

(三)群众思维

所谓群众思维,是指用群众喜欢的语言讲话,站在群众立场上想事,从群众利益角度办事。我们党的群众工作的法宝就是"一切为了群众,一切依靠群众,从群众中来,到群众中去"。群团改革强调的关键就是增强群众性,理想的工作局面是群团工作群众做。群团工作必须接地气,切实发挥好凝聚群众、联系群众、服务群众的作用;以群众知晓度、参与度、满意度为重点,评估群团组织工作开展情况;推动群团干部下基层常态化、制度化,以群众喜闻乐见、寓教于乐的形式和方法开展工作,努力提高活动实效;要从完善工作机制入手,坚持从群众需要出发开展工作,做到精准服务、供需对路,真正做到"以群众为中心、让群众当主角、由群众说了算"。

二、基层妇女工作新思路

根据群团改革精神,结合《中华全国妇女联合会章程》《妇女联合会城市街道、社区基层组织工作条例》《妇女联合会农村基层组织工作条例》,基层妇女工作任务可概括为弘扬正能量、做活做实主体活动、维护妇女儿童合法权益、增强妇联活力,开展妇女群众喜欢的活动,搞妇女群众需要的培训,建妇女群众自己的组织,创自主参与的网上组织。

(一)打牢基础,真正为妇女姐妹服务

妇女工作的基础是解决组织机构、人员编制、工作地点和工作经费问题。通俗地说,就是解决好谁来做事、在哪做事、经费从哪出的问题。

1. 谁来做妇女工作

妇联组织同其他群团组织一样,改革前同样面临"上面千条线,下面一根针"的局面,人员编制呈现倒金字塔型。妇联改革首先通过乡镇妇联组织

区域化建设、村级"会改联"等方式,壮大基层妇女工作力量,将妇联组织架构的倒金字塔型向金字塔型发展。改革后乡镇妇联设主席1人、兼职副主席原则上不少于2人、执委原则上不少于21人,村妇联设主席1人、兼职副主席原则上不少于2人、执委原则上不少于9人,充分实现了妇女组织的基层扩员。其次,通过减上补下,实现县乡妇联组织编制有所增加,尽量实现妇女工作者的专职化和专业化。

2. 在哪儿做妇女工作

妇女工作最本真的场所应该是"妇女之家",黑龙江省已经实现"妇女之家"县、乡(镇)、村全覆盖,在扩员和强化"妇女之家"建设基础上,实现"上面千条线、下面一张网、身边一个家"的局面。此外,通过改革扩建妇女工作的阵地网。全国妇联的乡镇(街道)妇联组织区域化建设试点是内蒙古的土右旗乡镇妇联,区域化建设实现了组织联建,构建立体化的区域架构;人员联管,构建最优化的区域队伍;活动联办,构建多样化的区域服务。辖区的行政事业单位、国有企业、非公经济、社会组织都成为乡镇妇联组织区域化建设的阵地,打破行政壁垒和条块分割的界限,将妇联的组织链条和工作触角向乡镇(街道)全区域延伸,哪里有妇女,哪里就有妇联组织和妇女工作,形成乡镇辖区内各个单位、各个组织、各个领域的女性共同参与、开放互动、全面覆盖的妇联组织建设和妇女工作新格局,相关的单位均可以作为妇女工作的场地。

3. 工作经费解决方法

(1)充分利用"十三五"期间的好政策。国家和省市在"十三五"期间陆续出台许多利好政策,如扶贫、养老、大病救助、困境儿童保护、留守儿童关爱等等。基层妇联应该科学谋划工作,踩到政策的点儿上,将妇女工作与完成"十三五"规划的相关目标有机结合起来,真正实现围绕中心、服务大局的目的。

(2)顺应群团改革的项目化管理,积极争取项目资金。妇联改革的根本目的是增强妇联组织的政治性、先进性和群众性,妇联在开展工作、组织活动时必须紧紧围绕妇女所急、党政所需、妇联所能来进行,因此,从工作经费上必然要走项目化管理之路,从下至上搜集妇女群众的真正需求,提供她们最需要的服务。因此,设计公益项目就成为争取资金的一个途径。那么,如何设计一个好的公益项目？一看政策导向,研究相关政策,顺应发展趋势。二看社会关注情况,社会影响力,立项是否有突破和创新。三看受助群体多少,即妇女儿童参与面大小。四看妇联自身优势。五看资源整合难度,采用社会化方式,以问题为导向,群策群力。六看操作的可能性。七看适时退出机制,即项目达到何种效果时,可以退出项目的运作,实现助人自助和互助的效果。

(3)借助改革东风,争取工作经费。一些地方"妇女人均一元钱"妇女发展专项经费还没有落实,一些地方有将妇女工作纳入党建工作的良好经验,借助全党都在重视群团改革的大趋势,凭借自身作为争取地位,争取工作经费。

(二)创新服务妇女的方式

1. 创建网上妇联

运用妇女工作网站、微博、QQ群、微信群、微信公众号等,通过信息、视频、网络课程包括微课程,通过网上调查、网上讨论、网上问政等互动活动,倾听群众的诉求,了解群众的呼声,不断扩大服务人群,创新方式方法,灵活调整工作内容。上海浦东新区妇联自群团改革以来,将建设"网上妇联"作为落实群团改革精神的切入口,通过微信、官网等网络阵地,将网络化思维渗透日常的妇女工作,探索"网上宣传、网上服务、网上维权、网上活动"的模式,推进妇联动员方式和服务方式的社会化[3],力求让妇联组织在网上做到"有阵地、有队伍、有声音"。

2. 联手社会组织

将服务妇女儿童的事做实做强。随着群团改革的深入,女性社会组织会带着项目逐渐深入基层,妇联组织必须抓住机会,将社会组织引入辖区之内,借助社会组织的专业化服务能力为辖区妇女群众服务。妇联组织同时还肩负孵化和培育女性社会组织的职能,积极为女性社会组织发展壮大提供力所能及的帮助,进而让更多的妇女群众受益。2017年,哈尔滨市妇联举办以"妇女工作的社会化运用"为主题的项目培训,确立了题为"家门口的爱"公益创投项目,为助推项目顺利进行,举办了为期2天的培训,然后通过严格程序,过关斩将,确立了该项目承接人,项目实施期限为一年。

3. 创建"妇字号"品牌

基层妇联组织一定要创建自己独特的"妇字号"品牌。"妇字号"品牌是争取社会资源的机会和筹码,如"农忙互助组""姐妹谈心团""女童悄悄话""妈妈大讲堂""家长里短""说说自己家的故事""妇女小组""妇女微家""巾帼心向党、建功新时代""万家无暴",通过品牌活动大力开展妇女群众主题宣传教育。

(三)构建妇女工作的社会化格局

妇女工作的实效,绝不是单打独斗的结果。以基层妇联扩员工作为例,必须争取党政领导的重视和支持,加强与辖区内各单位的联系和沟通协调,选好妇女代表、妇联执委、兼职副主席、妇联主席和妇联专干,还要开好妇女代表大会、执委会以及妇女工作联席会议,整合各方面资源,研究工作任务,破解重点难题。建立轮值主席制度,定期组织主题活动,切实服务妇女群众。天津市妇联建立"妇女点单、妇联列单、社会竞单、政府买单"的四单运行机制,目的是实现妇女工作社会化格局,吸引专业力量为妇女儿童服务。

三、适应新常态,练就新本领

妇联改革后形成了由专职、兼职、挂职人员构成的妇女工作者队伍,志愿者也成为妇女工作的一支重要力量,妇女工作的人员、编制、阵地、经费问题得到了一定程度的改善。但随之而来的问题也需要一一破解,例如,如何维持兼职人员的工作热情、如何争取工作经费、妇女工作的线上线下模式如何灵活自如地运用等等。面临新常态和新问题,作为妇联干部,必须练就新本领,推动妇女工作创新发展。

(一)提高学习本领

作为基层妇女的带头人,妇联干部要充分发挥联系妇女群众的桥梁纽带作用,需要懂政策、知法律、善管理、明信息,积极牵线搭桥,助力妇女群众全面发展。例如,2017年是黑龙江省村"两委"换届选举年,作为基层妇联干部,必须掌握新修改的《黑龙江省村民委员会选举办法》的变化内容,如修改后农村妇女参政增加了哪些优势等,才能在助推农村妇女参政中积极发挥妇女组织的作用。针对新履职的妇联干部、兼职妇联主席和执委,必须通过集中学习和培训来提升其工作能力。

(二)提升沟通本领

群团改革的社会思维强调,妇女工作需要全社会的大力协助,需要借智、借力、借势,需要构建社会化格局。提升沟通协调能力,除了学习沟通协调的方式方法之外,需要构建自己的社会支持网络,方能让妇女工作更加顺利展开。一是主动争取党政领导的重视。二是积极争取上级妇联的支持。三是争取相关部门的支持以获得资金、技术、项目等。四是充分利用同行资源。五是发挥家人及亲朋好友的作用。六是说服自己支持自己。总之,要靠真诚、靠踏实、靠热情、靠用心来经营人际关系,杜绝"向上沟通无胆、向下沟通无心、平等沟通无肺"的现象。妇联干部的沟通协调要想做到可持续性发展,还需要做好搭台人,积极向相关部门推荐先进典型、输送女干部、协助发展女党员,这些走出去的女干部,就是支持妇联工作的可持续的新生力量。

(三)强化代言本领

女性在语言表达方面较男性具有一定的优势,尤其是形象思维能力较强。因此妇联干部必须充分发挥爱说、会说的本领,真正地为妇女姐妹代言。要敢于代言,即敢于为妇女群众发声,坚持问题导向,增强解决问题的能力和勇气,不能只唱赞歌,一团和气;要乐于代言,心甘情愿地为妇女群众代言,愿意把妇女群众的诉求带给党委政府,同时协助党委政府解决相关问题;要智慧代言,建言献策既需要勇气也需要智慧和方法,要在恰当的时机运用适当的语言表达恰当的意愿,努力争取上级领导对妇女工作的重视,对妇女群众的真正关心和关爱。

(四)增强实干本领

一是摸清底数。黑龙江省大庆市的"爱心大姐"工作室起步时,每一位爱心大姐都要对小区居民"四清",即成员清、需求清、兴趣爱好清、困难状况清。只有底数清,情况明,才能更好地开展工作。这支爱心大姐队伍不断壮大,已由2012年的4人发展到2017年的1751人,还有83名爱心大哥,热心居民1116人。该工作室的帮扶办法是一帮一、一助多、多助一,采取逆行工作法,根据诉求寻找解决办法,如成立护考队、金牌调解组、心理疏导组等。二是打造本地妇女工作亮点。根据基层情况,想做的事情一定很多,但是精力是有限的,不可能什么都去做,要干好分内的事,打造自己的独特之处,有亮点有特点,比如农民科技培训学校、村文艺演出团队、志愿者服务队、电商微商服务队、一扶多小额贷款等等,都已成为农村的品牌,得到社会的充分认可,得到妇女群众的积极参与。三是品牌制度化常态化。如大庆的“爱心大姐”工作室原则是“党委领导、志愿服务、自我管理”;宗旨是“妇女群众有需求搭把手出份力”;口号是“有事找大姐,爱心点燃你的期望之火,怀大爱做小事,平凡之中出精神”;解决矛盾的方法是“从群众来,到群众中去,组织起来,坚持下去”。保证制度健全并严格执行,使社区妇女工作不断深化。四是发现并重用人才。把人才分布到各个队伍中,实现群众工作群众做的局面,群众教群众,群众服务群众。每个地区都需要寻找有工作经验的懂政策、能张罗、无私奉献的志愿者,与专职干部强强联手,突破妇女工作难点。如大庆的社区总管家和管家都是志愿者。所以基层妇联在扩员时,对兼职和执委等人才的选用一定要有长远眼光和可持续发展的意识。

　　总之,做强做活基层妇女工作,思维引领是前提,工作思路是方向,实干本领是基础,在新时代中国特色社会主义大背景下,多方有机结合,方能打造基层妇女工作的新格局,谱写基层妇女工作的新篇章。

参考文献

[1]胡献忠.群团改革再出发的必然逻辑[N].中国青年报,2015-12-15(06).

[2]张育铭.关于社会思维学的几个重要范畴及其三大规律[J].晋阳学刊,1995(6).

[3]曹继军,颜维琦.上海:群团改革是一次自我革新[N].光明日报,2016-05-11(03).

浙江省女性社会组织建设及作用发挥的调查[*]
——以湖州市女性社会组织为例

赵云丽　汪军庆　翁家珍[**]

摘　要: 该研究主要通过问卷调查、座谈会、深度访谈等形式,就湖州市女性社会组织建设及作用的发挥、发展过程中存在的问题等进行调研。依据调研统计数据,目前湖州市女性社会组织存在数量小、资金不足、专业化程度低、管理不完善等问题,提出妇联组织要发挥好核心和枢纽作用,应努力将妇联组织建设成为引领和带动女性社会组织有序发展、有效管理的新平台。

关键词: 女性社会组织;发展;作用

改革开放40年来,我省经济社会结构发生了革命性的变迁,多元社会治理的格局逐渐形成,社会组织作为多元治理主体之一也开始一步步进入我们的视野并正发挥越来越大的作用。女性社会组织作为一种特殊的社会组织,除了具有一般社会组织的共性功能与影响外,还在拓展女性公共活动空间,丰富妇女儿童家庭公益服务方面发挥着独特的作用。

在群团改革的形势下,浙江省妇联把女性社会组织定位为社会治理的

---

* 该文系2016年浙江省妇女研究会课题"妇联培育女性社会组织参与社会治理的研究"的研究成果(项目编号:201603)。

** 赵云丽,副教授,浙江省妇女儿童服务中心副主任,国家二级心理咨询师,婚姻家庭咨询师,研究方向为女性学、女性社会组织和婚姻家庭。汪军庆,浙江省妇女干部学校副校长,高级讲师,研究方向为社会组织和妇女组织。翁家珍,杭州市拱墅区祥符街道办事处职员,社会工作师,研究方向为社区管理和社会工作。

重要主体和妇联组织手臂的延伸,提出了妇联组织改革各项举措,大力推动女性社会组织的发展壮大。各地妇联围绕改革方案,聚合各方力量,创新工作方式,扶持培育并举,女性社会组织得到较大发展。在此背景下,课题组赴女性社会组织发展状况较好的湖州市进行了调研。

该调查所指的女性社会组织是指以女性为主体、由女性担任秘书长以上负责人,或是以妇女儿童及家庭为主要服务对象,为女性参与社会活动提供平台,并且女性成员占一半以上的社会组织。问卷涉及的女性社会组织分成经济发展类、公益慈善类、科学技术类、社区服务类和其他类。

该调查以湖州市女性社会组织为考察对象,围绕妇联组织培育孵化女性社会组织手段途径、所面临的困难以及女性社会组织作用发挥情况等问题,采用问卷调查和深入访谈相结合的方法,通过文献资料(包括有关新闻材料、各公众号等)分析和数据分析,对女性社会组织的发展情况做出基本的判断,总结省内女性社会组织发展的成绩和有益经验,重点聚焦当前女性社会组织发展过程中所面临的困境,并尝试提出促进女性社会组织可持续发展的对策建议。

调查所涉及的问卷分两类,第一类侧重对女性社会组织发展的整体情况(2013—2016年)、妇联培育女性社会组织的工作安排、女性社会组织的作用发挥及其面临的困难等5方面问题的信息搜集,调查对象是湖州市妇联及下属的南浔区、吴兴区、德清县、长兴县、安吉县妇联和安吉县下属的13个乡镇(街道)的妇联干部,共回收问卷19份,回收率100%。第二类问卷面向湖州市及其下属的南浔区、吴兴区、德清县、长兴县和安吉县范围内的女性社会组织及相关人员,共8份问卷,主要涉及具体女性社会组织发展情况、组织开展服务情况与需求、意见和建议3类19个问题。

一、女性社会组织发展的现状

近年来,湖州市县(区)妇联通过多种举措有效推进女性社会组织发展。据不完全统计,湖州市现有女性社会组织2996个,其中民政登记注册的806个、备案2190家,这些女性社会组织在服务妇女儿童、家庭文化、孤残老人等方面成效显著,已成为承接政府职能、推动经济社会发展的重要力量。

1. 发展迅猛,形势喜人。在"女性社会组织的基础数据"调查中,2013年女性社会组织是153个,2016年是1011个。2017年是2996个,比2016年增长了近2倍,其中社区服务类、公益慈善类女性社会组织近几年发展尤为迅猛。

2. 门类齐全,形态多样。在"女性社会组织的基础数据"调查中,社区服务类、公益慈善类、经济发展类、科学技术类、其他类女性社会组织分别占42.56%、28.03%、16.12%、9.98%、3.31%。参与领域广泛,涵盖了志愿服务、文体娱乐、社区管理、生活服务等社区服务领域,改善妇女儿童民生、提供公共服务、促进社会和谐等公益慈善领域,推动女性创新创业、特色产业转型发展等经济发展领域,有助于化解矛盾纠纷、维护妇女权益、促进社会稳定等科学技术领域。

3. 提质扩面,区域平衡。为了提升女性社会组织的"含金量",从2015年起,湖州市的各县(区)妇联都将培育女性社会组织列入年度工作计划,由县(区)妇联副主席或妇女儿童活动中心负责人负责女性社会组织培育工作,将女性社会组织发展情况纳入到县(区)、乡镇(街道)妇联工作考评体系,并建立台账、项目评估等数据库进行常态管理。湖州市妇联建立了女性社会组织服务中心,安吉县妇联拟订并主动联合县民政局出台《关于进一步加强女性社会组织建设的意见》(安妇字〔2016〕12号),长兴县妇联在长兴县社会服务中心建立综合妇联,创建了女性社会组织孵化基地。市县(区)妇联还建立了为女性社会组织搭建平台、提供购买服务项目、公益微创投、创设女性社会组织示范基地、评优表彰等多种激励机制,推广女性社会组织建设的好经验、好典型,争取将来女性社会组织在全市范围的全覆盖。

4. 多措并举,各有经验。在"妇联组织为女性社会组织主要提供了哪些服务"调查中,市县(区)妇联为女性社会组织提供的服务依次是:搭建交流学习信息共享平台、项目购买、管理培训(包括人才培养和业务培训等)、提供办公场地、示范创建(党建、妇建等)、督导评估服务,提供上述服务比例分别为83.33%、50%、33.33%、33.33%、33.33%、16.67%。市妇联以"四加法"助推女性社会组织,以"培育+引导"搭建女性社会组织发展平台,以"扶持+项目"挖掘女性社会组织潜力,以"培训+服务"提升女性社会组织发展动力,以

"活动+组织"弘扬女性社会组织发展价值,三年来,举办妇女儿童家庭公益项目创投,争取项目资金90余万元,全市取得职业资格证书的700多位妇联干部为4万多个家庭送去婚恋指导、家庭教育服务。长兴县妇联通过"三推动"培育女性社会组织,协调各部门适度降低女性社会组织登记准入门槛,将乡镇成立女性社会组织列入会改联"三化"方案等举措推动培育女性社会组织;通过从县妇联工作经费中专门拨出公益微创投项目经费、整合资源协调各部门由女性社会组织承接妇女儿童服务项目等举措推动培育女性社会组织;通过在社会创新中心成立综合妇联、孵化女性社会组织,对承接的项目进行检测、评估、督导,以规范化管理培育女性社会组织。

5. 培育引领,成效显现。妇联组织采取多种途径与措施,积极扶持培育女性社会组织的发展,通过各类女性社会组织为社会提供各种专业服务,如妇女参与发展、维护权益、提高素质、活跃城乡文化生活、有效化解社会矛盾等。例如,在妇联组织的培育下,2014年11月开始正式运作的湖州市"菰城娘家人"维权服务中心,招募了100余名专家、志愿者,组建了婚姻家庭指导和纠纷调解、心理咨询、法律咨询、家庭教育指导四支服务团队,为妇女儿童提供集教育培训、信访接待、法律咨询、法律援助、心理疏导、安全庇护于一体的"一站式"维权服务,还为市妇联提供日常接访服务,深入开发区、度假区、吴兴区开展婚姻调解、心理咨询、法律咨询等服务,对妇联联系妇女群众起到了很好的桥梁纽带作用。2015年成立的南浔区周桂珠工作室在妇联的积极支持和扶持下,在一年多的时间里,累计为全区妇女儿童提供法律维权或法律帮助达数百次,为绝大多数弱势妇女儿童解决了维权中的实际困难和问题,为其提供了有效保护和援助,2016年获评"全国维护妇女儿童权益先进集体"称号。成立于2014年的长兴阳光社工服务社,在妇联的扶持培育下,不断在专业化和行动力上下功夫,承接了政府部门购买的多个家庭、女性、青少年增能项目和社区矫正等公益项目,涉足服务妇女儿童老人扶困救弱、维护社会稳定等多个领域,促进了社会公益事业的发展。

二、女性社会组织发展中存在的问题

虽然女性社会组织在发展过程中取得了明显的成效,但同时也存在着数量不足、规模偏小、资金短缺、专业化程度低、管理不足等短板。

1. 女性社会组织数量不足,规模偏小,影响力小。据统计,湖州市女性社会组织2016年1011个,2017年2996个,约占湖州市社会组织的39%。女性社会组织虽然发展迅猛,但与满足多样化多层次的妇女儿童的需要、与我省社会组织建设目标尚有不小的差距。女性社会组织规模及影响力也偏小。在对妇联组织培育或发展运营良好的8家女性社会组织调查中,工作人员100人以上的仅有1家,3家在50~100人,4家在50人以下。其他的女性社会组织规模就更小。组织活动频率能够在一定程度上说明组织的活力和影响力。在"现在组织日常开展活动的频率"调查中,"每月一次"占25%,"每周一次"占37.50%,"每周多次"占37.50%。当然,获取服务对象的难易度也能体现组织生存能力和影响力。在"寻找服务活动对象过程是否困难"调查中,"很困难"占62.50%,"较困难"占25%,"一般"占12.50%,大致也能得出整体上女性社会组织影响力偏弱的现实。

2. 女性社会组织资金短缺,保障不足,筹资不力。在"本组织的资金来源主要有(请依据资金数量从多到少排列,没有的项目不填,可多选)"调查中,"项目收入"占87.50%,"政府拨款"占40%,"提供有偿服务获得资金、政府采购"占37.50%,"会员费"占12.50%,"社会捐助"占12.50%,"企业捐助"占12.50%,"基金会捐助"为零。可以看出,项目收入和政府拨款成为组织资金来源的主要依靠,社会组织从社会获取资金的能力非常弱,无疑,这与社会组织的影响力较低或者社会对女性社会组织的认可度较低有直接关系。在"您目前的单个项目,项目经费大约多少?(以最多、最少考虑)"调查中,"5万以下"占85.70%,"5万以上,10万以下"占14.30%。在"本组织目前的项目经费使用情况"调查中,认为"很紧张""不够用"的占75%,"基本够用"的占12.50%,"略有盈余"的占12.50%,这从一个侧面也说明了资金短缺的现状。

3. 整体上来看,女性社会组织专业化不足,能力不足,公信力有待提升。

在对妇联组织培育或发展运营良好的8家女性社会组织调查中,工作人员中"专职"占16.67%,"兼职"占8.89%,"志愿者"占74.44%;专职人员中学历,"专科及以下"占40%,"本科"占60%;专职人员中拥有社会工作证书的只占26.15%。女性社会组织工作人员专业化程度不高,以兼职人员、志愿者居多,影响了女性社会组织的功能发挥。比如,目前能承担政府职能部门公益微创投项目的,大多是由社区工作人员兼职的或是职能部门自己工作人员兼职的社会组织来承担。在调研中了解到,湖州市女性社会组织特别是登记类社团的公信力总体是良好的,但也有一些社会组织亟待提升。在"目前开展的项目是通过什么渠道获得的(可多选)"调查中,通过"政府购买招标"的占75%,通过"自己组织"的占62.50%,通过"朋友推荐"的占37.50%。专业人才缺乏限制了女性组织本身的内部治理能力、社会参与的发展,随之影响女性社会组织的公信力。

4.扶持不足,管理不善,成长乏力。调查发现,女性社会组织对妇联组织的期望需求与妇联组织实际能够提供的服务有差距,其中的原因是多方面的,有基层妇联干部社会工作专业知识欠缺因而很难对女性社会组织进行专业指导及有效指导的因素,也有女性社会组织结构松散、市县(区)妇联对身边的女性社会组织情况不了解、缺乏有效的活动抓手以及难以介入管理或指导等方面的因素。

三、对策建议

以上调查分析显示,我省在女性社会组织建设方面有了一定的探索,在社会治理中发挥了很好的作用,但是也要清醒地认识到我省的女性社会组织建设工作还处在起步阶段,发展中还存在着一些问题。有鉴于此,课题组认为,推进女性社会组织建设工作要从两个方面同向发力。一是妇联组织要发挥好核心和枢纽作用,努力将妇联组织建设成为引领和带动女性社会组织有序发展、有效管理的新平台。二是女性社会组织要加强自身建设,着力从提升组织服务能力、打造公益服务品牌、健全规范运作机制等几个方面入手实现自我规范、自我管理、自我服务、自我发展。限于篇幅,该文仅讨论第一个方面的女性社会组织的规划问题。

(一)各级妇联组织要充分认识推进女性社会组织建设的重要意义

在社会组织参与社会治理的国际视野观照下,发达国家万人社会组织数一般超过50个,中国为5.4个,浙江省11个(2016年)。我省社会组织的发展虽然走在全国前列,但离国家治理体系和治理能力现代化的要求尚有很大的差距,发展空间还很大。十八大以来,我省社会组织尤其是女性社会组织发展迅猛。以湖州市为例,2013年有女性社会组织153个,2016年1011个,2016年女性社会组织数是2013年的6.6倍,2017年是2996个,是2016年的近3倍。从调查发现,女性社会组织的建立和发展,主要是基于妇联、街道、社区等主管单位的推动,其中妇联的作用尤其突出。但数据背后隐藏的问题是各地妇联组织对从更高的政治站位承担起培育、凝聚和引领女性社会组织的职责,对从妇女运动发展的大趋势上把握妇联组织与女性社会组织的紧密关系等问题认识不足。表现形式有三:一是概念有了,理念还不够清晰。调查中发现,大多数妇联干部都知道一些女性社会组织的情况,也知道上级推进女性社会组织建设的明确要求,但对于女性社会组织是什么、有哪些类型、有无主管单位、主管单位是谁、怎么推进、推进措施有哪些、为什么要加强女性社会组织建设等都比较模糊,以至于调查统计数据几经反复。二是实践有了,认识还不够到位。调查中发现,各地妇联都有一些推进女性社会组织建设的实践,许多地方甚至总结了典型经验,准备了典型材料。但大都是从执行上级要求,完成任务的角度来实施的。一个突出的特点是重培育创建,轻作用发挥。许多妇联干部抱怨女性社会组织创建容易,发挥作用很难。大多数女性社会组织往往成立之初活动一阵子然后就偃旗息鼓、销声匿迹,沦为僵尸组织。三是基础有了,推进还不够有力。以安吉县为例,2017年有登记注册的女性社会组织179个,备案540个。相比其他区县可以说有了很好的发展基础,但细数该县女性社会组织的发展历程,2013年无新增,2014年新增10个,2015年新增2个,2016年新增23个,发展速度极不平衡,原因在于2014、2016两年该县妇联有扎实推进女性社会组织的措施,而2013、2015两年则无。由此可见妇联在推进女性社会组织建设方面是主要的推动力量,应该发挥主导作用,但各级妇联缺乏推动女性社会组织建设的长远规划和长效行动。女性社会组织作为社会组织发展最活跃的部分更要加快发展,各级妇联组织要在培育、凝聚和引领女性社会组织方面加强规划引领,主动作为,积极融入各地社会治理创新体系之中。

1. 妇联组织要从服务党政大局、巩固党和国家执政基础的高度认识推进女性社会组织建设工作

妇联组织是党和政府联系妇女群众的桥梁和纽带,是国家政权的重要社会支柱之一。妇联组织的这一本质属性决定我们是一个政治性群众组织,需要在党治国理政的大格局中、在国家治理体系的大空间中来认识和谋划妇联工作。[1]作为群众团体的妇联组织,必须着眼于围绕党委政府中心大局,以更加开放、合作的姿态,善于吸纳各类女性社会组织作为妇联工作的有效补充,在更好地回应和满足妇女群众的关切和需求的基础上,把广大人民群众更加紧密地团结在党的周围,听党话,跟党走,夯实党执政治国的群众基础。

2. 妇联组织要从适应政府职能转变,完善妇女儿童公共服务体系的层面认识推进女性社会组织建设工作

新时期,为适应妇女运动大趋势和社会经济结构的大变迁,在国家治理体系和治理能力现代化的要求下,政府设置职能边界,逐步转变、让渡职能是必然趋势,妇联组织要从承接政府让渡职能的平台或主体的角度思考自身的转型,以适应群团改革的要求,更要从作为承接主体的要求积极培育、扶持、壮大女性社会组织,帮助其主动开发和承接妇女儿童家庭领域的公共服务项目,为广大妇女群众提供高质量的公共服务产品,完善妇女儿童公共服务体系。

3. 妇联组织要从适应社会变迁、推动妇联组织转型发展的角度认识推进女性社会组织建设工作

当前,随着现代化的推进和经济结构、社会结构的急剧变化,妇女群体也经历着显著的职业身份、角色观念、行为模式和社会地位的变迁。"上面热、下面冷,干部热、群众冷,机关热、基层冷,网下热、网上冷,妇联热、社会冷"是传统妇联工作面临挑战的写照,而妇联组织的转型发展须以打破传统思维框框和路径依赖为前提。引入"跨界"思维,跳出妇联看妇联,"妇联工作妇联做"变"妇联工作大家做",构建妇联组织社会化工作格局;引入"平

台"思维,利用女性社会组织作为平台以实现妇联工作网络化、项目化;引入"服务"思维,构建女性社会组织工作体系,实现妇联工作实事化,不断拓展和延伸妇联组织服务妇女的工作手臂。这是妇联组织转型发展、女性社会组织发展的应然选择。

(二)省市一级妇联组织要做好统筹推进女性社会组织建设的规划设计

课题组认为,作为省域妇女工作规划实施的领导者,省市一级妇联组织要做好统筹推进女性社会组织建设的顶层设计,积极宣传推广女性社会组织发展的核心理念,主动依托民政部门对社会组织建设的扶持政策,调动各方资源,为女性社会组织的培育和发展发挥源头介入和规划引领的作用。

1. 规划设计要着力构建"枢纽型"女性社会组织工作体系,形成以妇联组织为核心和枢纽,覆盖更加广泛、功能更加完善、管理更加规范、作用更加显著的女性社会组织建设格局。具体思路可以这样设计:巩固"核心层",规范指导紧密联系的团体会员、直接主管的女性社会组织和机制健全、社会公信力强、有广泛代表性或较强影响力的女性社会组织的科学运行;壮大"紧密层",着力培育有利于改善妇女儿童民生、提供公共服务、促进社会和谐的公益慈善类女性社会组织;积极联系有助于化解矛盾纠纷、维护妇女权益、促进社会稳定的专业性女性社会组织;拓展"外围层",大力发展志愿服务、文体娱乐、社区管理、生活服务类基层城乡社区女性社会组织。

2. 指导思想可以参照《江苏关于进一步加强女性社会组织建设的意见》,"以促进和谐发展为前提、以不断创新为动力、以发挥作用为目的,按照'积极引导、加快培育、优化服务、促进规范、发挥作用'的建设要求,突出发展重点,优化发展环境,强化指导服务,创新体制机制,大力推进女性社会组织健康有序发展,进一步提高妇女的组织化程度和社会参与水平,促进女性社会组织在社会管理中发挥积极作用"。

女性社会组织建设目标可以确定为创新社会组织服务管理模式,建设"枢纽型"女性社会组织工作体系,逐步建成与当地经济社会和妇女事业发展水平相匹配,与妇女儿童和家庭多样化需求相适应,门类齐全、形态多样、层次丰富、结构优化的女性社会组织网络。在若干年内使我省女性社会组织实现发展数量倍增、运作科学规范、作用发挥明显的建设目标。

(三)区县一级妇联组织要制订推进女性社会组织建设的行动方案

1. 区县一级妇联组织要在上级妇联组织女性社会组织建设的总体规划的基础上制订出切实可行的推进女性社会组织建设的行动方案。总体要求:措施有力,立体推进,抓好落实。发挥"联系、服务、指导"作用,搭建交流互动平台。通过组织交流研讨、开展项目合作、建立基本信息数据库等多种形式,动态了解和掌握女性社会组织的人员构成、会员分布、工作活动开展等情况,及时为它们的健康发展提供指导。搭建公共服务合作平台,多方吸引女性社会组织参加妇联组织的主题活动和重点工作,参与基层民主管理和公益服务,发挥它们的积极作用。推进女性社会组织与政府部门、企事业单位和公民互动合作的制度化建设,实现社会资源的合理配置与高效运营。

2. 强化"人才、经费、平台"保障要素。抓好人才队伍建设,抓好项目经费筹措。争取妇女儿童民生实事被列入政府实事项目,让具备条件的女性社会组织主动承接政府转移职能和购买服务项目。大力推进工作平台建设,健全联动机制、激励机制和考核评估制度,同时提升服务品牌,丰富服务内容,提高服务能力,扩大服务内容。积极开展以组织管理、战略规划、政策运用、队伍建设、筹资发展、品牌推广等为内容的专项培训,提升女性社会组织的自我建设能力。积极开展以交流观摩、新知学习、活动展示、技艺比拼等为形式的实践性学习,提升女性社会组织的持续发展能力。引导女性社会组织增强品牌意识,提高项目策划和组织实施能力,打造服务品牌。整合社会资源,支持女性社会组织运用自身优势,开展基本公共服务、便民服务和社会公益服务,提高女性社会组织的活动力、发展力、影响力。

3. 把握"管理、服务、模式"关键环节。首先,引导规范管理。探索建立长效工作制度,引导女性社会组织规范有序发展;帮助和促进符合条件的女性社会组织正式登记或备案,依法独立自主开展工作、组织活动;引导女性社会组织加强内部治理结构建设、强化自律意识、规范自身行为,树立良好的社会形象。其次,提供相关服务。妇联要主动与民政及政府相关部门通力合作、协调配合,为女性社会组织提供政策咨询、信息发布、公共服务产品推介、培训交流等服务;实现女性社会组织登记备案信息共享,在登记备案、项目立项、政策扶持、活动开展等方面主动为女性社会组织解决困难,做好协调,提供帮助;建立健全考评、奖励机制,加大"以奖代补、以奖促建"力度,促进女性社会组织走上自我创新、追求卓越、品牌发展的良性发展轨道。有条件的县争取成立女性社会组织指导服务中心。最后,探索对接工作模式。成立女性社会组织妇女儿童公益服务联盟,推动女性社会组织服务项目与"妇女之家"对接,尝试在"妇女之家"中建立家庭服务中心。

4. 立足"妇女、儿童、家庭"重点领域。重点培育公益慈善类、科学技术类、城乡社区服务类等服务妇女、儿童、家庭领域的女性社会组织,力争几年内在各级民政部门注册登记和备案的女性社会组织在数量上实现倍增。引导女性社会组织发挥自身优势,提升服务能力,反映妇女诉求,维护妇女权益,促进事关妇女儿童的各项社会事业持续发展;增强社会自治功能,提高妇女群体的组织化程度,凝聚妇女力量;积极承接政府转移的社会管理、公共服务职能,打造各具特色的公益服务和活动品牌,为妇女儿童和家庭提供多样化、专业化的公共服务产品。

"一带一路"民心相通的建设路径探析

——以广西妇联公共外交活动为视角

王云翠　　赵迪琼*

摘　要:民心相通是"一带一路"倡议的根本归宿,是"一带一路"建设的社会基础。该文从公共外交视角,剖析广西妇联促进"一带一路"民心相通的有利条件,探讨广西妇联促进"一带一路"民心相通建设的有效路径,并提出拓展"一带一路"民心相通工程的策略措施。

关键词:公共外交;"一带一路";民心相通;建设路径

公共外交较早时被理解为政府以影响他国政府的政治和行动为目的,通过公众媒介、非政府组织及有影响力的个人做出的国际关系行为,其中公众媒介、非政府组织及有影响力的个人仅仅处于中介地位。后来,公共外交超越了政府主体的领域而扩展到其他主体,如在国际关系中作为积极参与者的媒体、跨国公司、非政府组织和有影响力的公民个人。汉斯·N.图奇认为,与传统的标准外交相比较,公共外交集中于一个国家或多边组织(如联合国)与其他国家的公民之间的沟通。我国的公共外交实践历史悠久,通过公共外交来树立国家的良好形象,增进国际间的理解、谅解与合作,营造一

---

* 王云翠,历史学硕士,广西妇女干部学校讲师,研究方向为妇女史、妇女理论。赵迪琼,经济学硕士,广西妇女干部学校教授、校长,研究方向为区域经济、妇女理论。

个和平发展的国际环境是中国外交史上的良好传统。

"一带一路"建设的全面推进,需要依靠国家的硬实力作为支撑,也需要中国与相关国家在社会文化领域的平等交流基础上创造的软实力为前提。"一带一路"倡议下的民心相通是指"一带一路"沿线国家民众之间建立在彼此宣传、交流、互动基础上而实现的发展目标与理念、民族间情感和不同文明之间的相互理解、相互接纳和相互认同。民心相通是"一带一路"倡议的根本归宿,是"一带一路"建设的社会基础。换言之,"一带一路"与民心相通是相辅相成的关系。达成相关国家的民心相通,不仅需要传统意义上的政府外交,也需要参与力量更广的公共外交的支持。

习近平总书记指出:"以利相交,利尽则散;以势相交,势去则倾;惟以心相交,方成其久远。"[1]广西妇联借助广西独特地理优势,借力中国—东盟合作深入开展和"一带一路"建设深化落实的机遇,主动与"一带一路"沿线国家开展妇女界的民心相通工作,不仅使女性在公共外交上的性别优势得到充分展现,也使女性在民心相通的外交格局中的能量得到充分释放,成为公共外交不可或缺的重要力量。

一、广西妇联开展女性公共外交的有利条件

广西独特的地理位置、"一带一路"倡议的实施以及国际国内性别平等的推动,构成了广西妇联开展女性公共外交的有利条件,也为妇联组织在"一带一路"民心相通建设中发挥妇女公共外交工作优势,深化与沿线国家和地区妇女及妇女组织交流合作指明了方向和路径。

(一)广西的独特地理位置为开展女性公共外交提供天然条件

广西处在我国大陆东、中、西三个地带的交汇点,是我国唯一与东盟既有陆地接壤又有海上通道的地区,是中国通往东盟最便捷的国际大通道,具有沿海、沿边、沿江的独特区位优势。

1. 沿海优势。广西从东到西分布有铁山港、廉州港、三娘港、钦州港、防城港、珍珠港等港湾,形成天然港群海岸。广西拥有港口21个,沿海港口同

时具有水深、避风、浪小等自然特点,距港澳地区和东南亚的港口都较近,北海港距香港港 425 海里,钦州港距新加坡港 1338 海里,防城港距越南海防港 151 海里,距泰国曼谷港 1439 海里。

2. 沿边优势。广西有 8 个县(市)与越南接壤,现有边境口岸 12 个,其中东兴、凭祥、友谊关、水口、龙邦 5 个口岸为国家一类口岸,另外还有 25 个边民互市贸易点,各边境口岸和边贸点都有公路相通。

3. 沿江优势。纵横广西境内珠江水系的西江在广西境内有年吞吐能力万吨以上的内河港口 77 个,其运输能力仅次于中国第一大河长江。西江水道是连接云南、贵州内河通向广东及港澳地区的一条黄金水道。梧州下航至香港、澳门为 400 千米左右,梧州港为中国第六大内河港口。独特地理位置使广西的通道作用日益显著,为广西妇联开展女性公共外交提供了天然条件。

4. 少数民族优势。广西东兴、宁明、凭祥、龙州、大新、靖西、那坡等 8 个边境县(市)是少数民族聚集区,有壮族、瑶族、苗族、彝族、京族等 19 个少数民族,少数民族人口 190 多万人,占边境地区总人口的 80%。其中有很多少数民族是跨国而居。这些跨国民族的边民与境外边民在历史传承、宗教信仰、语言文化、风俗习惯、经济生活等方面有着千丝万缕的联系,尤其是有血缘或姻亲关系的边民交往更加密切。他们对增进毗邻国家的经济与文化的交流起了重要的桥梁作用。

(二)"一带一路"倡议为开展女性公共外交提供时代机遇

2013 年 9 月,习近平总书记出访中亚国家提出共建丝绸之路经济带的重要倡议,同时提出了"政策沟通、道路联通、贸易畅通、货币流通、民心相通"的建设路径。同年 10 月,出访东南亚国家提出共同建设 21 世纪海上丝绸之路的构想。中共十八届三中全会通过的《关于全面深化改革若干重大问题的决定》,进一步提出要推进丝绸之路经济带和 21 世纪海上丝绸之路建设,加快形成全方位开放新格局。[2]2015 年 3 月,国家部委联合发布《推动共建丝绸之路经济带和 21 世纪海上丝绸之路的愿景与行动》,把传承和弘扬丝绸之路友好合作精神,广泛开展文化交流、学术往来、人才交流合作、媒体合作、青年和妇女交往,为深化双多边合作奠定坚实的民意基础,作为民心相通的重点。

在十二届全国人大三次会议上,习近平总书记参加广西代表团审议时指出,随着国家推进"一带一路"建设,广西在国家对外开放大格局中的地位更加凸显,要实施更加积极主动的开放战略,做好对外开放这篇大文章,加快形成面向国际国内开放合作新格局,搭建沿海沿江沿边开放合作平台。[3]习近平总书记对广西发展做出了明确定位,即发挥广西与东盟国家陆海相邻的独特优势,加快北部湾经济区和珠江—西江经济带开放发展,构建面向东盟的国际大道道,打造西南中南地区开放发展新的战略支点,形成21世纪海上丝绸之路与丝绸之路经济带有机衔接的重要门户。2017年4月,习近平总书记视察广西时再次强调,广西要写好新世纪海上丝路新篇章。可以说,中央赋予广西"三大定位",把广西推向我国对外开放的前沿,为广西开放发展创造了前所未有的机遇和条件,也为"一带一路"沿线国家妇女自身发展和对外合作交流迎来了大好机遇。

(三)性别平等的向前推动为女性公共外交营造良好氛围

国际国内性别平等推动为实现民心相通的女性公共外交营造良好氛围。妇女问题一直是联合国在社会和发展领域关注的重点。为促进全世界妇女事业的发展,联合国迄今已召开四次世界妇女大会。尤其是1995年在北京召开的联合国第四次世界妇女大会。大会制定和通过了《北京宣言》和《行动纲领》,为提高全球妇女地位提供了指南。同时,中国承诺把男女平等作为促进我国社会发展的一项基本国策。2005年,新修订的《妇女权益保障法》规定"国家实行男女平等的基本国策"。2012年,把男女平等基本国策首次写入全国党代会报告。2013年,习近平总书记在同全国妇联新一届领导班子集体谈话时专门指出,要坚持男女平等基本国策,在出台法律、制定政策、编制规划、部署工作时充分考虑两性的现实差异和妇女的特殊利益。国务院先后颁布了三部《中国妇女发展纲要》,明确妇女发展的总体目标、重点领域及策略措施。2015年9月,习近平总书记在全球妇女峰会上指出,各国妇女团体应该加强交流,增进友谊,共同发展,共同进步。[4]

广西在推动性别平等方面也取得了巨大成就。《广西壮族自治区实施〈中国妇女发展纲要(2011—2020年)〉中期评估报告》显示:在妇女参与决策和管理方面,2015年末,在全区公有经济企事业单位高级专业技术人员中,女性比例达50.81%(见图1),比2010年提高8.04个百分点,比全国平均水平(36.70%)高出14.11个百分点,远远高于《中国妇女发展纲要(2011—2020年)》和《广西壮族自治区妇女发展规划(2011—2020年)》中2020年达到35%的目标;2015年通过高级专业技术人员职称评定的女性同比2010年增长27.30%。区市县三级政府领导班子中,自治区、市级女干部比例连续5年超过10%,县级政府领导班子成员中女干部连续5年超过15%。(见表1)村居女性参政情况有突破性进展。2015年,村委会女性比例比2010年提升6.63个百分点;居委会成员中女性比例比2010年大幅提升19.33个百分点。(见图2)在妇女就业方面,保持稳定态势。2014年末,全区妇女就业人员占全社会就业人员比例的45.87%,高于《中国妇女发展纲要(2011—2020年)》和《广西壮族自治区妇女发展规划(2011—2020年)》确定的"妇女从业人员占从业人员总数的比例保持在40%以上"的目标要求,比全国平均水平(44.80%)高出1.07个百分点。全区城镇单位女性就业人员为150.80万人,比2010年增加36.70万人。可以说,国际国内倡导男女平等行动,为妇女发展营造了良好社会氛围。

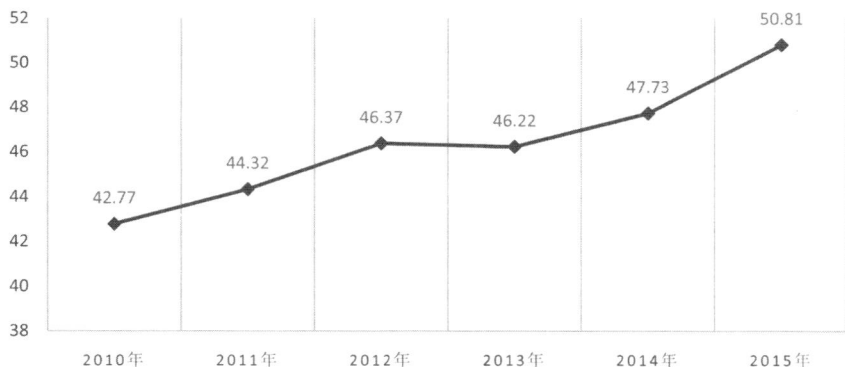

图1　2010—2015年全区公有经济企事业单位高级专业技术人员中女性占比(%)

表1　区市县三级政府工作部门领导班子中女干部的比例(%)

比例 ＼ 年份	2011	2012	2013	2014	2015
自治区级政府工作部门领导班子中女干部的比例	12.09	16.67	17.61	11.08	12.43
市级政府工作部门领导班子中女干部的比例	11.99	12.42	12.87	12.67	13.53
县级政府工作部门领导班子中女干部的比例	16.01	16.34	16.55	17.10	17.20

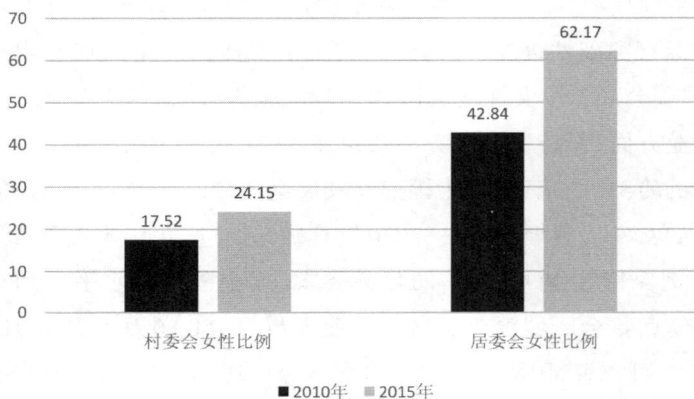

图2　2010年和2015年全区村居"两委"女性占比(%)

二、广西妇联推动"一带一路"民心相通的女性公共外交的有效路径

习近平总书记在全球妇女峰会上强调,今后5年内,中国将帮助发展中国家实施100个"妇幼健康工程"和100个"快乐校园工程",邀请3万名发展中国家妇女来华参加培训,并在当地培训10万名女性职业技术人员。[4]这为广西妇联推动"一带一路"女性公共外交活动开展提供了根本遵循和政策指引,使广西妇联从事女性民心相通外交工作大有作为。广西妇联长期以来一直以服务国家总体外交、服务广西经济社会建设和服务妇女儿童事业为宗旨,积极探索、努力拓展民心相通渠道,主要表现为三个方面:

(一)举办中国—东盟妇女论坛,打造妇女交流合作广阔平台

随着"一带一路"公共外交的逐渐拓展和深入,以妇女、女性、性别平等

为主题的活动日益增多。广西妇联趁势而为,承办、协办了中国—东盟妇女论坛,为妇女创造交流平台。据不完全统计,自2006年以来,广西妇联多次承办、协办与中国—东盟妇女有关议题论坛。(见表2)2006年11月1日,广西妇联承办了全国妇联在南宁举办的首届中国—东盟妇女论坛。来自中国、东盟10个国家的约500名妇女机构和组织负责人、女企业家代表等参加了论坛。2008—2017年,在柳州、钦州主办了中国—东盟女企业家创业论坛,数千人参加了中国—东盟国家的女企业家创业论坛。中国—东盟妇女论坛发挥各国政界、商界、文化界女性精英在改善与中国及广西关系、共促妇女发展中的特殊作用,凝聚团结对中国友好的女性国际友人,为各国之间关系的健康发展增添巾帼力量。

表2 2006—2017年中国—东盟妇女论坛情况

论坛名称	时间	地点	论坛主题	参与国家	论坛成果
第一届中国—东盟妇女论坛	2006.11.01	南宁	加强妇女合作、促进共同发展	中国、东盟10国	签署《中国—东盟妇女论坛宣言》
第二届中国—东盟妇女高层论坛	2008.10.21	南宁	为女性营造和谐的发展环境	中国、东盟10国	签署《第二届中国—东盟妇女高层论坛南宁宣言》
第一届中国—东盟女企业家创业论坛	2008.10.20	柳州	女性在创业和发展过程中的经验和体会	中国、东盟国家和韩国	
第二届中国—东盟女创业家创业论坛	2010.09.15	柳州	合作共赢、携手发展	中国、东盟10国及亚洲其他国家	柳州市投资环境推介会、签订经贸合作项目
第三届中国—东盟女企业家创业论坛	2012.11.18	柳州	女企业家创业道路与体会	中国、东盟10国及意大利、美国	签订4个合作项目:柳州国际奇石文化产业园、柳州微笑口腔医院、城市矿产示范基地、新加坡—中国柳州幼儿教育
2017年中国—东盟女企业家创业创新论坛	2017.09.12	钦州	凝聚女性力量,促进合作共赢	中国、东盟国家、奥地利、加拿大、丹麦、澳大利亚等国	签署中国—东盟妇女创业创新基地框架合作协议

(二)开展教育培训,提升妇女能力建设

通过开展多层次、多类别的培训交流活动,不断加强妇女能力建设。2007年10月23日,为推进性别平等政策实践,促进社会性别意识纳入社会发展主流,进一步深化东盟与中日韩妇女间友谊与合作,中国妇联在南宁主办了"东盟与中日韩性别意识主流化"培训班,来自东盟10国和中日韩3国从事与性别平等有关工作的政府机构官员20人参与培训。同时,在南宁成立了中国—东盟妇女培训中心,该中心将成为培训中国与东盟各国妇女精英人才的重要基地。自2012年起,广西妇联以中国—东盟妇女培训中心这一平台,先后邀请了老挝、缅甸、柬埔寨、越南等东盟国家的妇女干部参加培训交流(见表3)。在培训内容上,形成了以中国—东盟经济文化交流合作为主,以女性发展优先关切领域的主题探讨为辅的课程体系,邀请广西区内外专家授课,安排学员参观考察和座谈交流妇女儿童维权、家庭文明建设、女性创业发展等相关领域和议题。通过培训交流学习,广西妇联逐步建立了与东盟国家妇女交流学习的常态化机制,搭建了与东盟各国妇女资源共享、经验借鉴的平台,密切了与各国妇女界的友好往来。

表3　2012—2016年中国—东盟妇女培训中心主办的培训班

培训班别	培训时间	培训内容	培训对象与人数
中国—东盟(老挝)妇女干部培训班	2012.11.27—12.03	中国、老挝妇联工作开展,中国—东盟经济与文化的合作交流、《消除对妇女一切形式歧视公约》与中国男女平等基本国策,将社会性别意识纳入决策主流,以及婚姻家庭等课程	老挝妇联干部,共20人
中国—东盟(缅甸)妇女干部学习考察班	2013.11.11—11.18	《消除对妇女一切形式歧视公约》与中国男女平等基本国策,将社会性别意识纳入决策主流,广西妇女接受义务教育情况,中国—东盟经济与文化的合作交流等课程	缅甸社会福利与救济安置部、缅甸妇联干部,共20人
中国—东盟(柬埔寨)妇女干部学习考察班	2014.12.21—12.28	国际人权文书下的妇女人权保护,中国—东盟经济与文化的合作交流等课程及实地考察交流	柬埔寨妇女干部,共16人

续表

培训班别	培训时间	培训内容	培训对象与人数
中国—东盟(越南)妇联干部培训班	2015.12.13—12.16	中国妇女和妇女组织,广西和广西妇联工作,广西与东盟的经济文化交流等课程	越南妇联干部,共20人
澜沧江—湄公河流域国家妇女实用技术培训班	2016.09.19—09.28	中国妇女发展及全国妇联工作,广西妇女参与社会发展的状况,织、绣、刺工艺技术及市场营销策略,民族元素文创产品设计等课程	柬埔寨、老挝、缅甸、泰国、越南5国的女干部、女技术人员和女企业家,共28人

(三)开展全方位务实合作,展现妇女对美好生活的向往

广西妇联积极发挥资源优势,主动与越南等周边国家建立平等友好合作关系。广西妇联与越南妇女组织建立密切合作关系,共同开展禁毒、防治艾滋病、打击拐卖妇女儿童、和谐家庭建设等宣传教育活动以及技能培训和经贸合作。2014年,广西妇联与越南高平省签署了交流合作备忘录。2015年12月,越南全国妇联主席团率领越南的妇联领导干部来广西考察。每年"6.26"国际禁毒日,广西妇联与越南边境地区妇女组织还联合开展"不让毒品进我家"主题宣传活动。广西与越南接壤的崇左、百色、防城港市等地市级妇联也积极组织当地妇女与越南边境地区的妇女开展友好交流,逢重大节庆日均互相邀请举行宣传庆祝活动。2016年12月,广西妇联派代表团出访越南高平、谅山、广宁考察学习。广西妇联开展边境地区女性公共外交,促进边境妇女在边贸、旅游、农业、教育、维权等方面互相借鉴和深化交流合作。对维护中越边境地区的和谐稳定,保护妇女合法权益起到积极的推动作用。

此外,还建立多渠道对外交流格局。广西妇联与老挝、缅甸、越南、泰国、柬埔寨、苏丹、伊朗、多米尼克、新加坡、马来西亚、德国、赞比亚、俄罗斯等国家以及我国港澳台地区的妇女友人组织座谈交流、参观考察、文化展示等活动。广西妇联利用女性公共外交性别优势,充分展现我国及广西改革开放以来取得的新成就和民族文化的精髓,宣传男女平等基本国策和先进性别文化建设情况,展示广西妇女形象,讲好广西故事,讲好中国故事。在广西师范大学成立"广西—东盟妇女儿童发展研究中心",积极开展广西和

东盟国家妇女儿童发展研究,服务国家"一带一路"倡议。

三、拓展"一带一路"民心相通女性公共外交的路径

世界多极化和经济全球化趋势深入发展,以及伴随地缘政治利益、民族关系、宗教信仰、民族习惯的复杂化,使"一带一路"民心相通的女性公共外交面临巨大挑战,为提高妇女撑起公共外交半边天的实力与竞争力,牢固筑起民心相通之桥,可以从三个方面为之:

(一)进一步加强对妇女公共外交工作的支持与扶持力度

毋庸多言,妇联组织在对外交流工作中已经积累了丰富的经验,取得了可喜成绩。要巩固已有成果,争创新业绩,需要从国家层面继续加大对妇女外交事业的支持与扶持力度,需要有关部门的政策指导以及在人、财、物等方面的支持,以逐步增强和壮大妇女对外交往的实力和竞争力。

(二)培养高素质的妇女公共外交人才

妇女外交工作,是政治工作、外事工作,也是妇女群众工作。其特殊性要求妇女公共外交人才既有党政干部具备的品质要求,如政治坚定、爱岗敬业、乐于奉献等,还要具备公共外交的能力,如懂外语、会宣传、有国际视野、能准确把握外交政策、能应对处理较复杂的局势等。因此要继续加强对妇联外事工作队伍的培养,通过不同层次和不同领域的培养、传授和带动,形成具有外语交流能力、熟悉对外宣传、应对能力强、国际视野宽广的妇女外交工作队伍。

(三)扩展妇女在各层级"一带一路"公共外交中的参与度

妇女公共外交民心相通工作交流内容广泛、内涵丰富,工作领域宽广,交流对象多样,涵盖政治、经济、文化、教育、卫生、家庭、儿童等各个方面。交流领域的广泛性决定了交流对象的多样性,因此要增加政府官员、专家学者、企业家、农民群众等不同层次女性的数量,扩充经贸合作、民间艺术、文化旅游、社会治理等领域的女性工作者队伍,如此才能谈得上女性在"一带

一路"公共外交中参与的广度和水平的提高,也才能充分展现女性的力量。

(四)发挥各级妇联的作用,不断促进民心相通的多元化发展

各级妇联要围绕国家外交的中心任务,结合地方妇女工作特点,进一步在政治、经济、文化与和谐社会建设等方面开展具有妇联特色的对外交流活动,充分挖掘地方的人力资源潜力,利用开展友好城市外交机会,派遣妇女组团走出国门,为妇女开阔眼界、转变观念提供机会;妇联应充分利用发挥海外华侨、华人的特殊作用,为当地妇女开展民心相通争取资源;各级妇联要不断争取国际合作项目,促进妇女民心相通工作的多元化发展。

总之,广西妇联应充分抓住时代机遇,积极参与"一带一路"民心相通工程,运用女性的优势,开展与相关国家的各种双向的社会和文化交流活动,深入开展以"民心相通"为主题的公共外交,加强中国和相关国家之间的社会、文化、经济等方面的联系,加深彼此的了解,为构建人类命运共同体、推动相关国家的共同发展贡献一份力量。

参考文献

[1]习近平.共创中韩合作未来同襄亚洲振兴繁荣[N].人民日报,2014-07-04(02).

[2]中共中央关于全面深化若干重大问题的决定[EB/OL].(2013-11-15)[2017-01-06].http://www.sc.xinhuanet.com/content/2013-11/15/c_118164288.htm.

[3]黎攀,罗猛,巍恒.加快形成面向国内国际的开放合作新格局 不断谱写祖国南疆繁荣稳定新篇章——习近平总书记参加广西代表团审议侧记[N].广西日报,2015-03-09(001).

[4]习近平.促进妇女全面发展 共建共享美好世界——在全球妇女峰会上的讲话[EB/OL].(2015-09-28)[2018-01-15].http://politics.people.com.cn/n/2015/0928/c1024-27639863.html.

湖北省妇联系统基层干部培训现状
与需求调研报告

范 舟 方秋红 刘 平 等*

摘 要:基层妇女干部培训是建设高素质妇女干部队伍的先导性、基础性工程。在群团改革背景下,为了有针对性地做好妇女干部培训工作,充分发挥妇联系统基层干部在深化妇联基层组织改革中的关键作用,湖北省妇女干部学校培训部对全省妇联系统基层干部培训情况进行调研。该报告以湖北省基层妇女干部培训现状及需求调查为基础,分析了存在的主要问题,并提出了完善湖北省基层妇女干部培训工作的建议。

关键词:妇联系统;基层妇女干部;培训工作

2016年9—11月,湖北省妇女干部学校干部培训部针对全省妇联系统基层干部培训现状与需求进行了专题调研。调查内容是2016年9月—2017年9月湖北省基层妇女干部培训的基本情况和基层妇联干部的培训需求等。调研对象包括全省乡镇(街道)妇联主席、村(社区)女主职干部和武汉市新洲区妇联干部。调研方式以问卷调查、个别访谈和查阅资料为主。本次调查共发放不记名调查问卷211份,回收有效问卷194份,个别访谈15人次。

---

* 范舟,湖北省妇女儿童社会组织服务中心社会工作师、讲师,研究方向为妇女社会工作和妇女儿童权益维护。方秋红,湖北省妇女干部学校高级讲师,研究方向为妇女教育与培训。刘平,湖北省妇女干部学校讲师,研究方向为新媒体与舆情管理。

一、湖北省妇联系统基层干部培训现状与需求情况

（一）培训现状

1. 培训对象的人数和结构。通过 2018 年全省的区域化改革和"会改联"，各地形成了专职、挂职、兼职相结合的妇联领导班子和以妇联干部为骨干，女性社会组织负责人、妇女社会工作者、巾帼志愿者等为依靠的基层妇女工作队伍。截至 2017 年 9 月底，湖北省乡镇（街道）妇联执委会人数由改革前的 7327 人，增加到 18398 人，其中主席、专兼职副主席有 4695 人。村（社区）妇联执委会人数由改革前的 34329 人，增加到 165745 人，其中主席 14827 人。对比历史数据可以发现，基层妇联干部人数得到显著提升。妇联基层组织改革后执委会人员的构成包含妇联干部、机关企事业单位干部、"两新"组织负责人、妇女自组织负责人、女性致富带头人、女大学生村官、社区女性骨干等，人员组成多样化特征明显，组织覆盖面得到扩大。在妇女工作队伍显著扩大、工作内容趋于创新化和丰富化、轮岗换岗以及大量新人补充的情况下，对于基层妇女工作队伍中的所有成员来说，她们需要对妇联工作进行重新认识，需要提高新岗位的各项业务能力，也就需要增加学习培训的机会。

2. 参训次数。从调查年内基层妇女干部参加学习培训的人次和比例看，一年内参训 1 次的人数比例为 24%，参训 2 次的人数比例为 33%，参训 3 次的人数比例为 18%，参训 4 次的人数比例为 8%，参训 5 次的人数比例为 2%，参训 6 次以上的人数比例为 4%。

3. 培训内容。表 1 显示，从最近一年内基层妇女干部参加学习培训的主要内容来看，受访者中接受法律法规与政策解读培训的占 59%，妇联工作与社会治理创新培训占 36%，妇联业务知识培训占 66%，妇女儿童维权培训占 53%，婚姻家庭建设培训占 47%，女性素养与领导力提升培训占 33%。

表1　最近一年内参加学习培训的主要内容

学习培训主要内容	占比(%)
法律法规与政策解读	59
妇联工作与社会治理创新	36
妇联业务知识	66
妇女儿童维权	53
婚姻家庭建设	47
女性素养与领导力提升	33
其他	—

注:问卷中为多选。

4. 培训形式。调查结果显示,讲座式培训是培训的主要形式。此外,运用新媒体举办的线上培训已经成为现场讲座式培训的补充和替代形式。

5. 影响培训的主要因素。表2显示,78%的基层妇女干部认为"工作与培训时间冲突"是影响培训学习的主要因素。调查结果说明干部中存在较突出的"工学矛盾"难题。30%的干部认为"领导重视不够",对于干部培训"说起来重要,忙起来次要";19%的干部认为"培训方式单一";10%的干部认为"培训内容缺乏吸引力";7%的干部认为"多头重复抽调学习,难以应付"。

表2　影响参加学习培训的主要因素(N=194)

因素	占比(%)
工作与培训时间冲突	78
领导重视不够	30
培训方式单一	19
培训内容缺乏吸引力	10
多头重复抽调学习,难以应付	7

(二)培训需求

通过问卷调查、人员访谈,本次调查获得了基层妇女干部对培训的需求数据。问卷中分别设置了政策理论、业务知识、个人能力提升和其他内容培训几大类别的问题。

1. 关于培训内容

（1）希望继续加强政策理论知识的培训，提高工作中的理论水平。表3是根据194份有效问卷统计出来的基层妇女干部对培训内容需求的数据。数据显示，平均72.70%的基层妇联干部认为法律法规与政策解读培训"很有必要"，回答"必要"的占25.30%，两者相加为98%。这个数据与实际参训学习该内容的59%相比较，说明这方面的培训力度明显有待加强。法律法规与政策解读培训学习之所以在基层妇联干部中显得重要是由于她们普遍认为，在新形势下掌握政策的精神，把握方向，抓住工作重点，以及提高妇联工作业务能力和参政议政的水平，必须对政策法规理解到位。表3显示，法律法规与政策解读培训内容中按照选择率排序分别是《中华全国妇女联合会章程》及最新政策解读（99.50%）、《反家庭暴力法》热点解读（97.90%）、中央党的群团工作会议精神解读（96.90%），比例都很高。

表3　法律法规与政策解读专题培训内容的需求情况（N=194）

专题	很有必要		有必要		没有必要		无选择	
	人次	%	人次	%	人次	%	人次	%
中央党的群团工作会议精神解读	137	70.60	51	26.30	6	3.10	–	–
《中华全国妇女联合会章程》及最新政策解读	141	72.70	52	26.80	1	0.50	–	–
《反家庭暴力法》热点解读	146	75.20	44	22.70	4	2.10	–	–

（2）希望继续加强业务能力培训，提高履职能力，增强实际工作信心。加强对妇联组织职能的了解、掌握妇联主责主业是更好地开展各项工作的前提。2018年妇联系统改革中，妇联工作队伍增加了许多新人，她们需要深入认识妇联组织，熟悉妇联的日常工作和重点工作。表4显示，在加强妇女工作业务能力的培训方面，基层妇联干部认为在妇联工作与社会治理创新中，以妇联组织改革与社会组织发展为专题培训学习内容"很有必要"的占67%，回答"必要"的为25.80%，也就是说被调查者都认为这方面的培训是必要的。此外，认为以社区妇女组织的孵化与管理为专题培训学习内容"很有必要"和"有必要"的占98%，以基层妇女活动的策划与推广为专题培训学习内容"很有必要"和"有必要"的占97.50%；以妇联工作项目化与公益项目设

表 4　业务知识培训需求情况(N=194)

内容	专题	很有必要		有必要		不必要		未选择	
		人次	%	人次	%	人次	%	人次	%
妇联工作与社会治理创新	1. 妇联组织改革与社会组织发展	130	67.00	50	25.80	2	1	12	6.2
	2. 社会工作理念和方法在妇联工作中的实际运用	141	72.70	53	27.30	–	–	–	–
	3. 妇联工作项目化与公益项目设计、管理	137	70.60	50	25.80	1	0.50	6	3.10
	4. 社区妇女组织的孵化与管理	122	62.90	68	35.10	–	–	4	2.10
	5. 基层妇女活动的策划与推广	146	75.30	43	22.20	–	–	5	2.50
	6. 办公自动化与公文写作和处理	97	50.00	82	42.30	2	1	13	6.70
	7. 社会调查方法的运用	94	48.40	89	45.90	1	0.50	10	5.20
妇女儿童权益维护	1. 家庭暴力危机干预及妇联维权机制的建立	147	75.80	37	19.10	–	–	10	5.20
	2. 留守妇女儿童权益保障	141	72.70	32	16.50	–	–	21	10.80
	3. 未成年人权益保障	134	69.10	47	24.20	–	–	13	6.70
	4. 信访维权工作的沟通技巧	137	70.60	42	21.60	1	0.50	14	7.20
	5. 农村妇女土地权益维护	108	55.70	70	36.10	1	0.50	15	7.70
婚姻家庭建设	1. 新时期(妇联)婚姻家庭建设	125	64.40	51	26.30	–	–	18	9.30
	2. 亲子教育理念和方法	137	70.60	47	24.20	1	0.50	9	4.60
	3. 女性就业、工作和家庭平衡	126	64.90	57	29.40	–	–	11	5.70

计和管理为专题培训学习内容"很有必要"和"有必要"的占 96.40%。

对比实际参训中学习社会治理创新内容的 36% 以及学习妇联业务内容

的66%，可以发现，大家认为通过培训学习有助于转变工作理念，运用新的工作方式方法开展工作，才能适应新形势下工作的需要。

　　妇女儿童权益保护和婚姻家庭建设方面，认为以家庭暴力危机干预及妇联维权机制的建立为专题培训学习内容"很有必要"和"有必要"的占94.90%，需求强度最大，其中认为"很有必要"的占75.80%；认为以信访维权工作的沟通技巧为专题培训学习内容"很有必要"和"有必要"的占92.20%，其中，认为"很有必要"的占70.60%；认为以亲子教育理念和方法为专题培训学习内容"很有必要"和"有必要"的占94.80%，而且需求强度较大，认为"很有必要"的占70.60%；认为以新时期妇联婚姻家庭建设为专题培训学习内容"很有必要"和"有必要"的占90.70%，认为以女性就业、工作和家庭平衡为专题培训学习内容"很有必要"和"有必要"的虽占94.3%，但是强度略低，其中认为"很有必要"的占64.90%。对比实际参训内容中学习妇女儿童维权的占53%和学习婚姻家庭建设的占47%，可以反映出这方面的实际培训中也存在一些短板。

　　当前妇联工作面临诸多的复杂性，需要基层妇女干部在实际的工作过程中，掌握更加全面的知识、更加专业的方法、更加有效的手段来维护妇女儿童权益，解决婚姻家庭中的问题。从调查中也可以发现，对于基层妇联干部来说，掌握专业知识和方法的需求十分紧迫，进行相关的业务知识以及能力提升的培训学习十分必要。

　　（3）希望提升个人能力素养，树立女干部的良好形象。表5显示，认为以女干部演讲与口才为专题培训学习内容"很有必要"和"有必要"的占96.90%，其中，认为"很有必要"的占73.20%；认为以媒体素养与有效沟通为专题培训学习内容"很有必要"和"有必要"的占96.40%，其中，认为"很有必要"的占57.20%；认为以新媒体应用与舆情管理为专题培训学习内容"很有必要"和"有必要"的占92.80%；女性干部的压力管理与心理调适为专题培训学习内容"很有必要"和"有必要"的占93.80%；认为职场礼仪规范与女性形象为专题培训学习内容"很有必要"和"有必要"的也占93.80%。对比实际参训内容中学习女性素养及领导力提升的33%，在基层妇联干部中进行这方面的培训还有很大潜力。数据也说明了基层妇女干部在工作中比较重视沟通效果的明显取向，即她们希望通过这些课程全面提升个人的综合素质，树立良好的自身形象,从而提升自己在群众中的威信和认同感。

表5 个人能力提升培训需求情况(N=194)

内容	专题	很有必要		有必要		不必要		未选择	
		人次	%	人次	%	人次	%	人次	%
女性领导力提升	1. 社会性别与公共政策选择	102	52.60	76	39.20	4	2.10	12	6.20
	2. 女干部演讲与口才	142	73.20	46	23.70	–	–	6	3.10
	3. 媒体素养与有效沟通	111	57.20	76	39.20	–	–	7	3.60
	4. 新媒体应用与舆情管理	112	57.70	68	35.10	3	1.50	11	5.70
女性健康与素养	1. 妇联干部的压力管理与心理调适	142	73.20	40	20.60	1	0.50	11	5.70
	2. 职场礼仪规范与女性形象	128	66.00	54	27.80	–	–	12	6.20

2. 关于培训频率

如表6所示,超过半数的基层妇女干部希望培训时间为半年一次,仅8.8%的妇女干部能接受两月一次的培训。

表6 希望接受专题培训的频率

频次	两月一次	每季度一次	半年一次	无选择
人次	17	74	99	4
占比(%)	8.80	38.10	51	2.10

3. 关于培训学习方式

问卷中设置了现有的最常见的培训方式:脱产学习、专题培训、单位内部集中培训、网络在线学习和自学。在培训方式的偏好方面(5选2),91%的被调查者选择专题培训班,38%的选择脱产学习,26%的选择网络在线学习,17%的选择单位内部集中培训,8%的选择自学。(见表7)

表7　培训学习方式偏好

方式	脱产学习	专题培训	单位内部集中培训	网络在线学习	自学
人次	74	177	34	52	16
占比（%）	38	91	17	26	8

注：问卷中5个选项中限选2项

二、湖北省妇联系统基层干部培训工作存在的主要问题

（一）对基层妇女干部培训的重视不够

从调查问卷分析结果显示，影响基层妇女干部参加培训学习的最主要的制约条件是"工作与培训时间冲突"。调查和访谈中，"工作太忙，没时间培训""任务繁重、无法集中精力学习"等是基层妇女干部中较普遍的反映。在实际工作中，一直以来，妇联干部往往身兼数职，对于基层妇联来说，人手少、任务重的状况更是一种常态，而且在短期内不会有明显的改观。"领导重视不够"成为影响基层妇女干部参加学习培训的另一主要因素。部分领导对基层妇联工作重要性的认识不足，不太重视基层妇女干部的培训，也是影响基层妇联干部对参加培训的重视度不够的一个重要的外在因素。

（二）培训方式较为单一

目前，妇联系统的干部培训仍以集中的讲座式培训为主。讲座式培训往往以教师为中心，培训对象往往被动地接受教师所传递的信息，一是不利于调动培训对象的积极性，容易产生疲劳感；二是忽视了培训对象的个体差异，无法满足个性化需求；三是难以真正达到培训效果，很多培训对象听完课之后感慨"听起来很有道理，就是不知道怎么做"。可见讲座式培训有一定的局限性。大部分基层妇联干部也认为这种培训形式过于单一，特别是妇联基层组织改革后基层妇女干部队伍在人员组成、层次结构上均发生了很大的变化，以单一讲座式培训为主要形式，已经无法满足基层妇女干部的实际需要。

此外，集中培训需要占用大量的时间和精力，培训成本也较高，面对基

层妇联干部人手少、任务重的现状,有必要采用更多灵活的培训方式作为集中培训的补充。

(三)培训频率较低

如前所示,在2016年9月至2017年9月期间,参加培训6次以上的人数比例为4%,参训5次的人数比例2%,参训4次的人数比例8%,参训3次的人数比例为18%,参训2次的人数比例为33%,参训1次的人数比例为24%,一次都没有的占2%。统计基层妇联干部希望接受的专题培训频率:两月一次占8%,每季度一次占38%,半年一次占51%。频率的众数是每年两次。对比实际接受培训的频率数据与受调查者的期望值可以发现,总体水平上,培训次数可以适当增加。现阶段,增加针对基层妇联干部的实际培训次数则意味着要增加经费,这又受妇联经费捉襟见肘的现状制约。

培训频率的偏好会因妇女干部的年龄、职位、家庭状况、身体状况的不同而不同,在精心设计培训内容的同时,必须参照实际工作的需要来确定妇女干部的培训频率,实行差异化培训。

(四)培训内容有待完善

调查数据和访谈资料显示,大部分妇联基层干部对问卷中列举的课程内容表示有必要进行不同程度的强化培训学习。特别在法律法规与政策解读、社会治理创新、婚姻家庭建设以及女性素养及领导力提升等内容方面需要进一步加大培训力度。为了取得更加实际的全面的培训需求信息,问卷中还针对"除了以上专题,您还需要哪些方面的培训"进行了调查,发现基层妇联干部需要培训的内容包括妇联工作要点的解读、家庭矛盾的调解方法和技巧、女性创业就业指导等,部分基层妇联干部提出需要进一步加强妇女理论知识的培训和实际工作的指导,这与访谈所获信息是一致的。因此,在实际培训工作中,我们应注重培训的需求和有效导向,培训内容应该不断地调整和完善,这样才能够满足妇联工作的实际需要。

三、对完善湖北省妇联系统基层干部培训工作的思考和建议

中共中央《关于加强和改进党的群团工作的意见》中指出："群团干部是党的干部队伍的重要组成部分。各级党委要重视抓群团干部培养,全面加强群团干部队伍建设。将群团干部培训纳入干部教育培训总体规划,分级负责、分系统落实。"《全国妇联改革方案》中也明确指出："推动将党的妇女工作理论和男女平等基本国策纳入党政领导干部教育培训规划和教学内容安排。"按照改革的要求,"打造专职、挂职、兼职相结合的机关干部队伍,打破年龄、学历、身份壁垒,注重基层一线工作经历、群众工作经历,不拘一格从基层、各个领域选用优秀人才,形成一支以专职干部为骨干力量、挂职兼职干部为重要支撑的充满活力的全省妇联机关干部队伍。"到2017年底,湖北省在完成基层妇联组织改革后,基层妇联系统中妇联主席、专兼职副主席和执委人数大幅度增加。面对群团改革新形势下出现的妇联工作的新格局、新挑战,妇联系统干部培训工作也需要进行全方位的培训观念创新、培训制度创新和培训方式创新。

(一)坚持以干部需求为导向

从培训活动的实施来看,培训工作流程的第一个步骤应该是干部培训需求分析,即需不需要培训、需要培训什么、需要怎么培训等,它直接影响整个培训工作的有效性。建议从三方面加强培训调研工作:一是组建调研队伍,定期对干部培训情况和培训需求进行调研,不断完善培训课程、培训形式、培训频次等;二是鼓励教师自主调研,干部培训教师在进行备课前应针对所讲专题开展调研,调研要突出针对性,围绕学员需求开展;三是科学运用调研结果。由于干部岗位职责、知识储备、个人兴趣等不同因素的影响,收集到的调研数据不一定全部都有价值,有的是仅考虑个人目的,调研人员需要辩证、客观、全面地分析调研数据,找出干部培训需求与妇联组织培训总体目标的结合点。

(二)创新培训形式

1. 集中培训与"送教下基层"相结合

集中培训的所需时间长、经费高,而且参训人员数量有限,大量基层妇女干部和社会组织工作人员很难有集中培训的机会。针对"工作与培训时间冲突"的问题,可通过"送教下基层"的培训方式来解决,即组织教师分批次到县(市、区)、乡镇(街道)、村(社区)去授课,这样既节省了培训对象的时间成本,又能使更多基层妇女干部得到培训机会。

2. 线下培训与线上自学相结合

移动互联网的飞速发展改变着人们的工作和生活习惯,也改变着人们的思维方式和学习方式。我们要充分利用微信、微博、APP、网站等新媒体创新培训方式,打造线上"微课堂",方便培训对象利用碎片化的时间自学,同时建立起线上学习交流平台,方便学员之间、学员与培训教师之间的交流分享与实时沟通。

3. 讲座式培训与参与式培训相结合

参与式培训的基本理念是每个人都有平等学习和表达的权利,同时也应有机会与别人对话,每个人都能参加问题的提出、分析和解决过程中,为集体决策贡献自己的智慧和技能,培训者只是辅助者和协助者,与学员之间是平等的合作。参与式培训与讲座式培训相比,更加强调在真实的情境下组织培训活动,激发参训者针对实际进行思考,不仅仅是为参训者提供一些事实性知识,而是促进参训者进行有意识的、更深入的学习。因此要结合不同课程的具体特点与培训目的,科学运用参与式培训方式。又如,在实际操作类培训的落实上,可以采用专题讲座和实地指导相结合的方式来提高培训的针对性和有效性。

(三)增强培训内容的针对性和系统性

1. 充实培训内容

一是继续加强政策理论培训。深入学习中国特色社会主义理论体系、习近平总书记系列重要讲话精神以及党的十九大报告精神,使妇女干部不断坚定理想信念,不断提高战略思维、创新思维、辩证思维和底线思维能力及政治鉴别力。还要加强中央党的群团工作会议精神、全国妇联改革方案精神、男女平等基本国策和社会性别理论的学习,使妇联干部进一步明确使命,进一步深刻认识推进群团组织改革的重要性和紧迫性,进一步推进妇联基层组织改革创新。二是继续加强妇联工作业务的培训。妇联基层组织改革后,妇联基层组织增加了很多兼职副主席和妇联执委,她们是来自各个行业的精英,工作范围显著扩大、工作内容更加丰富,因此,对她们进行岗位履职能力的培训尤为重要。同时基层妇联承担的工作任务非常繁重,因此业务培训要按照"精""深""准"的要求,围绕妇联工作的重点和难点开展,不断提高基层妇女干部解决问题的能力。三是要增加社会组织培育、社会工作理论与方法等社会治理创新方面的培训内容。党的十八大以来,激发社会组织活力已经成为我国创新社会治理的重要着力点,妇联组织必须重视社会组织的发展,通过多种方式,使大大小小的社会组织成为群团组织直接联系服务妇女群众的二传手、三传手、四传手。妇联干部也有必要掌握社会工作与社会组织管理的基本理论、基本方法,切实提高联系服务社会组织、充分链接社会力量的能力。

2. 实施分级分类的系统培训

基层妇联系统的培训对象是县(市、区)、乡镇(街道)、村(社区)各类妇联干部、基层妇女工作者、女性企业家等。由于受学识、能力、岗位、职级等不同因素的影响,培训需求存在差异化的情况,培训规划和方案要按照分级分类的原则,设置不同的培训班次和培训内容,对干部进行差异化培训,尽可能充分满足培训对象的个性化需求。同时要做到系统培训,针对不同层级的参训干部定制一套培训课程方案,实行"一班一案",课程内容做到针对性、系统性、科学性。

(四)完善培训效果的评估体系

探索建立科学的干部培训质量评估机制,根据新形势新任务的要求,结合当前干部培训工作的实际,制定科学合理、切实可行的干部培训质量评估标准。按照分步实施、稳步推进的思路,评估可分三个层次:第一层次,课程结束时由参训干部对培训内容是否有针对性、实用性、前瞻性以及师资是否胜任教学工作等进行评估;第二层次,课程结束半年后由参训干部对培训应用效果进行评估;第三层次,由参训干部的上级和同事对参训者的培训实际效果进行评估。运用多主体、多层次、多方面的评估体系加强对培训质量和效果的检测,有利于及时发现并改正培训工作中存在的问题,确保培训工作的科学化。

(五)加强妇干校建设,充分发挥妇女干部培训阵地作用

妇女干部学校是妇联系统进行干部培训的主要阵地,必须以妇女干部的培训需求为导向,以服务广大妇女干部为宗旨,不断加强和完善妇干校自身建设并充分发挥其阵地作用。一方面加大投入,加强妇女干部学校硬件建设,特别是加强互联网、多媒体、电子图书馆等信息化建设力度,开辟妇女干部线上学习平台,实现培训手段的现代化、信息化。另一方面加强人才建设,建设一支结构合理、专兼职比例适当的高素质师资队伍。在加强校内教师培养的基础上,建立动态专家库,坚持开放性原则,充分利用社会资源,不断拓宽师资来源渠道,从省内外高校、培训机构、机关和企事业单位中聘请专家成为学校的客座教授,同时鼓励基层有作为、善思考的各级妇联干部上讲台,使培训内容"上接天线,下接地气",精准满足培训对象的需求。

基层妇联改革与发展

群团改革背景下基层妇联组织建设与作用发挥研究*

——以浙江省基层妇联组织改革实践为例

马玲亚　高　辉　王　皎**

摘　要: 中共中央对加强和改进党的群团工作做出的重要部署,为妇联改革指明了方向和路径。群团改革背景下基层妇联组织进行职能定位是否准确、基层妇联组织作用能否得到有效发挥是衡量基层妇联组织改革是否成功的重要标准。该调查选取浙江省基层妇联改革数个实践样本,分析了基层妇联改革工作中存在的突出问题,并提出解决这些问题的对策与建议。

关键词: 基层妇联;组织建设;作用发挥;对策

妇联作为党和政府联系妇女群众的桥梁和纽带,担负着联系和服务妇女群众、组织动员妇女群众实现党的中心工作目标任务的重要责任,而妇联基层组织是整个妇联工作的基础和支柱。随着中国经济社会的发展,社会主要矛盾的转化,我国妇联基层组织的价值观念、实际功能等方面发生了诸多变化,民间女性社会团体大量涌现,妇女利益需求日趋多元化,基层妇联组织面临变革的机遇与挑战。

---

* 该文系 2018 年浙江省妇女研究会课题"群团改革背景下基层妇联组织建设与作用发挥研究"研究成果(课题编号:201804)。

** 马玲亚,教育学硕士,浙江省妇女干部学校副教授、妇女研究中心副主任(主持工作),研究方向为学前教育、女性心理健康与教育、婚姻家庭。高辉,硕士,浙江省妇女干部学校讲师,研究方向为女性家庭教育。王皎,硕士,浙江省妇女干部学校助教,研究方向为女性社会工作、女性社会组织。

2015年,中共中央印发《关于加强和改进党的群团工作的意见》,并首次召开党的群团工作会议,对改进和加强党的群团工作提出了明确要求,也为妇联组织改革指明了方向。2016年9月,中共中央办公厅印发《全国妇联改革方案》,针对基层组织建设中存在的突出问题,进一步明确了妇联基层组织改革的重点任务。2017年初,浙江省妇联出台了《浙江省妇联基层组织改革工作方案》,全面部署了浙江省基层妇联组织的改革工作。各级妇联围绕方案提出的目标任务,以增强基层妇联组织的政治性、先进性、群众性为目标,完善组织设置、健全组织网络、改善队伍结构、拓宽工作领域、创新工作机制,改革取得了显著的成效。我们对浙江省妇联基层组织建设与作用发挥情况进行了调查研究,在此基础上总结提炼基层妇联改革的成果和经验,梳理存在的问题与对策,旨在为加强新时期基层妇联组织建设提供借鉴。

课题组在浙江省内开展了广泛的调研,范围包括杭州市西湖区、拱墅区和余杭区,温州乐清市,湖州市安吉县,嘉兴市嘉善县,金华永康市、磐安县,台州市路桥区,丽水市莲都区等地。综合运用文献法、访谈法、问卷调查、实地考察等方法,了解基层妇联组织建设、妇女干部对基层妇联工作的认识以及基层妇联工作的具体情况。对乡镇(街道)、村(社区)的基层妇联干部进行问卷调查,与基层妇联主席进行了深入访谈,并与各地的基层妇联执委和妇女代表进行了广泛的座谈。共发放问卷460份,回收408份,回收率为88.70%,有效问卷362份,有效率为88.72%。

一、基层妇联组织建设与作用发挥现状

群团改革背景下,基层妇联改革不断创新发展,各地妇联在基层组织建设和工作模式上进行了积极的探索,积累了丰富的经验。

(一)改革基层组织设置,扩大妇联组织覆盖面

长期以来,基层组织一直是妇联组织建设的薄弱环节,也是妇联改革的一项重点工作。习近平总书记在中央党的群团工作会议上强调,要大力健全基层组织、扩大组织有效覆盖面,力量配备、服务资源向基层倾斜,同时探

索以多种方式构建纵横交织的网络化组织体系。2017年,浙江省全面启动基层妇联组织改革工作,各行政村(社区)已全部完成会改联工作,同时完成了乡镇(街道)妇联组织设置的改进工作。扩大妇联组织的覆盖面需要加强妇联干部的引领作用,增加妇联工作力量成为必然选择。通过基层妇联改革,全省新增村(社区)妇联执委15.20万人,增加乡镇(街道)妇联执委1.30万名,从数量上来说,基层妇联工作力量增强了。

　　在基层组织设置方面,各地建立乡镇(街道)妇联—村(社区)妇联—网格妇女小组三级架构,并建立以兴趣爱好、技能专长、公益服务、文体活动为纽带的功能型妇女小组,形成"网格+功能"基层组织网络。同时,不断探索新领域新阶层新群体的组织设置,建立起镇街团体会员、特色妇女之家等一批新型妇联组织。全省在新领域新阶层新群体中建立妇女组织9.50万个,乡镇(街道)妇联通过建立团体会员制度,吸纳女性社会组织为团体会员4647个。关于各地妇联组织在两新组织中覆盖情况的调查显示,有54.40%的妇联干部选择了"全覆盖",39%选择了"部分覆盖",6.60%选择了"没有覆盖"。例如,杭州余杭区在"两新"组织中大力推进妇联组织建设,按照"成熟一个、建立一个、活跃一个、覆盖一片"的思路,实行属地管理,目前"两新"组织中妇联组织覆盖率已达100%。又如湖州安吉县天子湖镇妇联全力打造"一心三维"区域性妇建共同体,通过"主动牵头、引导助推"方式,成立"两新"妇女组织408家,并在天子湖镇成立全市规模最大的区域化"两新"妇联组织,实现了基层妇联组织全覆盖。全省各地妇联通过改革组织设置,壮大工作力量,扩展组织网络,进一步夯实了基层基础。

(二)加强干部队伍建设,增强基层工作力量

　　注重改革干部选拔和管理模式,采用专兼挂形式,把活跃在城乡社区、热心妇女工作的各类优秀女性人才吸纳到基层妇联组织和工作队伍中来,优化了领导班子结构,大大加强了基层工作力量。调查结果显示,基层妇联干部的政治面貌和文化水平都有不同程度的提升。乡镇和村级妇联干部中60.50%为党员,初中以下学历的占13.30%,高中学历占30.90%,大专学历占23.20%,本科及以上占32.60%。

　　各地妇联积极探索妇联干部队伍建设新模式,如台州路桥区妇联积极

探索实施妇联兼职副主席"项目化"公开竞职新模式,着力打造"群众化、服务化、规范化"的新型妇女工作队伍,通过项目的开展来服务大局、服务妇女,较好地解决了组织建设不健全、贴近基层不彻底、服务群众不到位等问题。又如乐清市妇联创新打造"专职+兼职+挂职+志愿者"的"1+N"妇联干部队伍建设模式,充分发挥妇联组织的"联"字优势,将辖区内热心公益服务的女性吸纳到基层妇联工作队伍中来,通过吸收社会资源补齐妇联工作"短板",带动整个妇联干部队伍快速发展,全面提升其服务能力。

(三)加强制度和阵地建设,保障组织工作有序运行

为更好地发挥妇联执委、妇女代表等骨干力量的作用,各地妇联加强制度建设和规范化管理。建立执委分工制度,通过协助分管、项目负责等形式明确执委工作职责;建立议事制度,通过QQ群、微信群、姐妹谈心室等形式,让群众的事情群众想、群众议、群众办;健全联系妇女群众制度,让每名妇女随时找得到妇联组织,能及时得到妇联组织的服务。目前通过微信沟通的方式比较普遍,调查结果显示,联系妇女群众的主要方式是微信,占91.20%,其次是通过电话联系,占6.60%。通过一系列制度的建立,确保基层工作运行规范有序。

完善"妇女之家"阵地建设。"妇女之家"是基层妇联凝聚妇女、服务妇女的重要阵地。做到哪里妇女群众集中,就把"妇女之家"建到哪里,把妇女工作做到哪里。如嘉善县大云镇妇联创造性地在家庭、创业基地、女性团体等妇女群众集聚的地方建起妇女微家,探索设立亲子微家、创业微家、公益微家、文艺微家等多种模式的特色妇女微家,并制订了微家"3+X"制度,其中"3"是指统一的制度,即执委结对制度、联系妇女制度、定期活动制度,"X"是指依据每个微家的具体特色制订的个性化制度,如一些以公益活动为特色的微家创建了邻里互助制度,以亲子教育为特色的微家实施"孟母课堂"制度等,将妇女微家作为"妇女之家"的辐射和补充,充分发挥其联系服务妇女群众的作用。

目前,全省各地都建立了党群服务中心,整合文化礼堂、活动广场等现有资源,有效开展服务妇女群众工作。同时积极搭建线上服务平台,通过微信公众号、微课堂、妇女微信群推送政策法规、群团工作动态等相关信息,加

强与妇女群众面对面、键对键的联系互动,加强了基层妇联服务工作的实效。

(四)创新工作模式,提升妇联改革成效

随着社会发展变迁与群团改革的持续发展,基层妇联工作思路、方法发生了很大变化,社会化、专业化、网络化等理念进一步强化,借势借力发展、区域共建共享、线上线下互动成为妇联工作的新常态,基层工作效率得到提升,妇联组织在群众中的吸引力和影响力得到增强。

创设"互联网+妇联网"模式。从"互联网+"入手,形成以妇联官方网站、微信、微博"一网两微"为主,各类工作联系群、群众联系群为辅的网络工作平台,目前全省已初步形成以222个妇联官方网站、微信和微博为主,5.4万个工作联系群和群众联系群为辅的网络新媒体平台。充分发挥网上"妇女之家"的作用,打通妇联组织联系和服务妇女群众的"最后一公里"。

建立"社会化+项目化"模式。以妇女群众需求为导向,通过政府购买社会服务项目方式引入社会组织,为妇女群众提供专业化服务,并由第三方机构实施项目督导的运作方式,探索妇女工作项目化管理的路径,让相关实事项目普惠于妇女群众。如杭州西湖区妇联通过收集梳理群众意见建议,列出年度工作重点项目,并公开对接社会组织项目,取得了良好的社会效应。又如杭州江干区凯旋街道南肖埠社区妇联立足于妇女工作实际,围绕妇女群众的真实需求,建立枢纽型社会组织服务平台"南肖埠陆号",并创新妇情快递"633"工作法,提升了服务妇女群众的效率,使社区妇女工作充满活力。

二、基层妇联组织建设与作用发挥存在的问题

在群团改革大环境下,各级妇联改革组织设置、壮大组织力量、增强运行活力、创新工作方式,以增强妇联基层组织的政治性、先进性、群众性,基层改革取得了显著的成效。但是妇联基层工作运行中仍存在不少问题和短板,影响着妇联基层组织作用的充分发挥。

(一)基层妇联组织和工作覆盖面仍有薄弱点

浙江省村(社区)的"会改联"工作已于2017年6月前完成,乡镇妇联的区域化建设已进入试点阶段,正逐步实现"上面千条线、下面一张网、身边一个家"的基层妇联组织建设格局。但是妇联组织的覆盖面仍然不足,工作盲区依然存在。在丽水调研中发现,目前浙江省内的高校包括丽水学院普遍未建立妇委会,妇女工作一般是通过学校工会的女工委开展,与妇联工作的内容、路径不尽相同。高等学校是知识分子的集聚地,女性比例将近50%,如何加强对高校女性的思想引领、素养提升,更好地发挥其在经济社会发展中的作用至关重要。女性侨胞侨眷是妇女群众的又一个特殊群体,在调研组与侨界妇女代表座谈中了解到,一些侨界妇女已加入当地名媛会,但是与妇联接触不多,不知道妇联组织的功能和作用所在,她们希望妇联能为她们的创业与发展提供支持与帮助。浙江是我国的侨务资源大省,要有效利用华侨资源,发挥其在家乡建设中的积极作用,同时为她们提供链接和服务社会的平台,提供创业发展的资源和帮助。另外在一些楼宇商圈、市场以及外来人口聚集地怎样实现妇联组织的全覆盖,也是亟须解决的问题。

(二)基层妇联工作的长效运作机制有待完善

群团改革后基层妇联组织架构已基本形成,妇联工作力量进一步增强,但是如何更好发挥这支队伍的作用,建立长效的工作运行机制还有待进一步探索。目前,一些基层妇联干部对自己的工作定位、职责还不够清晰,履职能力欠缺,作用发挥不充分;对基层妇联工作缺乏主动谋划和整体思考,较多的是在完成上级布置的任务,存在"被组织"多,"主动履职"少的现象。许多基层妇联干部兼职多压力大,有的村妇联主席甚至兼职工作达到10多项,工作疲于应付,造成工作实效性不强。

各地基层妇联建立了很多制度,包括班子成员分工制度、联系群众制度、议事制度等,各项制度也都"上了墙"。由于许多制度都没有明细化、具体化,在实际工作中缺乏可操作性,难以落到实处,取得的实际效果也并不明显。同时,基层妇联工作还缺乏一整套规范化的考核指标和科学的督导评估,缺乏相应的激励机制,也就是妇联工作的长效运行机制还没有完全建立起来。

（三）基层妇联干部专业化素质有待提升

基层妇女干部业务能力和整体素质参差不齐,是当下妇女工作面临的主要问题,具体表现为专业化程度不高,新入职人员多,兼挂职人员数量多,特别是村级妇联干部的综合素质亟待提高。调查结果显示,乡镇妇联干部中69.80%的人达到大专以上的学历,而村级妇联干部中只有30%为大专以上学历,高中学历为53.50%,初中及以下学历为16.50%。村级妇联干部老龄化倾向明显,年龄40周岁以上的占65.40%。由于不少妇联干部年龄偏大、学历偏低,工作中缺少新思路、新方法,难以适应新时期妇女工作的需要。

基层妇联改革后一些新入职的妇女干部虽然文化程度较高,但对妇联组织的职能定位认识不深,对开展妇联工作准备不足,与新时代要求相适应的群众工作能力、领导力、协调力、沟通力都需要培养和提升。此外,新时期基层妇联组织如何运用大数据、互联网技术,运用新媒体宣传党的主张、团结引领妇女群众、推动妇女工作开展、解决妇女问题的水平亟须提高。

（四）基层妇联工作的保障不足

妇联工作的开展必须创造必要的条件。各级政府要从政策制度、工作经费、活动场所和设施建设等方面保障妇联工作的正常运行。如根据妇女儿童维权方面存在的现实问题,促进相关法规和政策完善,切实维护广大妇女儿童的合法权益;加大资金投入,对贫困妇女实行援助,扶持她们摆脱贫困;将妇联的工作和活动经费列入同级财政预算,同时,在考虑经济社会发展总体规划时要同步考虑妇女儿童活动的场所和设施的建设等。

目前基层妇联工作中较为突出的问题是干部待遇和活动经费问题。基层妇联干部的待遇问题多数没有得到解决,大多数基层妇联干部还只是凭着工作热情在开展工作。同时,基层妇联工作特别是村(社区)妇联组织无专项活动经费,各村用于开展妇女活动的经费保障差异很大,取决于村集体经济发展情况与村领导的重视程度。集体经济发展状况不佳的村,村妇联组织活动时经费问题更为突出。

活动阵地是妇联对妇女群众实现引领和服务的重要平台,也是妇联增强吸引力、凝聚力的重要基础。但是目前妇联的活动阵地建设缺乏相应的政策法规、机制体制的保障,没有得到与文化宫、图书馆、青少年宫等公共文化设施相同的财力物力和人员编制等投入和支撑,同时也没有建立一套标准化、规范化的评价体系,因此,难以体现妇女活动阵地的社会性和公益性。

另外,女性社会组织作为基层妇联开展妇女工作中"延长的手臂",可以通过项目化运作为妇女儿童提供更为专业化的服务。但是,目前女性社会组织发展存在诸多困难和问题,如一些女性社会组织没有固定的办公场所,人员专业化程度低、工资待遇不高、公众认知度低、社会服务能力不足等,女性社会组织整体的规范化有待进一步加强。

(五)基层妇联服务品牌的影响力不够

各地基层妇联在工作中不断创新,结合地方特色形成了许多服务品牌。但是不少服务品牌特色不鲜明、亮点不突出,影响面并不广泛,群众对妇联的服务了解不多,影响基层妇联作用的充分发挥。如何创建有浓郁地方特色的服务品牌,扩大妇联在广大妇女群众中的吸引力、影响力和凝聚力,特别是在乡村振兴的大背景下,如何设计有效载体引领妇女积极参与乡村建设,以产业发展带动妇女增收致富,增强广大妇女的获得感和幸福感,这是新时代赋予基层妇联的全新课题。

三、加强基层妇联组织建设与作用发挥的建议与对策

妇联改革是一项系统工程,涉及组织架构优化、干部队伍建设、工作方式和方法创新等多个层面。基于对浙江省妇联改革创新实践的经验和问题的梳理和总结,对妇联基层组织改革创新和作用发挥提出如下对策和建议:

(一)以党建带妇建,把履行政治职责与基本职能统一起来

习近平总书记指出,群团组织既需围绕党和国家工作大局搞好"公转",又要聚焦服务群众搞好"自转"[2]。围绕中心、服务大局,始终是群团工作的

价值所在,而联系和服务妇女是妇联工作的生命线。基层妇联组织作为党和政府联系妇女群众的桥梁和纽带,要把履行政治职责与履行基本职能更加紧密地结合起来,找准妇联工作参与党政中心工作的着力点,做好妇女思想引领、素养提升、维权服务、家庭建设、创业就业等工作,使广大妇女群众从妇联改革中有更多获得感、成就感。引领广大妇女听党话、跟党走,为党和国家的事业发展凝聚人心,夯实党执政的群众基础。

健全"党建带妇建,妇建促党建"的常规管理工作机制。把妇女工作纳入基层党委议事日程和党建工作年度目标管理考核体系,基层党委负责人应主动谋划、积极指导、全力支持妇联工作,把基层妇联组织建设和党建工作一起规划部署,一起推进落实。如磐安县妇联打造"山妹子"党建品牌,成立了县、乡、村三级"山妹子"互助队,将每月15日主题党日确定为"山妹子"互助日,并建立了长效考核机制。温州市妇联在全国首创村级党支部—妇联"党日共学"机制,即在每月村党支部固定党日,村妇联执委列席村支部学习会,并开展各种助力党政中心和服务广大妇女的活动,使村级妇联组织很好地融入党建格局,依托党建优势,促进妇联在新形势下更好地实现"妇女所急,党政所需,妇联所能"的工作宗旨,更好地服务中心全局。

(二)创新组织设置,扩大组织有效覆盖面

基层妇联组织是妇女事业发展的基石,应扎实地落实全国妇联提出的"上面千条线,下面一张网,身边一个家"的要求,使基层妇联组织这张网不仅要织得密、织得牢,而且要用得活、用得好。基层妇联要创新组织设置方式,进一步扩大组织和工作的有效覆盖,以乡镇(街道)、村(社区)妇联组织为主线,以女性社会组织、"两新"妇女组织、妇女小组等为延伸,织密基层纵横网格。要进一步深化区域化发展理念,乡镇妇联组织的"区域化"就是要将妇联的组织链条和工作触角向乡镇全区域延伸,形成乡镇辖区内各个单位、各个组织、各个领域的女性共同参与、全面覆盖的妇联组织和妇女工作新格局,实现哪里有妇女,哪里就有妇联组织和妇女工作。

积极探索在新领域、新群体、新组织中建立形式多样的妇女组织。大力推进城市妇女工作,加快行业、系统、高校妇女组织建设步伐,特别是要探索凝聚高校女性力量,服务高知女性需求的新途径、新举措。同时,要关注弱

势群体、外来人口、留守人群,扫除妇联工作盲区。这样,妇联组织网络更加紧密,工作覆盖更加广泛,作用发挥才会更加全面。

(三)加强规范化建设,增强基层组织运行效能

　　进一步加强基层妇联工作规范化建设,依据《妇女联合会农村基层组织工作条例》和《妇女联合会城市街道、社区基层组织工作条例》,明确乡镇(街道)、村(社区)妇联工作内容、岗位职责、工作程序、考核标准、经费保障等,让基层妇联工作有章可循、有据可依。建立执委分工、联系群众及议事制度,明确乡镇(街道)、村(社区)妇联执委的工作职责,并以工作分配、任务包干、项目认领等方式,将妇女工作责任到人,落实到位。同时,建立考核评价和激励机制,制定基层妇女工作绩效评价制度,把定性考核和定量考核、实绩考核和激励考核有机结合。2017年,路桥区妇联在全区开展基层妇联组织标准化建设探索,制订出台了《台州市基层妇联组织建设工作规范》,这是全国首个将标准化理念引入妇联工作,指导基层妇联建设的工作规范。以"5+X"为主要架构,从组织架构、制度建设、人员主体、活动阵地、工作任务5个方面,对村(社区)妇联建设和作用发挥提出基本要求。又如温州市妇联对乡镇(街道)妇联规范化建设推出了"12345"要求,即搭建1个区域化组织网络体系、建设网上网下妇联2个阵地、培育服务妇女3支队伍、建立妇联运行4项制度和推进服务群众5大项目。通过建立起一套清晰可遵循的制度规范,形成"用制度管理,按程序办事"的良好运行机制。

　　积极争取政府支持,推动将服务妇女儿童项目纳入政府财政预算。乡镇(街道)妇联工作经费列入乡镇(街道)财政预算,村(社区)妇联工作经费应从村集体经济收入、基层党建工作经费、村级组织运转经费中给予保障。省、市、县妇联要加大对基层妇联工作的经费支持力度,通过项目扶持、以奖代补等方式,将工作经费向基层妇联倾斜。同时,广泛凝聚企业、专家、志愿者等多种社会力量,最大限度链接服务妇女儿童的资金、项目、人员等各种资源,不断增强妇女工作的力量。同时,加强基层资源统筹使用,"妇女之家"与党员活动室、文化礼堂、各类活动中心实现共建共享,以解决基层妇联活动场地匮乏问题。

（四）加强干部选拔和培养，提升干部队伍素质

选优配强基层队伍，把妇联干部的选拔、培养和使用工作，纳入党的干部工作总体规划和部署。打破年龄、学历、身份限制，吸引各行各业优秀女性加入妇联队伍。例如，桐庐县积极推进基层妇联干部选拔管理的创新，与组织部门联合开展乡镇（街道）妇联主席竞岗交流，设立乡镇（街道）妇联专职副主席岗位，选拔机关单位20名优秀女干部担任乡镇（街道）妇联主席、副主席。一批年轻、高学历、高素质并具有基层工作经验的优秀人才充实到队伍中，通过调整，该县70%的乡镇妇联主席为"85后"。

加强对基层妇联干部的培训，加快提升基层干部队伍素质。针对当前基层妇联干部兼职普遍、专业性不强的现状，培养基层妇联干部的职业认知和履职能力至关重要。基层妇联干部对自身角色功能的合理认知是开展妇联工作的重要条件。通过加强职业素养教育，使妇联干部了解妇联工作的岗位职责和要求，明确自己的角色定位，培养与妇联工作相适应的职业能力。首先，加强基层妇联干部思想政治教育，牢固树立妇联干部的政治意识、大局意识、核心意识。教育、引导基层妇联干部处理好专兼职工作的关系，明晰自身工作的主要职责，充分发挥其兼职的优势，提高工作效率。其次，加强基层妇联干部履职能力的培训，通过组织妇联干部参加业务培训及外出学习考察等途径提高妇联干部的决策力、组织协调力、沟通能力、公关能力、运用新媒体和互联网技术等多种能力。培训工作中要对妇联干部的需求进行深入调查，为其量身定制个性化培训方案。在课程设置上更多地结合乡村振兴等党政中心工作内容以及妇联干部在实际工作中遇到的问题，分类分层指导，使培训真正成为她们所需求的活动。在培训形式上可以采用灵活多样的方法，将理论学习与现场观摩教学结合，以满足妇联干部多样化的学习和发展需求。

（五）加强特色品牌创建，增强妇联的吸引力和凝聚力

新时期基层妇联工作要围绕中心工作，结合各地实际，满足妇女群众多元化需求，进一步丰富活动内容，提高活动质量。党的十九大把乡村振兴提到战略高度，明确了加快推进农业农村现代化目标。乡村振兴和建立特色

乡镇为妇联工作开拓了新天地,各地妇联要立足实际,加强策划和营运,因地制宜推进民生实事项目,加强活动载体设计。要将当地特色元素融入妇联工作载体,努力打造自己的特色品牌。例如,一些旅游资源不足的地区将"厨娘秀"引进景区,打造集美景美食美宿美游为一体的全域旅游项目,大大增强了乡村旅游的综合竞争力。

倾情打造持色品牌,强化服务功能是基层妇联提升工作效率、扩大影响力的重要途径。如嵊州市的村嫂志愿服务队,目前已实现各行政村(社区)全覆盖,建立了"村嫂+平安""村嫂+创业""村嫂+文艺""村嫂+公益"等组合模式,形成了"方针政策讲一讲、村居发展议一议、困难邻居帮一帮、不良行为管一管、周围环境美一美、邻里纠纷劝一劝、个人才艺亮一亮"七个一志愿服务,在倡导乡风文明、助推文明城市建设、解决公共服务难题等方面发挥了重要的作用。同时进一步发挥了妇联在社会经济发展中的作用,提升了妇联组织在社会中的影响力和美誉度。

此外,强亿互联网思维,充分利用新媒体资源和网络平台开展妇女工作,是新形势下做好妇联工作、发挥妇联组织影响力的有效途径。截至2016年12月,中国网民规模达7.31亿,其中女性网民占47.60%,数量达到3.48亿。[2]因此,妇联组织要充分利用网络和新媒体建立起与各行各业妇女群众的广泛联系,实现与妇女群众键对键互动,以推动基层妇联工作的开展,扩大妇联组织在妇女群众中的吸引力和感召力。

参考文献

[1]习近平谈群团工作:坚持为党分忧、为民谋利[EB/OL].(2017-11-27)[2018-06-08]. http://cpc.people.com.cn/xuexi/n1/2017/1127/c385476-29668713.html.

[2]李文,简瑞燕,张永英,等. 妇联基层组织服务妇女群众的创新路径探讨——基于广州市海珠区妇联基层组织改革创新案例的分析[J]. 妇女研究论丛,2018(01).

路桥区基层妇联组织标准化建设创新实践的
调研报告

浙江省妇女干部学校路桥区调研组

摘　要:在国家经济发展模式由粗放型向集约型和质量型转变的宏观背景下,在群团组织改革对妇联组织建设提出改革创新、增强活力的中观背景下,受路桥区本土企业标准化实践对基层妇联组织创新实践的启示,路桥区妇联制定发布了《基层妇联组织建设工作规范》(第1部分:村(社区)妇联),并在试点村(社区)进行基层妇联组织建设标准化创新实践。通过制定规范、宣传规范、落实规范,路桥区基层妇联组织激发出新的活力,提高了工作效能,试点工作取得明显成效,但在完善和贯彻规范过程中也存在一些需要逐步解决的问题。

关键词:基层妇联组织建设;标准化;创新实践

　　为了激发组织活力,提高工作效能,路桥区妇联制定发布了《基层妇联组织建设工作规范》(第1部分:村(社区)妇联),并在试点村(社区)进行基层妇联组织建设标准化创新实践。调研组到路桥区妇联及新桥镇金大田村、金清镇金清港社区、桐屿街道坐应村等基层妇联组织建设标准化创新实践基地进行了实地调研,看到其中的亮点和成果,也发现一些问题和不足。通过实地调研和资料分析,调研组对基层妇联组织建设标准化创新实践有了近距离的观察和了解,对基层妇联组织工作的内容和程序有了更丰富的体验和认识,并为进一步跟踪调查和深度研究打下坚实基础。在实地调研和资料分析的基础上,调研组有针对性地提出了进一步完善和贯彻《基层妇联组织建设工作规范》的一些对策建议。

一、基层妇联组织建设标准的概念及其提出的背景

以标准化理念推动基层妇联组织建设是党的十八大以来路桥区妇联适应群团改革新形势的一项自觉实践。路桥区妇联关于基层妇联组织建设标准的概念的提出经历了从碎片化到系统化、从经验上升到科学提炼的过程。而这一过程又是与一系列宏观、中观和微观背景密不可分的。

(一)基层妇联组织建设标准的概念

通过对路桥区基层妇联组织建设标准制定的过程以及对《基层妇联组织建设工作规范》(第1部分:村(社区)妇联)(以下简称《规范》)文本的了解,可以发现,该区基层妇联组织建设标准可定义为:基于充分的实践经验、技术成果和科学总结,为了获得最佳工作秩序和最佳活动效果,经有关方面(主要是妇联、组织、民政、财政、质量技术监督部门等)协商一致制订,并由标准化主管单位发布的,在基层妇联组织建设过程中共同使用和重复使用的规则、规范体系。从特性上看:一是该规范是一个由制定、发布、实施标准和监督标准实施等环节组成的活动过程;二是具有进化的特性,在内容、范围和水平上,新的标准是对旧有标准的扬弃;三是该规范的目的是获得妇联组织建设和活动的最佳秩序和最佳效能;四是属于推荐性标准,在标准的地方适用性上存在可预期的弹性。

(二)基层妇联组织建设标准提出的背景

1. 宏观背景:国家经济发展模式由粗放型向集约型和质量型转变

经过40年的改革开放,中国经济社会发展不断开拓新局面,但是也遇到诸多新的挑战。特别是以生产要素投入和规模扩张实现的粗放型经济增长模式越来越受到资源和环境的约束,迫切需要向集约型和质量型的模式转变。为破解难题,厚植发展优势,2015年10月中共十八届五中全会强调必须牢固树立并切实贯彻创新、协调、绿色、开放、共享的发展理念。习近平总书

记在党的十九大报告中指出,中国特色社会主义进入新时代,我国社会主要矛盾已经转化为人民日益增长的美好生活需要和不平衡不充分的发展之间的矛盾。为解决这个新时期的主要矛盾,要在继续推动发展的基础上,着力解决好发展不平衡不充分问题,大力提升发展质量和效益,更好地满足人民在经济、政治、文化、社会、生态等方面日益增长的需要,更好地推动人的全面发展、社会全面进步。显然,质量问题已经成为中国经济社会发展亟须解决的关键问题,与提升质量密切相关的标准化建设因此显得尤为重要。

2. 中观背景:群团组织改革对妇联组织建设提出了改革创新、增强活力的更高要求

2014年12月29日,中央政治局会议审议通过《关于加强和改进党的群团工作的意见》(以下简称《意见》),强调要坚定不移地走有中国特色的社会主义群团发展道路,提出"加强群团组织领导班子和干部队伍建设""推动群团组织改革创新、增强活力"。2017年初,浙江省妇联根据全省群团改革工作部署,按照《意见》等一系列有关改革精神,制定了《浙江省妇联基层组织改革工作方案》,明确提出了改革妇联基层组织设置、壮大妇联组织力量、增强妇联基层组织运行活力、创新基层妇联工作方式等五大主要改革任务,并提出具体的时间表。按照该方案,各地妇联要结合全省村"两委"换届工作,启动村妇代会改设妇联(简称"会改联")在2017年前完成,乡镇(街道)妇联组织设置改进工作则在2017年12月底前完成。新形势下,党的群团工作只能加强,不能削弱;只能改进提高,不能停滞不前。中央政治局会议审议通过的《意见》,实际上为包括妇联基层组织改革在内的一系列群团改革提供了顶层设计。

3. 微观背景:路桥区本土企业标准化实践对基层妇联组织创新实践的启示

路桥区的民营经济非常活跃、发达,特别是其中的龙头企业——吉利控股集团,在企业经营活动中的竞争优势和经济效益凸显,该企业高度重视生产经营的标准化操作和标准化管理,近几年来,在李书福董事长的率领下,吉利控股集团的标准化、高质量产品在全国乃至全球范围内的市场占有率呈现爆发式增长,其知名度和美誉度,不仅有"墙里开花墙外香"的外溢效应,同时也具有对本土企业乃至本土诸多领域的示范效应和提振力量。本

土企业丰富的标准化实践经验和成果,可以而且应当为路桥区基层妇联组织建设的标准化尝试提供有益的借鉴。当然,因为行业特点不同,组织属性有别,私营企业的标准化实践与承担公共服务、提供公共产品职能的基层妇联组织的标准化实践有重大分野,需要加以厘清。他山之石,可以攻玉。本土企业标准化实践的经验和成果,对路桥区基层妇联组织标准化建设的创新实践,无疑是可资借鉴的重要资源。

二、《规范》的主要内容及试行情况

基层妇联组织建设是一个涉及相互区别又相互关联的工作内容和工作流程的统一体,《规范》的内容必须体现基层组织建设这一特点。为了使《规范》全面地反映基层妇联组织建设的关键环节和过程,路桥区妇联在全面实践和总结的基础上,不断对标准内容进行提炼、修改和完善,力求标准制定达到系统化、科学化的目标,使标准能够有效地规范、指导基层妇联组织建设工作。

(一)主要内容

《规范》是由台州市质量技术监督局于2017年12月8日正式发布,2018年1月1日开始实施的,该规范规定了基层妇联组织的术语和定义、组织建设、制度建设、队伍建设、活动阵地、工作任务、特色创建等内容。术语和定义部分对"妇女之家"的含义做了明确界定。组织建设包括组织设置,组织形式,组织领导,组织选举,经费保障,档案管理。制度建设包括分工制度,执委会议事工作制度,工作公开制度,主席轮值制度,信访维权制度,执委联系妇女群众制度,其他制度。队伍建设包括工作队伍(妇联主席、妇联副主席、妇联执委、妇女代表),活动队伍(巾帼先锋小组、功能型妇女小组、网格型妇女小组、巾帼志愿者队伍)。活动阵地包括办公场所和"妇女之家"活动场所。工作任务包括宣传教育,妇女维权,创业发展,家庭文明,自身建设。特色创建的主要内容是形成一村一品牌,一社区一特色。

（二）基本特点

在《规范》制定过程中，始终贯彻两个基本原则：坚持问题导向，确定整体框架；崇尚科学严谨，务求表述规范。综观该《规范》的文本，可以发现五个明显特点：第一是系统性，本《规范》规定的组织建设、制度建设、队伍建设、活动阵地、工作任务、特色创建等内容，包括了基层妇联工作的诸多方面，彼此关联贯通，构成一个有机整体。第二是规范性，按照标准编制要求，坚持科学严谨的态度，遣词用字力求准确完整，力戒含糊其辞，务求表述规范，通俗易懂。第三是简洁性，整部《规范》将近五千字，其中的每一条、每一段、每一句，都是反复推敲、删繁就简而确定下来的，尽量挤掉水分，留下干货，力求恰如其分，高度凝练。第四是实用性，本《规范》是基层妇联组织建设标准化实践的指导性文件，条文内容力求具体细致，操作性强，便于指导，非常实用。第五是时代性，顺应大数据时代发展趋势，将"互联网+"与妇联工作相结合，建设网上妇联，实现网上管理、网上宣传、网上交流、网上服务。

（三）试行成果

为了确保《规范》的实施效果，路桥区妇联在金清镇、新桥镇、桐屿街道、峰江街道部分村（社区）开展试点工作，把《规范》总体框架落实到实际工作中。在金清镇金清港社区，依据《规范》，社区妇联主席郑冰霞带领社区妇联执委，规范换届流程，建立具体的妇女议事、妇联工作公开、执委联户、信访维权等制度，全部制度上墙，向社区群众公开。创新实施社区妇联轮值主席AB岗制度，使得每位执委都有明确分工和具体担当。建立"三叔婆"工作室，使得社区热心姐妹发挥余热，化解家庭矛盾，维护和促进社会稳定；在新桥镇金大田村，妇联主席胡妹芳按照《规范》要求的阵地共建共享原则，争取村两委的重视和支持，充分利用文化礼堂、文化广场、花田市集店铺、生态公园、乡村图书馆等公益资源，带着妇联执委们整合花田市集、学校、村居等人才优势，办好手工课堂、亲子绘本课堂、好书分享会、家庭故事会，村里的特色项目——"面对面"家庭教育课堂等更是开展得有声有色。充分发挥新桥镇兼职副主席蔡一平的示范带领作用，将特色项目复兴传统手工艺、营造新型妇女儿童的"生活美学之家"落户金大田村，将之打造成巾帼手创基地。

在桐屿街道坐应村,村妇联主席杨秋月按照《规范》要求建立巾帼先锋小组、网格型妇女小组、功能型妇女小组以及七彩田园服务队(以七种颜色代表七支侧重点不同的服务队),把村里妇女动员起来、组织起来,共建共享生态宜居新农家。在峰江街道亭屿村,根据《规范》,村妇联主席蔡小平带领村妇联执委们建立"妇女之家"工作制度、执委议事会制度、主席轮值制度、执委考评制度,并依托万亩花卉苗木基地,将20多家花卉园艺园林公司妇女吸收到亭屿村妇联,吸纳3名田园女性加入村妇联执委,打造了村妇联特色工作项目——田园妇建综合体。在试点区块,路桥区基层妇联组织的凝聚力和影响力明显提高,妇联执委、各类型妇女小组的作用得到比较充分的发挥,"人人有职责,村村有特色",试点工作取得明显成效。路桥区基层妇联组织标准化建设经验荣登2018年2月27日《中国妇女报》头版头条。

(四)不足之处

在《规范》文本制作方面,目前仅出台了村(社区)层面的妇联组织工作规范,乡镇(街道)层面和县区层面的相关系列规范尚未出台,妇联组织工作系列规范的完整性、系统性和协同性因此受到制约,相关系列规范需要逐步推出并与已经出台的《规范》取得有机联系。尚有一些重要的基层妇联组织建设工作内容没有在《规范》里面得到明确体现。无论是常规妇联组织工作还是创新妇联组织工作,都需要进行工作成效评价,需要对妇联工作的"参与率、知晓率、满意率"进行量化衡量和表达,显然,该《规范》还缺少这一部分内容。创新激励机制,提高妇联基层干部的工作积极性,提高妇联工作效能,是妇联组织工作创新实践的重要内容,在目前的《规范》里面,这一部分内容还不够明确。对于《规范》文本简洁性的追求无疑是必要的、重要的,这是标准化建设和高质量文件的题中应有之义,但是该明确和展开的内容还是要充分体现。

在实施过程中,尚有一些重要工作内容需要细化、强化,需要更突出、更充分地体现。例如,明确村妇联干部的任职资格,即哪些妇女适合担任妇联主席、副主席和执委,将最符合条件的妇联干部选拔出来,放在适合的工作岗位上,这是基层妇联工作的关键所在,在文本中的表述不宜太笼统,在实施过程中不宜太粗放。越到基层,越要强化操作性和指导性,涉及具体做法等方面的描述应该是越详细、越有效,比如资金哪里来、怎么用,台账做几本、怎么做等等。在具体工作过程中,县(区)妇联的进取精神非常强烈,指导作用非常明显;村(社区)妇联的主体地位也得到充分体现,工作热情得以激发出来;乡镇(街道)妇联的地位和作用却没有鲜明地呈现;县(区)妇联、乡镇(街道)妇联和村(社区)妇联的联通和互动,还不够协调和密切。作为最基层的妇联组织,村(社区)妇联的工作量占比较大,这是可以理解的,但存在着县(区)妇联和乡镇(街道)妇联多层领导以及不同部门多头领导的现象,工作的协同化和高效率亟待加强。

三、进一步完善和贯彻《规范》的对策建议

综上,该《规范》无论从规范本身的主要内容、实施的效果来看,都有可圈可点之处,当然也存在一些不足。针对这些不足,该文提出几方面的改进建议,以供参考。

(一)贯彻落实《规范》的工作重点

1. 加强宣传,普及标准化工作理念。2018年是基层妇联组织建设工作规范全面实施的第一年,路桥区妇联将对各地实施效果进行评价,确保规范不流于形式,并能真正发挥指导作用,力求80%村(社区)妇联通过2~3年的努力都能够基本做到。各地妇联接下来要加强对"标准化"理念的宣传,通过举办培训、印发宣传品等多种形式,让基层妇联干部首先了解"什么是标准,怎样运用标准,标准运用的意义",然后通过将《规范》发放给每位村(社区)妇联执委,使她们通过阅读了解标准内容,了解村妇联工作内容和自身职责,使之成为开展工作的一个具体指导标准。

2. 推动实施,打造标准化工作亮点。路桥区妇联将围绕基层妇联组织建设工作规范这个市级地方标准进一步深化,将《规范》做成一个系列(2018年已申报《"两新"组织妇联组织建设工作规范》),逐步构建完备详细的路桥区各级妇联工作规范体系。开展基层妇联组织标准化建设行动,在村(社区)一级推行标准化建设星级管理制度、执委积分制度、一月一次妇联主席

PK赛制度,持续推动标准村村级妇联执委作用发挥;在乡镇(街道)一级,实施乡镇(街道)妇联主席轮值制度、团体会员制度、区域化妇联工作联席会议制度,通过年度工作项目化、女性社团联盟化、群众联系网格化,消除工作盲区,壮大工作力量。以实施《规范》为契机,打造妇联改革"1+1+2"示范点,即各乡镇(街道)妇联分别打造1个妇联改革示范点,1个"两新"组织妇建示范点、2个村(社区)妇联标准化建设示范点。

3.进行提升,打造标准化路桥样本。2017年10月,国家标准化管理委员会面向基层发出第五批社会管理和公共服务综合标准化试点项目征集,按照"政府推动、部门联合、自愿申报、有序实施"的原则开展。该试点每年申报1次,申报程序严谨,条件严格,申报若成功立项,将以2~3年为一个周期开展试点工作,该周期正值基层妇联自身改革的关键期和深化期。对照申报要求,经过自查,路桥区妇联符合申报试点单位要求,并得到浙江省妇联和台州市妇联,以及路桥区委、区政府的重视与支持,并为其提供业务指导和经费保障。目前,路桥区基层妇联组织标准化建设已经被国标委列为全国第五批社会管理和公共服务综合标准化试点项目,这也是全国妇联系统首个获批的国家级社会管理和公共服务类标准化试点项目。路桥区妇联将在台州市基层妇联组织规范标准制订的基础上,通过2年的创新实践,完成试点工作,进一步巩固路桥妇联基层组织标准化建设的成果,进一步完善《规范》文本,以期成为指导路桥妇联基层组织建设的规范和标准。

(二)进一步修改和完善《规范》,强化其对实践的指导作用

路桥区基层妇联组织建设标准化实践的文本依据是《规范》,而本《规范》的制定和贯彻也是路桥区基层妇联组织建设标准化实践的中心所在。因此,进一步修改和完善《规范》,进一步发挥其实践指导作用,并结合新的实践经验进行充实和完善,是路桥区基层妇联组织建设标准化实践的重心所在。参与基层妇联组织建设工作标准化创新实践的各级妇联干部都应认识到,在文件的修改完善和贯彻落实之间,在文本的高质量和实践的高效能之间,存在着密不可分、互相促进的联动关系,所以,两者既需要彼此打通,又要双管齐下,共同促进基层妇联组织建设标准化实践不断走向深入。也希望制定和力推基层妇联标准化工作系列规范的路桥区县区妇联干部都能

认识到,如果《规范》经过实践检验,效果非常显著,如果系列规范文本经过进一步修改完善,成为高水平、高质量的标准文件,那么,它的示范效应和推广价值将会更充分地凸显出来。

(三)在《规范》文字表述方面的建议

1. 增加项目,进一步强化文本的系统性、完整性。列入"社会化、网络化、实事化、项目化"工作方法,力求表达具体,便于指导操作。增设网上妇联,具体描述板块组成、工作目标、工作要求,网上网下互联互通,充分发挥"互联网+"这一创新工作方法的效能。增加激励机制,建立物质激励和精神激励相结合的激励制度。增加工作成效评价,以妇女群众对妇联工作的参与率、知晓率、满意率为核心,建立定量和定性相结合的评价制度。

2. 细化条目,进一步强化文本的操作性、指导性。明确和细化村妇联干部的任职资格,即哪些妇女适合担任妇联主席、副主席和执委,便于对照标准,将最符合条件的妇联干部选拔出来。在"特色创建"部分,明确创建什么、如何创建、如何组织、如何推动等内容,让"一村一品牌、一社区一特色"的特色创建目标落到实处。

3. 厘清眉目,进一步强化文本的规范性、简洁性。已经出台的《规范》,在规范性和简洁性方面的努力和成绩可圈可点。伴随着新项目的增加和原条目的细化,在文本修改过程中,对规范性和简洁性的要求不能放松,力争达到更高水平。

(四)在《规范》贯彻落实方面的建议

1. 加强对标准化工作规范的宣传力度,让越来越多的妇女群众了解规范,熟悉规范。以《规范》为依据的标准化工作,是一项创新实践工作,需要广泛而有效的宣传,通过组织会议、举办培训、规范上墙、分发宣传品等形式,将标准化工作理念、内容和要求传达到各级妇联干部和广大妇女群众。

2. 加强对标准化工作资源的整合力度,实现县(区)妇联、乡镇(街道)妇联、村(社区)妇联以及相关单位和个人的联络汇通,形成合力。目前已经出台的《规范》,着力点在村(社区),但组织实施的核心力量在县(区),这就出现一系列问题:位居两者之间的乡镇妇联怎样发挥作用? 怎样实现县(区)

妇联、乡镇（街道）妇联和村（社区）妇联的融合汇通?《规范》的续篇——乡镇（街道）部分和县（区）部分，与已经出台的村（社区）部分有何区别，怎样衔接？这都是必须认真考虑并且要予以解决的现实问题。

3. 加强对标准化工作成果的展示力度，通过展示成果激发工作热情，推动标准化工作走向深入。尽快将工作成果展示出来，让参与标准化创新实践工作的各级妇联干部和广大妇女群众有获得感、成就感，这对标准化工作的持续推进和广泛开展至关重要。最终成果和整体成果需要展示，阶段成果和部分成果也要展示。现场参观、发布图片、经验交流、表彰奖励、新闻报道等，都是可以单独运用或组合运用的成果展示方式。

最后，作为系列工作规范，从长远来看，随着工作内容、重心的变化，定期检查《规范》的适时性和适应性也是必不可少的，为此，需要建立相应的督促检查制度和弹性工作机制。

新时代妇联干部队伍建设若干问题研究

程建华　王　钢*

摘　要：党的十九大以来，妇联组织发展日新月异，妇联干部队伍建设的重要性也日益凸显。妇联干部队伍的建设水平直接关系到党的妇女事业的发展。当前，妇联干部队伍存在干部作风不过硬、干部培养机制不健全、干部专业化程度欠缺等一系列问题。加强妇联干部队伍建设，要充分发挥干部的核心作用，为党分忧、为民谋利；要提升党对干部队伍的领导能力，强化干部队伍作风建设；要加强干部队伍的能力建设，完善干部培养机制，提升干部专业素养；要加大人才引进力度，提升干部队伍整体水平。

关键词：妇联干部；队伍建设；干部培养机制

党的十九大报告提出，要推动协商民主广泛、多层、制度化发展，统筹推进政党协商、人大协商、政府协商、政协协商、人民团体协商、基层协商以及社会组织协商。在中国特色社会主义新时代，妇联组织作为人民团体的重要组成部分，在人民团体协商中发挥着重要作用。随着经济社会的发展和进步，妇女在社会中的作用越来越突出。如何充分发掘妇女的潜力，发挥妇女在我国经济、社会、文化中的作用，成为当前我国妇女工作面临的现实问题。

妇联干部队伍作为妇联组织的中坚力量，其素质高低直接关系党的妇

---

* 程建华，硕士，中共临海市委党校教师，研究方向为中国特色社会主义理论与实践。王钢，硕士，中共临海市委党校教师，研究方向为资源环境与城乡建设。

女事业的成败。习近平总书记在中央党的群团工作会议上指出,群团干部
队伍是党的干部队伍的重要组成部分,是做好党的群团工作的重要组织保
证。加强妇联干部队伍建设是做好妇女工作的根本保证,是践行全心全意
为人民服务的宗旨、密切联系群众的根本要求。为贯彻落实党对妇女工作
的要求,根据我国妇联干部队伍建设的具体情况,笔者针对妇联干部队伍建
设过程中存在的一系列问题,进行了深入调研和分析,并在此基础上提出了
相应举措,以提升我国妇联干部队伍的建设水平。

一、关于妇联干部队伍建设的述评

(一)国外研究

国外有关女性领导力的研究比较多,主要集中在女性的自我发展层面
上。拉德曼认为在现实发展问题上,女性自我提升时,她们面临着严重的性
别偏见和社会障碍。[1]诺斯豪斯从人力资本投资方面解读了女性和男性在教
育、培训和工作经验上的差异,并认为这种人力资本的差异在一定程度上会
导致合格女性的缺乏,他将这种现象称为"管道问题"。[2]约翰森提出,在女性
领导风格上,女性以一种更加民主或更具有参与精神的方式在领导。[3]雅各
布森认为,在领导效能上,女性担任男性领导角色时会遭遇轻微的效力劣
势,但是更具女性化的领导角色对她们来说更有优势。[4]

国外关于女性的个性研究和女性组织的发展研究颇多,然而通过查阅
资料不难发现,有关女性组织的领导队伍建设的研究相对欠缺。

(二)国内研究

妇联干部在我国妇女组织中发挥着重要作用。早在1938年,毛泽东就
对妇女和妇女干部的社会作用和地位有深刻认识,他在延安各界妇女庆祝
"三八"节和陕甘边区第一次妇代会上的讲话中指出:"妇女在抗战中担负了
重大的责任,必须把妇女群众组织起来,必须有大批妇女干部领导妇女工
作"。[5]1939年6月,毛泽东再次强调了妇女干部的作用,在延安高级干部会
议上指出:"我们历来最缺少的干部是妇女干部,妇女运动经验亦没有总结,

这个缺点必须补救。"[6]225历史延伸到今天,在中国特色社会主义新时代,习近平总书记面对新情况、新问题,突出强调了妇女干部素质的作用,将妇女干部队伍建设上升到了一个新的高度。

近几年,国内学者对妇联组织的发展进行了调研,并取得了大量研究成果。张永英根据当前我国妇女在参与权利和决策状况方面取得的新进展,结合当前妇联干部培养的相关法律法规,对进一步加强我国各级女干部及基层妇女骨干能力建设提出了具有针对性的见解。[7]赵云丽就新形势下浙江省基层妇联工作队伍建设的问题进行了深入研究,她认为,浙江省妇联在培养基层妇联干部时,要重视其分层、分类引导及培训工作,要能有效运用交流轮岗、上挂下派等方式,提升基层妇联干部的能力和培养效果。[8]范铁中以上海妇联组织参与社会管理过程中面临的困境为突破口,分析了其中原因,提出了具体改进措施,为其他各个省市的妇联建设提供了丰富的经验和教训。[9]

综上所述,国内有关妇联组织的发展研究成果较多,然而这些成果多数集中在妇女组织的整体发展层面上,而针对妇联干部队伍建设的具体分析研究较少。因此,在新时代中国特色社会主义背景下,加强对妇联干部队伍建设的研究意义重大。在当前妇女事业发展的历史大潮中,妇联干部肩负的责任越来越重大,加强妇联干部队伍建设的紧迫性和重要性也越来越突出。

二、新时期加强妇联干部队伍建设的重要意义

妇联是我国重要的群团组织之一,是党的群众工作的重要组成部分,是推动和发展妇女事业发展的重要力量。在中国特色社会主义新时代,加强妇联干部队伍建设对党的妇女事业的发展和进步有着十分重要的意义。

(一)加强妇联干部队伍建设是做好妇联工作的关键

一个社会团体的发展,需要有一支优秀的骨干力量的支撑,妇联组织也不例外。妇联工作面对的主体对象是社会各个阶层的妇女群众,这就决定了妇联工作的长期性、复杂性和不确定性。妇联工作的这一特性对新时代

妇联干部队伍建设提出了更新更高的要求。妇联干部是引导广大妇女增强自尊、自信、自立、自强的精神、全面实施女性素质工程、全面提高妇女的综合素质和竞争能力、促进妇女成长的核心力量。因此,加强党的领导,充分发挥妇联组织的社会作用,有效开展妇女工作的前提是拥有一支政治素质过硬、业务素质较高的妇联干部队伍。

以台州市为例,作为浙江省人口大市,2016 年台州市妇女数量达到293.38 万人,占全市总人口的 48.89%[①],妇女事业的发展已经成为促进台州发展的重要因素。妇联干部作为妇女事业发展的核心力量,是做好妇联工作的关键。只有加强妇联干部队伍建设,才能充分发挥妇联干部的核心作用,才能使妇联干部成为开展妇女工作最可靠最得力的助手,才能不断推动我国妇女事业的发展进程。[10]

(二)加强妇联干部队伍建设是践行全心全意为妇女服务宗旨的前提

妇联是中国共产党领导的为争取妇女解放而联合起来的中国各族各界妇女的群众组织,是中国共产党和人民政府联系妇女群众的桥梁和纽带,是推动妇女事业发展、为妇女服务的群团组织。坚持全心全意为人民服务的宗旨,为广大妇女群众服务,是妇联工作的出发点和落脚点,是妇联工作的重心。妇联干部作为践行全心全意为妇女服务的中坚力量,在现实生活中发挥着重要作用。

马克思主义唯物辩证法认为,在复杂事物自身包含的多种矛盾中,抓住主要矛盾是解决矛盾的关键。在践行全心全意为妇女群众服务的过程中,抓主要矛盾,就是抓妇联干部队伍的建设,这是因为妇联工作是围绕推动妇女事业的发展而展开的,而妇联干部是能否做到为妇女服务的关键。抓主要矛盾,就是要集中力量加强妇联干部队伍建设。实践证明,只有加强妇联干部队伍建设,才能充分发挥妇联的作用,挖掘妇女的潜力,推动妇女事业的发展。可以说,加强妇联干部队伍建设,是践行全心全意为妇女群众服务的前提。

---

① 数据来源:《台州统计年鉴 2017》。

三、新时期妇联干部队伍建设存在的问题

（一）干部作风有待加强

作风建设是党的建设的重要组成部分，是我们党不断克服困难、全面建成小康社会、夺取新时代中国特色社会主义伟大胜利的重要法宝。妇联党员干部作风体现着党的形象，关系着妇联事业的成败。妇联党员干部是妇联干部队伍中的领头羊，决定着妇联工作的发展方向，因此，做好妇联工作，要以过硬的作风为支撑。然而，部分妇联党员干部，理想信念动摇，为人民服务的宗旨观念淡薄，影响了妇联干部在妇女群众中的形象。

（二）干部培养机制不健全

妇联干部培养工作是充分发挥妇联干部作用的先决条件，是推动妇女事业发展的关键环节。随着时代的发展和社会的进步，众多妇女组织先后出现。以台州市为例，2014年，台州市建有市直机关事业单位妇委会（妇工委）48个，乡镇（街道）妇联组织135个，村（社区）妇联组织5243个，在民政部门登记的各级妇女社团有35个，在高校中建立妇女组织3个，在"两新"组织中建立妇女组织9243个。①随着众多妇女组织的相继成立，妇联对高素质干部的需求更加迫切，妇联干部培养机制不健全的弊端逐步显现。好干部是"选"出来的，更是"管"出来的。合格的妇联干部是严格管理和关爱激励相结合而培养出来的。由于缺乏完善的干部培养机制，专兼职干部能力提升不能及时跟进[11]，妇联干部储备数量不足，素质良莠不齐，无法满足新时代妇女工作的需求，阻碍了妇女事业的发展，日益成为限制我国妇女事业发展的瓶颈。

（三）干部队伍能力不足，专业化程度欠缺

党的十九大报告指出，党的干部是党和国家事业的中坚力量，建设中国

---

① 数据来源：《台州统计年鉴2015》。

特色社会主义,要建设一支高素质、专业化的干部队伍。妇女联合会是在党和政府领导下的群团组织,是联系妇女群众的纽带。妇女干部的专业化水平直接影响妇女事业的发展进程。特别是在基层,对妇联干部的专业水平要求更高。然而,通过调查发现,在基层实际工作中,妇联干部政治标准不突出、能力不足、专业化程度不高、业务知识不扎实的问题仍然存在。其主要原因有两方面:一是干部考评机制不科学,二是教育培训体系不健全。考评机制不科学,基层干部缺乏学习专业知识的激励机制;教育培训体系不健全,干部缺乏学习专业知识的渠道。

培训时间少、培训内容单一是我国多数县市区妇联工作出现的普遍现象。妇联干部专业技能学习力度不够,专业化技能匮乏,工作能力不足,在实践工作中必然出现各种各样的问题,影响妇联作用的发挥,不利于我国妇女事业的发展和进步。

此外,干部队伍人才流失、队伍被边缘化、老龄化等现象也是妇联干部队伍建设和发展过程中遇到的现实问题。

四、加强妇联干部队伍建设的对策

(一)加强党对妇联干部队伍的领导

党的十九大报告明确提出,中国特色社会主义进入新时代,我们党一定要有新气象新作为,团结带领人民进行伟大斗争、推进伟大事业、实现伟大梦想,必须毫不动摇坚持和完善党的领导。做好妇联工作,要将党的领导落到实处,牢牢把握党对妇联工作的领导权,全面贯彻落实党对妇联工作的政治领导、思想领导、组织领导。加强对妇联干部的领导是强化党的领导的重要内容。习近平总书记在同全国妇联新一届领导班子谈话时指出,妇联干部最重要的素质是要忠于党的妇女事业,热爱本职工作。在中央党的群团工作会议上习近平总书记又强调,要坚持德才兼备、以德为先,全面加强群团干部队伍建设,教育引导群团干部要做到心中有党、对党忠诚,心系群众、为民造福,求真务实、真抓实干。

加强党对妇联干部的领导,一是要强化政治领导。各级妇联干部要自觉维护党中央的权威,牢固树立"四个意识",要带头贯彻落实市委市政府的政策方针,带领广大妇女在服务大局中发挥作用。[12]二是要强化思想领导。广大妇联干部要以习近平新时代中国特色社会主义思想武装头脑,团结和带领广大妇女坚定不移跟党走。三是要强化组织领导。推动妇联机构改革,强化党和政府对各级妇联组织的领导力,同时广大妇联干部要自觉服从组织领导,听从组织安排。

(二)强化妇联干部队伍的作风建设

妇联干部的一举一动深刻影响着党在妇女群众中的形象,加强妇联干部作风建设是全面贯彻落实全心全意为人民服务宗旨的必要举措。习近平总书记指出,党的作风就是党的形象,关系人心向背,关系党的生死存亡。群团干部是做群众工作的,一定要清正廉洁、保持良好形象。在实际工作中,各级妇联组织要牢牢抓住干部队伍作风建设这一关键点,强化问题导向,狠抓干部队伍作风建设,要突出重点,领导干部主动带头推动作风转变。

打造一支作风过硬的妇联干部队伍,要努力做到以下几点:第一,要建立一套科学严谨的刚性作风考评体系,将干部的风纪风貌纳入妇联干部考核体系之中,使之成为干部考评中的重要环节。第二,要强化监督,及时发现和纠正干部不良作风和行为,要紧紧依靠党纪党规,为妇联干部队伍的建设和发展打造一个良好的政治和社会环境。第三,要加强学习,积极汲取和借鉴其他市区妇联干部队伍建设的经验,寻找差距,查找不足,制订针对性的措施,狠抓作风落实工作,不断提升干部队伍作风建设水平。第四,要树立良好的群众作风,严守党风廉政建设各项规定,树立妇联干部良好形象,要经常深入基层一线,与普通妇女群众交朋友,为她们排忧解难。

(三)完善干部培养机制,提升干部专业素养,突出干部能力建设

加强妇联干部队伍能力建设,要重点提高围绕中心服务大局的能力,服务妇女、代表维护妇女权益的能力,在互联网形势下做好妇女工作的能力。实践证明,科学完善的干部培养机制是打造一支高素质专业化干部队伍的关键。因此,加强妇联干部队伍能力建设,要有科学合理的干部培养机制,

依靠科学的体制机制推动干部队伍建设。

　　妇联要依据自身发展的实际情况,建立和完善符合实际的干部队伍培养机制;要强化干部理论学习,提升干部理论学习的水平,定期举办各种主题的干部培训班,多层次、多批次、多形式强化干部的理论和实践学习;要重点提升妇联干部的专业化水平,重视专业基础知识的学习;要深入基层调研,了解妇女群众的所思、所想、所需;要在干部培训中不断强化为人民服务的意识,坚持以妇女群众为中心的发展思想;要增强干部的团队协作意识,提高妇联工作的效率和质量。

　　妇联不仅要加强干部队伍的内部培训,还要积极与各级党校联合办学,邀请社会各个层面的人才授课,积极参加全国各区域的交流活动,不断开拓视野,提升干部的综合素质。要形成一套科学合理的干部选拔晋升机制,在党内外选拔优秀人才参与妇联工作,提升妇联干部队伍的整体水平。

(四)加大人才引进力度,提高妇联干部队伍的整体素质

　　习近平总书记指出,人才是第一资源,是富国之本,兴邦大计。加强妇联干部队伍建设,要树立正确的人才观,广纳人才,开发利用好社会各界精英人才。政府要高度重视人才引进工作,从各个层面给予妇联组织的人才引进工作大力支持。妇联要成立专门的人才引进工作小组,全权负责人才引进工作;要依据自身实际情况,不断调整和完善人才引进政策体系,要放眼于人,着力于人,广开进贤之路、广纳天下英才;要不唯地域引进人才,不求所有开发人才,不拘一格任用人才;要积极营造尊重、关心、支持人才的氛围。

　　各级妇联组织的人才引进工作,要以"充实干部队伍,提高干部队伍整体素质"为中心,以推动妇女事业发展为目的,通过制定完善的政策体系,不断吸引社会各界人才投身妇女事业中;要以广纳社会人才为途径,不断吸收新鲜血液,提升妇联干部队伍整体素质,提高妇联干部队伍的建设水平,不断推动妇女事业的发展。

参考文献

[1] GLICK P. Prescriptive gender stereorypes and backlash toward agentic women[J]. Journal of social issues, 2001(04).

[2] 彼得·诺斯豪斯. 领导学:理论与实践(第五版)[M]. 北京:中国人民大学出版社, 2012.

[3] EAGLY A H, JOHNSON B T. Gender and leadership style: a meta-analysis [J]. Psychological bulletin, 1990(02).

[4] JACOBSON M B, EFFERTZ J. Sex roles and leadership: perceptions of the leaders and the led[J]. Organizational behavior & human performance, 1974(03).

[5] 中共中央文献研究室. 毛泽东年谱(1893—1949)中卷[M]. 北京:中央文献出版社, 1993.

[6] 中共中央文献研究室. 毛泽东文集(第二卷)[M]. 北京:人民出版社, 1993.

[7] 张永英. 妇女参与权利和决策[J]. 中国妇运, 2015(06).

[8] 赵云丽. 新形势下浙江省基层妇联组织建设改革举措研究[C]//陈步云, 马玲亚. 浙江妇女研究(第一辑). 杭州:浙江工商大学出版社, 2018.

[9] 范铁中. 新时期上海市妇联组织参与社会治理的困境与对策研究[J]. 湖北社会科学, 2017(10).

[10] 沈跃跃. 大力加强妇联干部队伍建设　为更好地服务大局服务妇女提供坚强的组织保障[J]. 中国妇运, 2016(09).

[11] 郭婧萱. 基层妇联组织改革路径探究[J]. 新西部, 2018(03).

[12] 沈跃跃. 坚决维护以习近平同志为核心的党中央权威, 以优异成绩迎接党的十九大胜利召开——在全国妇联十一届六次执委会议上的讲话[J]. 中国妇运, 2017(02).

群团改革背景下村妇联干部素质现状与提升路径初探*

高　辉**

摘　要:改建村妇联组织是妇联落实党的群团改革精神,壮大基层妇联力量的改革创举。"会改联"后,村妇联组织机构扩大,干部队伍数量剧增,极大地缓解了基层妇联力量的不足。然而,村妇联干部中也存在因年龄结构不合理、受教育程度偏低等引发的对妇联组织主体性认知偏差以及因专业化程度低、教育培训缺失而导致的干部履职能力不足等现象,这些现象已经成了制约村妇联组织创新发展的瓶颈问题。为此,该文立足于浙江省部分村妇联干部能力素质现状,在充分调查研究基础上,针对存在问题,从思想引领、教育培训等方面提出了旨在提升村妇联干部素质的教育策略。

关键词:群团改革;村妇联干部;素质现状;教育策略

一、问题的提出

中央党的群团工作会议强调要抓好基层组织带头人队伍建设,强调要增强广泛性和代表性,保持和增强群团组织的群众性。针对多年来基层妇联组织存在成员广泛性和代表性不够、组织工作力量严重不足等问题,2015

---

* 该文系2016年浙江省妇女研究会课题"群团改革背景下基层妇女干部教育创新发展研究"研究成果(项目编号:201604)。

** 高辉,硕士,浙江省妇女干部学校讲师,研究方向为女性教育与家庭教育。

年11月,全国妇联出台《关于扩大基层妇联组织成员的意见》,明确要求增加基层妇联组织成员数量,要求把更多普通妇女中的优秀代表人物吸纳到基层妇联组织中去,具体数量各地可根据实际情况确定。2016年9月,中共中央办公厅颁发的《全国妇联改革方案》(以下简称《方案》),对基层组织建设提出明确要求:"要指导城乡社区妇联组织向妇女生活最小单元扎根;要壮大基层工作力量,把活跃在城乡社区、热心妇女工作的各类女性人才充分吸纳到基层妇联组织和工作队伍中来。"《方案》中进一步明确了创新基层组织设置,把抓好乡镇改革的着力点放在扩大妇联组织和工作的有效覆盖上,重点推动在城乡社区普遍建妇联,激活基层妇联组织的神经末梢,使广大妇女在身边就能找到妇联组织,参加妇联组织的活动,及时得到妇联组织的帮助。于是,在我国农村开启了把原村妇女代表大会改建为村妇联组织的创建活动,简称"会改联"。

村级妇代会改建为妇联是农村社会经济发展变革的需要,是服务乡村振兴发展大局、服务农村妇女事业发展的需要。通过"会改联",极大地延长了妇联组织的"手臂",壮大基层工作力量,为基层妇联工作提供了新鲜血液。从此,村妇女干部在政治上有了名分、组织内有了身份,为她们负起工作责任提供了条件。

然而,村妇联组织也存在发展中的瓶颈问题,主要突出表现在:村妇联干部年龄结构不合理、受教育程度偏低等会影响她们对妇联组织的主体性认知;妇联干部普遍兼职、专业化程度低会降低她们的履职能力;村妇联组织无经费保障来源,在创建过程中存在重机构建设轻干部教育培训等现象,凡此种种,都容易导致村妇联干部能力素质参差不齐,从而制约村妇联组织可持续的创新发展。

鉴于以上现状,还有学界对村妇联组织干部队伍建设的研究几近空白,该文认为,开展对村妇联干部现状的研究,特别是素质现状研究非常有必要。

二、研究对象及基本情况

(一)研究对象

浙江农村"会改联"工作从启动、创建到顺利完成都走在全国前列。本着"问题导向",为了了解制约"会改联"后村妇联干部素质的瓶颈问题,课题组采用分层随机取样的抽样方法,历经一年多时间的广泛调研,分别从经济发展水平不同的杭州市萧山区闻堰镇、金华市永康市大陈镇、衢州市常山县东案乡、金华市磐安县等区域,选取了36个行政村进行了问卷调查和访谈调查。问卷调查区域分布情况如表1所示,有来自经济发达地区的杭州市萧山区(以下简称"XS")农村妇联干部116人,占受调查人数的25.20%;经济较发达地区的永康市(以下简称"YK")114人,占24.80%;经济相对欠发达地区的常山县(以下简称"CS")和磐安县(以下简称"PA")分别为124人(占27%)和106人(占23%)。本课题中的村妇联干部主要包括村妇联主席、副主席、执委和网格长等。调查工具主要是自编的《"会改联"背景下村妇联干部素质现状问卷调查表》以及相关访谈提纲。调查内容主要涉及村妇联干部的政治理论学习能力、妇联组织主体认知能力、妇联专业业务能力、心理和媒介素养能力五方面,共发放问卷500份,回收问卷480份,有效问卷460份,问卷有效率为95.80%。经对所收集研究资料进行系统分析整理,形成了第一手研究资料。

(二)被调查对象的人口学基本情况

1. 年龄结构情况

村妇联干部的年龄主要以中年妇女为主,青年妇女明显不足。调查发现,如表1所示,在460个样本中,30周岁以下的为90人,占19.60%;31～40周岁的为110人,占23.90%;41～50周岁的160人,占34.80%,51周岁以上的100人,占21.70%。调查中还发现,村妇联干部年龄结构的区域差异明显,经济发展水平较高的村妇联干部的年轻化程度明显高于经济欠发达村,在城市郊区妇联工作的女大学生村官显著多于偏远欠富裕的农村;偏远山区农村的年轻妇女大多外出务工、经商,村妇联干部中留守妇女较多,她们中有的年龄偏大、文化程度偏低且无职业技能,有的需要照看老人或者孩子等。

2. 受教育情况

村妇联干部受教育程度以初中为主。调查发现,在460个样本中,小学文化程度及以下的有100人,占总样本的21.70%;初中文化程度200人,占43.40%;高中(中专或者技校)文化程度的116人,占25.20%;大专及以上文化程度的有44人,占9.60%。村妇联干部受教育程度与区域经济发展水平相关。如经济发达的XS地区,村妇联主席文化程度以高中以上学历为主,有超出25%的村妇联干部已经获得大专及以上学历或者正在进修。访谈中得知,学历提升主要是依托政府、借力于广播电视大学实施"一村一大学生"学历提升计划以及女大学生村官兼任村妇联干部等途径。

3. 政治面貌以及专兼职情况

村妇联干部中党员人数偏少。调查显示,在460个样本中,党员为56人,占妇联干部总数的12.10%,群众为404人,占87.90%;专兼职情况,专职人数26人,占5.60%,兼职人数为434人,占总人数的94.40%。

表1　村妇联干部基本情况描述(N=460)

	类别	人数(人)	占比(%)
调查区域	XS	116	25.20
	CS	124	27
	YK	114	24.80
	PA	106	23
年龄结构	30周岁以下	90	19.60
	31~40周岁	110	23.90
	41~50周岁	160	34.80
	51周岁及以上	100	21.70
文化程度	小学及以下	100	21.70
	初中	200	43.40
	高中(中专或者技校)	116	25.20
	大专及以上	44	9.60

续表

	类别	人数(人)	占比(%)
婚姻状况	已婚	410	89
	未婚	50	11
政治面貌	党员	56	12.10
	群众	404	87.90
专兼职情况	专职	26	5.60
	兼职	434	94.40

三、制约村妇联干部素质提升的瓶颈

(一)村妇联干部政治理论学习能力有待进一步提高

村妇联干部作为我国最基层的妇联组织干部,理应积极主动地关注党和国家的时政大事,上级组织也应及时加强对她们的政治理论教育培训。然而,在调查中发现:

一方面,部分村妇联干部对党和国家的时政大事关注度偏低。通过问卷调查发现,尽管选择"非常关注"和"关注"的妇联干部超出一大半,占61.60%,但是还有38.40%的选择"有时关注"或者"很少关注"。又如在针对《新闻联播》节目收看情况的调查发现:有27%的妇女干部表示"每天必看",42%的表示"经常看",还有31%的选择"很少看";在党报、党刊阅读方面,除了部分妇联主席表示会经常阅读报刊外,有近一半(48.50%)村妇联干部很少有阅读报刊的习惯,甚至有的妇女干部表示"从没有阅读过报刊"。

另一方面,村妇联干部缺乏系统的政治理论学习培训。2015年中共中央颁布了新的《干部教育培训工作条例》,其中规定了干部必须接受政治理论培训学习的要求。然而,在对"您是否参加过专门的政治理论培训学习"的问卷调查后发现,选择"从未参加"的有36%,"偶尔参加"的有41%,"经常参加"的有23%。通过访谈发现,选择"从未参加"或者"很少参加"的村妇女干部,大多是来自偏远山村,有的是因为年龄偏大、文化程度偏低或者家务农活繁忙等;选择"经常参加"的主要是村妇联主要干部,如主席或者副主席等;在培训的内容方面,34%的村妇女干部接受过"习近平总书记系列重要讲话精神"教育培训;25%的接受过"马克思主义妇女观"教育培训,23%的接受过"社会主义核心价值观"教育培训以及12%的村妇联干部接受过"国情形势"教育培训。

导致部分村妇联干部对时政关注度低的原因,除了她们的政治理论学习意识有待提高外,与她们年龄偏大、文化程度偏低,部分村妇联干部参与政治理论培训不足有关,也与部分乡镇政府对村妇联干部的培训重视程度不够,没有将村妇联干部整体素质提升纳入政府相关培训规划之中,也与村妇联组织无经费保障来源等有关。

(二)村妇联干部对妇联组织的认知存在偏差

1. 部分村妇联干部对妇联组织的自我认同感有待提高。在先后对不同地区的19位村妇联执委就"由一名村妇代会主任转变为村妇联主席(或者执委),您有何感想"的访谈后发现,81%的妇联干部表示"'会改联'后,妇女干部政治上有了名分、组织内有了身份,很自豪,极大地提高了工作积极性",但是还有19%的妇联干部自我认同感不高,她们认为"妇女主任换名为妇联主席,只是换了个称呼而已,有的执委仅仅是挂职,没有发挥应有作用。没有工资报酬,难免会影响工作积极性,人浮于事,大部分工作还需要自己亲力亲为"。

2. 部分村妇联干部对妇联组织性质和基本职能的认知存在偏差。首先,在对妇联组织性质的认知方面,问卷调查中发现,仅有46%的妇联干部能准确认知"妇联组织是党联系群众的桥梁和纽带,是党领导下的人民团体,是非政府组织",有30.30%的受调查者认为"妇联是政府机构",还有超出23.70%的受调查者表示"不清楚"。其次,部分村妇联干部对妇联组织基本职能的认知也存在偏差。《中华全国妇女联合会章程》总则规定妇女联合会的基本职能是:"代表和维护妇女权益,促进男女平等。"然而,在调查中,仅有21.70%的村妇联干部能清晰准确认知到妇联的基本职能,还有28.30%的村妇联干部将妇联组织的性质——党和政府联系妇女群众的桥梁和纽带,误认为是妇联组织的基本职能。

妇联干部对妇联组织基本职能的了解程度虽然不一定会对实际妇联工

作造成太大的影响,但是,这种认知偏差会对妇联干部产生角色上的定位不明,工作出发点不明确,影响工作的开展。例如,导致部分村妇联干部自我认同感低的原因中,有的村妇联干部认为妇联干部不如村"两委"干部有权;又如,据我们对某示范村8名村妇联干部的访谈调查中得知,在她们一周工作日记中,绝大多数时间是在做配合上级检查与其他工作,其中,有6位妇联干部一周之中没有做一件与妇女工作直接相关的事。某村党支部书记对村妇联组织的职能定位是:做好洁化、美化工作,应对上级检查;处理好邻里纠纷和婆媳矛盾;带领村民开展文体活动等。

(三)村妇联干部对妇联工作的专业性能力不足

首先,村妇联干部入职前的专业业务培训不足。

新当选的村妇联干部大部分没有经过专门的入职培训。调查发现,只有22.30%的受调查者表示接受过入职培训,培训大多是"以会代训"形式,或以村妇联例会,学习传达上级有关会议文件精神为主,外出培训机会很少。调查显示:在接受过入职培训的村妇联干部中,40%是通过村级培训的,34%的干部接受过乡镇级组织的培训,21%接受过来自县妇联或者党校组织的培训,5%接受过省级妇联组织的培训。

其次,村妇联干部对与妇联相关的法律法规知晓率低。

近年来,我国出台了一系列保护妇女合法权益的相关法律法规,为妇联干部开展工作提供了依据和遵循,各级妇联干部理当十分熟悉并充分运用。然而,在对新当选的村妇联干部的相关法律法规的知晓情况调查发现,如表2所示,在对《中华全国妇女联合会章程》的熟悉程度上,仅有9.80%的受调查者表示"非常熟悉",43.50%受调查者表示"不太熟悉";问卷中"您熟悉中央党的群团工作会议精神的内容吗",仅有13%的受调查者表示"非常熟悉",26%的受调查者回答"完全不熟悉";对于《全国妇联改革方案》文件的解读,仅有16.70%的受调查者表示"深入学习过,非常熟悉",23.90%的受调查者表示"没有组织学习过,完全不熟悉";对于《中华人民共和国反家庭暴力法》的解读,16.50%的村妇联干部表示"非常熟悉",35.70%的受调查者表示"不太熟悉";对于《妇女权益保障法》,有16%的受调查者"非常熟悉",18.70%的受调查者表示"熟悉",有28.70%的受调查者表示"完全不熟悉"。(见表2)

表2　村妇联干部法律法规熟悉程度（N=460）

法律法规名称	非常熟悉		熟悉		不太熟悉		完全不熟悉	
	人数（人）	%	人数（人）	%	人数（人）	%	人数（人）	%
《中华全国妇女联合会章程》	45	9.80	86	18.70	200	43.50	129	28
《全国妇联改革方案》	77	16.70	73	15.70	210	45.60	110	23.90
《反家庭暴力法》	76	16.50	100	21.70	164	35.70	120	26
《妇女权益保障法》	74	16	86	18.70	168	36.50	132	28.70

村妇联干部对妇联相关法律法规的熟悉程度低，除了因文化程度低、培训不足外，还与村妇联干部普遍兼职有关。从访谈中发现，偏远山区的村妇联主席，往往兼任村"两委"工作，如计生、财务、宣传等。对此，部分基层妇联干部很是无奈，表示"工作精力不够"，存在疲于应付的现象。

（四）村妇联干部存在一定的畏难情绪和焦虑心理

基于学习能力、业务能力不高，以及受教育程度偏低等因素，部分村妇联干部存在一定的焦虑心理和畏难情绪。通过调查发现，主要有四个方面的原因：首先，来自上级的压力。表3所示，10.90%的村妇联干部疲于应对来自上级的各种检查和评比。尤其是那些妇联组织创建示范村，面对各地参观考察团队，村妇联干部疲于接待，无暇顾及妇女工作。其次，对妇联业务知识欠缺导致本领恐慌。调查发现，有15.20%的人认为压力来源是"妇女知识理论缺乏"，有21.80%的人认为是"妇联业务、法律法规欠缺"，17.40%的人认为是"与妇女群众沟通能力不够"，还有15.20%的妇女干部认为是"网络运用能力欠缺"。第三，当前村妇联干部工作几乎是无报酬，仅凭一腔热血，有时会遭到家人的不理解或者不支持。在访谈调查中，有6.50%的村妇联干部的家人委婉表示"不太支持或者不理解"，特别是当村妇联工作与家务劳动产生冲突时。第四，在参与村"两委"的"三改一拆"的乡村治理中，村妇联干部表现出不同程度的畏难情绪。调查中发现，13%的村妇联干部对此出现过焦虑或者畏难情绪，农村是熟人社会，错综复杂的家族亲情关系，一旦涉及与自身或者家族切身利益相关问题时，要做好沟通协调工作，村妇联干部深感压力大。调查"当您感到压力大的时候,最常用的减压方法是什么"时,数据显示排在第一位的是"忍耐",占64.50%,这种减压方式会给村妇联干部身心健康带来一定的负面影响。

表3　村妇联干部心理焦虑的来源情况(N=460)

焦虑来源	人数(人)	百分比(%)
上级或村委的检查、评比的任务	50	10.90
妇女理论知识缺乏	70	15.20
妇联业务、法律法规知识欠缺	100	21.80
与妇女群众沟通能力不够	80	17.40
网络运用能力欠缺	70	15.20
家人不太支持、不理解(无报酬)	30	6.50
参与乡村治理"三改一拆"工作	60	13

(五)村妇联干部媒介素养能力不足

所谓媒介素养是指人们获取、辨别、使用媒介的能力。了解媒体、尊重媒体、重视媒体、科学使用媒体是媒介素养的体现,尤其是尊重与重视媒体是媒介素养中不可或缺的态度与道德成分,也是妇联干部个人素养与文明程度的体现。我们从获取、辨别和使用三个维度来探讨当前村妇联干部的媒介素养现状。首先,村妇联干部获取媒介信息主要集中在互联网媒介,而通过传统文本媒介(如报刊)来获取信息较少。如调查显示,当前村妇联干部使用媒介获取信息的渠道从高到低的顺序是:收看电视、浏览网络、收听广播、阅读报刊分别是44%、29%、15%、12%。此外,村妇联干部接受专门的互联网知识培训少。调查发现,仅有23%的妇联干部表示"专门培训过",52.60%的表示"自学了一些,但没有专门学习过",24.10%的表示"一点没有学"。近80%的村妇联干部没有接受过网络媒介知识培训,这显然与信息化背景下中央党的群团改革精神中一再强调的要加强妇联干部网络运用能力的要求存在较大差距。其次,在辨别媒介内容真实性能力方面,部分妇联干部的甄别能力偏低。调查中,45%的妇联干部选择"不完全接受",23%的表示"完全接受";对来自微信(群)或者QQ(群)等自媒体信息内容的转发,

60%的人选择"不信、不传、不转发",25%的人会"半信半疑、有时会转发",15%的人表示"宁可信其有,不可信其无,经常会转发"。第三,村妇联干部在使用媒介发展自己、维护自己的权益上作用发挥不足。调查显示,村妇联干部在网上所花费的时间主要用于娱乐、购物、养生等方面,而在"网上学习"的仅为16%。又如,当问及"当您工作中遇到侵害或者损害自己或者他人的利益时,您会求助互联网吗",有44%的村妇联干部表示"会求助",32%的选择"很少会"。村妇联工作联络除了传统的电话外,微信(群)、QQ(群)已经成为主要方式,然而,在偏远农村,上网难、上网贵,一定程度上影响了村妇联干部的媒介使用。

四、讨论与建议

(一)转变观念,提高村妇联干部的政治担当和先进思想引领意识

中央党的群团工作会议强调,要保持和增强群团组织的政治性、先进性和群众性。村妇联干部具有最广泛的群众基础,她们直接来自最基层妇女群众,与群众朝夕相处,更能密切联系妇女群众,直接反映妇女的诉求,真正发挥起妇联作为党联系和服务妇女的桥梁纽带作用。[1]在村妇联组织中实行干部专兼挂,把优秀村妇联干部通过兼职挂职方式充实乡镇妇联队伍,壮大基层妇联工作力量,让各行各业优秀的女性加入到妇联队伍中来,打破了以前的行政化、机关化的藩篱。如常山县东案乡的村妇联组织中,通过建立健全妇女花名册,把村里的"女能人、女达人、女贤人和女闲人"吸纳到基层妇联组织中来,下派妇建指导员进行培训宣讲,把改革的精神传递到所有妇女群众,首创"5+N"执委,即5个固定执委,外加特色执委,找到妇女需求的契合点,妇联干部身份职责牌树门前,群众有困难知道要找谁、随时找得到。

加强村妇联干部政治理论学习,是妇联组织义不容辞的政治责任。《中华全国妇女联合会章程》规定了妇联的性质是中国共产党领导下的人民团体,妇联的政治担当是由妇联的政治属性决定的。作为村妇联干部,也要唱响思想引领主旋律,筑牢广大妇女群众听党话、跟党走的思想根基,要引导广大妇女自觉践行社会主义核心价值观,发扬自尊、自信、自立、自强精

神,倡导科学文明的生活方式,以文明家风涵养良好社会风气。要坚持先进典型引领,用榜样的力量感召妇女群众,激励各行各业妇女立足岗位做贡献。同时,自觉加强马克思主义世界观、方法论,党的建设理论等学习,自觉加强对党和国家大政方针和重大决定、重要战略的学习,增强妇联队伍和妇联工作的先进性。

(二)倡导终身学习理念,打造学习型村妇联干部队伍

村妇联干部应着眼于终身学习的意识理念。走进新时代,新知识新事物层出不穷,作为妇联干部如果不在真学真用上下功夫,势必会能力不足、本领恐慌。只有增强学习意识,让真学真用成为一种能力,才能打牢妇联组织"坚强阵地"和"温暖之家"的基石。要将学习纳入妇联工作全局,做到工作、学习同规划、同部署,把学习作为履职担当的一种责任和义务,在思想上高度重视,在行动上真学真用,打造学习型妇联干部队伍。首先是方向性学习。学习党和国家的各项方针政策,提高思想政治素质。只有在理论上坚定和成熟,才能保持清醒的政治头脑,增强政治敏感性和政治鉴别力,保证妇联工作正确的政治方向。其次是应用性学习。村妇联干部要精通妇联的基础理论和妇联工作各项业务知识,要锻炼和塑造较强的社会交往能力、与人和谐相处能力和直面逆境战胜困难的能力等。再次是能力性学习,即在工作实践中获得知识的能力,主要表现为动脑和动手能力。最后是创新性学习。创新是学习思考的实践升华和价值体现,也是推动妇联工作向前发展的动力之源和关键所在。推动村妇联工作的创新,需要妇联干部在学习方式上加以创新,从单一参加学习培训向进一步更新观念、提升学习能力和吸收新知识、新技术转变,从"缺什么补什么"的被动式学习向超前跨岗学知识、学本领、提升综合素质转变。

(三)加强教育培训,切实提升农村妇联干部媒介素养能力

1. 加强村妇联干部教育培训,提高基层妇联干部的实际工作能力,提升妇联工作的专业化水平。要从妇联组织价值和作用发挥的战略意义上来认识提高村妇联干部队伍专业化能力的必要性和迫切性,积极推动乡镇党委政府及有关部门把对村妇女干部的培训纳入组织部门干部培训的总体规

划,将村妇联干部培训纳入主体班次,建立村妇联干部执委轮训制度,扩大村妇联干部培训教育的广度和覆盖面[2],可以通过"妇女之家"活动载体,开设妇女工作法律政策、新媒体运用、妇联工作实务、家庭教育工作指导、妇联组织建设与创新工作、妇女维权与案例分析、巾帼文明岗业务等培训,提升村妇联干部的整体形象,同时引领广大妇女群众提高综合素质。

2. 加大网络课程的培训工作力度。《关于加强和改进党的群团工作的意见》指出,要"打造网上网下相互促进、有机融合的群团工作新格局"[3]。因此,村妇联组织要通过建立网上妇联,做到哪里妇女群众集中就在哪里建妇联组织,怎么有利于做好妇女群众工作就怎么建妇联组织,把村妇联工作和活动动态广泛链接到各层级妇联组织的微信群或者微信公众号平台,及时推送到妇女群众手中,做到网上网下联动宣传教育、联动组织引导、联动开展活动、联动提供服务,实现线上线下"妇女之家"有机融合,使村妇女群众不出家门就能找到妇联组织。为此,村妇联干部要实现组织、引领、服务妇女群众,首先不能落后于群众,一要知网懂网,二要熟练用网,进而着力打造网上妇联,建设"网上妇女之家",通过互联网覆盖更多的女性新兴社会群体,成为吸引女性眼球的行家里手。

3. 提高村妇联干部的媒介素养能力。媒介所提供信息资源为基层妇联干部带来更多表达的机会与更广的表达空间。在现代信息社会里,媒介素养已成为现代社会公民素质的一部分,加强媒介素养教育、提高公民媒介素养已成为当前社会的一种普遍需要。当前大量信息泥沙俱下、良莠不齐的背景下,网络色情、暴力、谣言等网络失范乱象在新媒体时代愈发凸显,加强村妇联干部媒介素养能力显得非常迫切。

媒介素养能力,即拥有识别、处理多元信息的综合能力以及对各种媒体信息的正确解读、敏锐识别以及批判能力。村妇联干部在使用媒介信息时应学会用辩证的方法看待媒体信息,用海纳百川的心态对待网络舆论,客观正确地对待媒体的批评和监督。上级妇联组织亟须研究并制定基层妇联干部新媒介素养标准和应用能力评估指标体系,为各级妇女干部教育培训提供科学依据和指导标准,并将相关培训内容纳入干部培训纲要和培训计划中。

基于媒介素养的重要性,培养村妇女干部的媒介素养应从以下几个方面入手:首先,应该加强对媒介基础知识培训,使农村妇女干部了解媒介、认识媒介,知道如何与媒介交往,获得自己所需要的信息,从而利用媒介为自己的工作生活服务。其次,培养农村妇女干部的媒介使用能力。媒介素养教育很重要的一个方面是使受教育者能够更好地使用媒介,利用媒介发展自己,维护自己的权益。第三,培养村妇联干部鉴别媒介信息的能力。要指导农村妇女干部掌握利用大众传媒获取信息和知识的方法,具备接收信息、理解信息和判断信息的能力,对从媒介中接触到的不同性质的信息,要学会辨别,识其真伪,理性地、批判地接受。[4]

参考文献

[1]中共中央办公厅印发《全国妇联改革方案》[EB/OL].(2016-09-21)[2018-07-10]. http://www.gov.cn/zhengce/2016-09/21/content_5110455.htm.

[2]中共中央关于加强和改进党的群团工作的意见[EB/OL].(2015-07-10)[2018-06-12]. http://cpc.people.com.cn/n/2015/0710/c64387-27282531.html.

[3]佚名.全国妇联印发《关于进一步深化改革 夯实基础 更好发挥基层妇联组织作用的意见》[N].中国妇女报,2017-09-06(A1).

[4]何村,寒雪颖.农村妇女干部媒介素养现状与培养[J].中国广播电视学刊,2013(03).

"会改联"后基层妇联组织阵地建设的创新模式初探

——基于嘉善县妇女微家的案例分析

浙江省妇女干部学校嘉善调研组

摘　要：基层妇联组织"缺人、缺阵地、缺经费、缺编制"问题，一直是基层妇联组织开展工作的几大障碍。该文基于对嘉善县妇联妇女微家的调研，探讨基层妇联组织如何通过创新模式有效地解决"缺阵地"的问题，并提出进一步完善该模式的措施和建议。

关键词：基层妇联；阵地建设；创新模式

为贯彻落实浙江省群团改革的总体要求和浙江省基层妇联组织改革工作的精神，团结各行各业优秀女性，汇聚更广泛的社会资源，浙江省基层妇联大力推进村（社区）妇代会改建妇联（即"会改联"）。"会改联"实施以来成效显著，一方面"会改联"有效地解决了基层妇联组织"缺人"的问题，特别是通过在村级妇联组织设置各类妇女执委，壮大了基层妇联组织的工作力量，提高了工作成效，妇女执委们的工作热情也普遍高涨，她们在开展养老院建设、"美丽庭院"建设、垃圾分类等工作中都发挥了重要作用。另一方面，基层妇联组织从自身出发改革创新，积极探索新的工作模式，如嘉善县妇联通过建设新型基层妇联组织阵地——妇女微家，有效解决了妇联"缺阵地"的问题。当然，妇女微家模式还只是一个雏形，很多方面还需要进一步完善，且目前基层妇联组织阵地建设的很多工作主要还是依靠广大妇联干部的个人魅力和妇女执委的工作热情在推进，她们仍然面临很多实际困扰和难题。

针对这些实际问题,应积极探寻相应的解决方案和改进措施,旨在为推进基层妇联组织建设科学化和规范化提供决策参考。

一、嘉善县妇联基层组织阵地——妇女微家的发展现状

嘉善县妇联下辖9个镇级妇联、154个村级妇联组织,现所有基层妇联组织均已完成"会改联"工作。为加强新领域基层妇联组织建设和基层服务阵地建设,嘉善县妇联在妇女之家的基础上进行创新性延伸扩展,建成125家妇女微家,散布在城乡各个角落,有建在公共区域的,也有建在妇女家里的。微家的"家长"身份五花八门,大多由本地有一定影响力的妇联执委、退休妇女干部担任,根据每个微家的特色又可细分为家庭教育型、服务型、亲子型、文化型等,现已累计开展各类活动527次,收集意见建议732条,参与群众2万余人次,帮助解决纠纷、困难607件。

所谓妇女微家,关键在"微",其含义有两层:其一是线上微家,通过妇女微家成员组成的微信群,姐妹们之间实时沟通互动、分享信息和心得;其二是线下微家或者说实体微家,姐妹们在微家面对面互动,执委零距离服务,使得妇联工作成效更明显。

(一)妇女微家的运行制度

依据每个微家的具体特色,嘉善县妇联针对妇女微家制定"3+X"规章制度,其中"3"是统一制度、X是个性化制度。3条统一制度是:

1. 执委结对制度。每个妇女微家落实1名以上村(社区)妇联执委联系结对,使微家的活动在全村(社区)得到有效支持。年初由村(社区)妇联执委参与微家活动计划的制订,在活动过程中对人力、物力等资源进行整村(社区)统筹协调。

2. 联系妇女制度。每个妇女微家根据区域内妇女数量确定联系妇女数,确保最大范围地服务与联系妇女。微家的每名骨干联系周边不少于10名邻家姐妹,把微家服务内容与信息传递给她们,让她们了解身边的微家,并带动她们加入微家的活动中来。

3. 定期活动制度。每个妇女微家在"家里"公布年初制订的活动计划表,确保每个月活动不少于一次。在每次微家开展活动时,进行签到、群众考评,年终以服务妇女的数量与质量作为微家评先评优的依据。以嘉善县缪家村"张爱英·妇女微家"2017年活动安排为例,每月安排一次主题活动。（见表1）

表1　缪家村"张爱英·妇女微家"2017年活动安排

月份	活动主题	活动地点	
1	快乐迎新,戏曲沙龙	妇女微家	张爱英家庭
2	戏曲沙龙	妇女微家	张爱英家庭
3	喜迎"三八",排舞秀	妇女微家	张爱英家庭
4	戏曲沙龙	妇女微家	张爱英家庭
5	感恩母亲,说说家风故事	妇女微家	张爱英家庭
6	父亲节活动	妇女微家	张爱英家庭
7	"七一"话巾帼英雄	妇女微家	张爱英家庭
8	与孩子一起,暑期活动	妇女微家	张爱英家庭
9	"我们的节日——中秋"活动	妇女微家	张爱英家庭
10	"我们的节日——重阳"活动	妇女微家	张爱英家庭
11	感恩主题节	妇女微家	张爱英家庭
12	文艺微演出	妇女微家	张爱英家庭

在个性化制度设计上,微家们各具特色、各显神通。一些以公益活动为特色的微家创建了邻里互助制度,巾帼志愿者定期到村里孤寡老人、困难家庭做义工。以手工活动为特色的微家实行"晒手工、比技艺"制度,定期举办刺绣、做糕点等手工艺交流比赛。以亲子教育为特色的微家实施"孟母课堂"制度,让妇女姐妹现身说法传授家教心得等。

（二）妇女微家的功能定位

妇女微家的具体功能可以归纳为"五站式":

（1）打造政策形势宣传站。在妇女微家内,围绕党的中心任务和工作大局开展形势政策宣传教育。

（2）打造妇情民意收集站。通过妇女微家活动,妇女代表、女干部、女党员与群众进行交流谈心,随时了解和记录妇女群众生产生活中的困难、意见和诉求,研究解决方案,化解矛盾,促进妇女发展。

（3）打造阅读思考学习站。在妇女微家内设微学堂,每年添置学习书籍、报刊、宣传资料等,通过好书阅读,分享心得,与妇女群众进行思想交流,促进乡风文明建设,营造浓厚的学习氛围。

（4）打造妇女活动交流站。定期在妇女微家开展文化宣传、家庭教育等活动。充分发挥乡艺术团成员和文艺爱好者的作用,创作主题文艺节目,结合民俗文化活动,进一步加强妇女干部与妇女群众的联系。

（5）打造便民服务贴心站。将便民服务触角延伸到群众家门口,定期安排群众迫切需要的各类服务,将法律法规咨询、家庭教育、健康知识、医疗咨询等服务送到妇女微家,送向妇女姐妹。

嘉善县妇联结合妇女工作实际,先期培育的一批妇女微家样板,均已做到"五有",即有场所、有标识、有活动、有队伍、有品牌。后续嘉善县妇联还将通过统一设计妇女微家标识和相关产品,进一步增强品牌效应和影响力,从而吸引更广泛的普通妇女参与其中。

二、几种典型村落的妇女微家案例分析

（一）经济较发达村落——大云镇缪家村

缪家村位于大云镇东部,全村面积7.23平方千米。2016年全村工农业总产值11.90亿元,村级可支配资金1000万元。大云镇作为嘉善甜蜜小镇区域集聚了亿元旅游项目8个,总投资超过230亿元,90%以上项目落户缪家村,未来旅游发展成为缪家村村级发展的重要方向。全村农户1099户,户籍人口3388人,其中妇女1705人,女党员39人。经过"会改联",村妇联队伍明显壮大,现有1名主席、3名副主席、5+N名执委,其中5是指组织建设执委(负责建立"网格型+功能型"基层妇联组织,开展妇女之家和妇女微家建设,开展网上妇女群众工作)、妇女维权执委(宣传妇女儿童的法律法规,保护妇女儿童合法权益,推动做好婚姻咨询、纠纷调解等工作,根据需求开展卫生

保健、家政服务、帮扶济困等关爱活动)、妇女发展执委(团结、动员妇女投身改革和社会主义新农村建设,组织开展"双学双比""巾帼建功"活动,提供就业技能培训和创业指导服务)、家庭建设执委(开展家庭文化建设,组织文明家庭、平安家庭、学习型家庭、绿色家庭等各类家庭评比活动,推进"美丽庭院"创建活动)、宣传教育执委(全面负责女性素质提升工程,开办魅力女性课堂,举办文明礼仪、健康养生等培训活动和有益妇女儿童身心健康的文体活动),N是指根据妇女儿童发展规划及公益服务项目确定,分别为创业创新、文化艺术、家庭教育、美丽庭院、乡村旅游等特色执委。

缪家村把妇女微家作为一线工作阵地,整个"会改联"的过程中,妇女微家都发挥了妇女工作宣传站和妇情联系点等作用,借助妇女微家联系广泛、经常活动的优势,积极收集妇女姐妹的意见建议,真正体现了"凝聚'她'力量,激发'她'活力"。妇女微家定期召开夜谈会,2017年走入7个村民小组、50多个妇女家庭,召开座谈会15次,组织开展全村性妇女志愿服务活动12次,参与的妇女干部和群众100余人次。同时嵌入"互联网+"工作理念,通过"缪家村妇联执委""缪家村辣妈群"等微信群,凝聚妇女300多人,收集妇女反映的问题86条。

缪家村属于经济比较发达的村落,村民生活水平普遍较高,因此妇女群众有了更高的精神文化生活需求。缪家村的妇女微家设立在文化庭院的共产党员户张爱英家庭里,因户主张爱英热爱越剧和舞蹈表演,"张爱英·妇女微家"属于文艺型"微家"。2017年,缪家村妇女微家每月举行一次主题活动,有一半活动是戏曲沙龙和文艺演出。张阿姨不但热心组织村里姐妹进行文艺节目排练,每次还自费提供糖果和茶点,她笑称自己是"月光族",虽然付出了钱财和时间,但收获了满满的幸福感和成就感。然而村妇联主席也提到,虽然有张阿姨这样愿意自费来为妇女微家做工作的姐妹,但是为了妇女微家的生命力更长久,还是需要后续给予一定的经费支持。

(二)经济欠发达村落——姚庄镇横港村

横港村位于姚庄镇东北部,全村面积2.10平方千米,2017年村级可支配资金仅90余万元,全村农户419户,人口1670人,其中妇女822人。"会改联"后,横港村扩充妇联执委班子,现有妇联主席1名、副主席1名、5名妇联执委

(分别负责公益、志愿、宣传、策划活动、组织人员等),其中主席、副主席进村"两委"班子。横港村以党建带妇建,妇建助党建为主线,村妇联团结带领全村妇女围绕"美丽姚庄 美丽横港"建设,用"粉红"力量带动乡村振兴,把30多年生猪养殖传统的环境落后村,在短短两年时间内打造成生态宜居、乡风文明的"美丽乡村"精品村,并通过争创市级"优美庭院"示范村、县级"美丽庭院"先进村等活动,不断提高群众对"两美"共创建设工作的认同感。

"会改联"后村妇联积极吸收女能手、女经纪人、创业典型、知心大姐、文艺骨干20余人等组建"横港粉红联盟",壮大妇女工作力量。村妇联鼓励妇女群众创业创新,通过加强培训,拓宽妇女姐妹的创业渠道,2017年组织16名妇女走进课堂,参加电子商务、种养殖、家政技能、农民画等各类培训18期;并大力支持女性创业,全村有11户养殖户顺利转型转产。同时,村妇联依托粉色"巾帼志愿"等力量展开精准扶贫,辐射带动就业,通过建立75亩农业转型升级示范园,吸收安置12名农村妇女实现再就业。

横港村属于经济欠发达地区,村妇联主席表示"会改联"前只有3个人做妇女工作,也没有活动经费,因此妇女干部开展工作也是巧妇难为无米之炊,但"会改联"后新增了几名妇女执委,现在村妇联共有7个人,组织各种活动人手都很充足。特别是横港村作为典型得到省里下拨专项妇女活动经费2万元后,妇联在组织各种活动时更加丰富多彩。横港村的妇女微家设立在横港村的党员先锋站和文化庭院内,同时这里也是横港村的"善心堂"公共法律服务店。"会改联"后,妇联执委经常组织广大妇女姐妹在妇女微家按照中国的传统节日开展丰富多彩的活动,如冬至包汤圆、重阳节慰问等,这两年村里环境焕然一新,因此妇女群众对于妇联工作都十分满意。横港村还有一位公益执委蒋大姐经常给孤寡老人送温暖、给失独家庭送关怀,成为当地有口皆碑的优秀妇女执委典型。然而因为条件有限,村里广大妇女群众对于家庭教育、法律与维权、家庭关系调适、再就业等方面存在着较大需求,希望今后可以在相关师资、课程方面获得更多的支持与投入。

(三)企业和外来人口众多村落——开发区枫南村

枫南村位于嘉善县经济开发区(惠民街道)东北角,与上海市的西南门户枫泾镇的新华村毗邻,因地理相近、人文相亲,两地形成了友好共建的关系。枫南村的前身有6个行政村和1个枫南集镇,全村区域总面积近10平方千米,耕地总面积7675亩,全村农户1662户,户籍人口5475人,外来新居人口7500人,从2017年开始已有1200户人口进入新区,还有未拆迁人口240户左右。枫南村区域位置优越,是接轨上海第一站,交通便捷,沪杭高速、320国道、沪杭铁路贯穿全村,与上海、杭州的距离均在100千米之内。全村工农业总产值5.48亿元,村级可支配资金达到400余万元,农民人均纯收入达到15000余元。"会改联"后设妇联主席1名、副主席3名、妇联执委5名。妇女力量壮大,在开展村里的"五水共治"、"美丽庭院"建设、垃圾分类处理等多项工作中发挥了重要作用。

　　枫南村企业众多,外来人口也比较多,企业当中也有很多村民在其中就业,因此枫南村在探讨一种村企共建的模式,使企业和枫南村可以共享基础设施。一方面企业内部已建有文化礼堂、员工俱乐部等基础设施,便于开展各项活动,比如企业文化节,企业员工和当地村民可以就生活、食品、文化等多方面进行交流。另一方面企业也需要通过开展活动来凝聚员工。外来的企业员工在生活中会遇到比如孩子上学等问题,这需要当地村政府给予适当政策支持,因此村企共建模式可以得到双赢的实践效果。枫南村的妇女微家活动也会吸引居住在附近的外来人口的参与。枫南村的妇女微家设立在原本出生在枫南村的女大学生顾雪丽家中,她虽在上海工作,但基本可以在家办公,在家照顾小孩的同时对于家乡妇联的工作也非常乐于参与。村里的垃圾分类工作的开展,基本都是基于妇联执委在妇女微家多次动员广大妇女实现的。枫南村还和当地的医院联合举办了义诊和宣传进微家活动,后续村妇联还将专设妇女之家、妇女执委办公室,给妇女开展活动提供更多的阵地。"会改联"后妇女执委发挥了很大作用,然而在家庭教育、文艺汇演、养生健身方面等还需要进一步提升活动水平,广大妇女还需要更多的普法宣传,比如反家暴、交通、文明礼仪方面的知识。

三、妇联基层组织阵地建设发展面临的实际困扰及对策建议

(一)实际困扰

基于以上对嘉善县大云镇缪家村、姚庄镇横港村和开发区枫南村妇女微家的调研,我们了解到随着"会改联"后妇女执委的设置,妇联队伍迅速壮大,执行力显著提升。加之妇女微家成为妇联最前沿的组织阵地,基层妇联工作的开展正如火如荼。然而妇联基层组织在发展阵地建设时依然面临很多实际困扰:

1. 妇女微家目前主要依靠担任"家长"的妇女执委和退休的妇女干部的一腔工作热情维系,很多活动的开展甚至要"家长"自掏腰包投入活动经费。从长远看这种模式比较难保持妇女微家持久的生命力和活力。

2. 妇女微家虽然初具规模,但是影响力还不够大,妇女群众的参与度还有限。因此需进一步壮大规模,加强宣传力度,吸引更多的妇女群众参与进来,争取覆盖到每一个村落的每一位普通妇女。

3. 妇女微家的"家长"基本由村妇女执委担任,其工作素质、能力水平亟须提高。在工作中执委们发现,随着普通妇女生活水平的提高,她们有了更高的精神文化需求,这就要求妇女执委同步提升自身的工作水平和素养,从而更好地为广大妇女及其家庭服务。

4. 妇女微家定期举办的活动,尚不能满足广大妇女的需求。比如调研中很多妇女群众提出,希望可以在妇女微家的活动中学习更多关于家庭教育、养生健身、文明礼仪、反家暴等方面的知识,但由于条件限制,妇女微家还很难满足广大妇女在这方面的需求。

(二)对策建议

针对以上妇联基层组织阵地建设面临的困扰,我们提出以下几点建议:

1. 妇女微家创新模式还处于摸索阶段,应在实践中进一步完善该模式的组织制度等,及时研究解决妇联基层组织开展工作中遇到的实际问题。

2. 基层妇联组织阵地建设工作如火如荼,然而主要依靠的是基层妇女

干部和新晋妇女执委的个人工作热情和能力支撑。为了保持基层妇联组织阵地的持久生命力和活力,应根据事业发展需要,加大各级基层妇联的经费投入,比如在后续妇女微家的运营过程中迫切需要财政部门下拨适当经费,或以"以奖代补"的方式,或以定向经费的方式支持该项工作的长久运营,应将妇联工作经费纳入财政预算,并逐步提高比例。

3. 随着乡村广大妇女群众生活水平的提高,她们有了更高的精神文化生活需求,这就倒逼广大基层妇女干部争取更多的培训机会,提升自身专业素养,掌握新知识、新技术,从而更好地完成本职工作,更好地服务广大妇女群众。

4. 妇联可以通过送文化到"微家"活动,将优秀的培训课程,比如将目前基层妇联最急需的关于家庭教育、安全教育、婚姻家庭调节和健康养生等精品培训课程送到基层。这将更好地满足广大妇女群众日益增长的精神文化需求,同时通过培训还可以促进妇女再就业,切实解决广大妇女的实际问题。

关于活动阵地在群团改革中定位走向的思考

——以温州市妇女儿童活动中心为例

黄丽娴*

摘　要:群团改革背景下,作为公共文化服务设施的群团活动阵地如何强化公益性、服务性职能,增强发展活力,提高参与社会治理水平,是群团组织需要探讨的课题。该文以温州市妇女儿童活动中心为例,阐述了活动阵地建设中存在的现实矛盾和问题,对群团改革中自身定位及发展路径进行了探索,提出了对策。

关键词:群团改革;活动阵地;定位走向

2015年7月,中共中央《关于加强和改进党的群团工作的意见》中指出,群团组织是创新社会治理和维护社会和谐稳定的重要力量。统筹管好用好现有的活动阵地和设施,整合用好社会资源,纳入现代公共文化服务体系,坚持公益属性,使其真正发挥作用,是群团组织应该着力的方向。管理好群团组织阵地、发挥好群团活动阵地的作用是群团组织发挥社会治理功能的重要凭借。

2016年12月25日,全国人大常委会表决通过了《公共文化服务保障法》,该法对公共文化设施的界定打破了设施的行政隶属界限,把科技馆、体育场馆、工人文化宫、青少年宫、妇女儿童活动中心等明确纳入了公共文化

---

*　黄丽娴,教育学硕士,浙江省温州市妇联妇女儿童活动中心副主任,社会工作师,研究方向为思想政治教育。

设施范畴。长期以来,妇女儿童活动中心虽为公共文化服务设施体系的一部分,但是由于多种原因,其地位一直处于边缘化的状态。这次通过法律形式,由政府主导把妇女儿童活动中心纳入公共文化服务范畴,为其参与创新社会治理提供了法律保障。

为在全省妇联系统落实中央关于群团组织改革精神,2016年,依据《浙江省群团改革总体方案》,浙江省妇联颁布了《浙江省妇联改革实施方案》,对推进群团所属事业单位改革提出了明确要求:突出主业意识,强化公益性、服务性职能,将与基本职责无关的职责任务和机构剥离移交。剥离群团组织所属各类干校的学历教育功能,加强干部教育培训和职业培训,在不改变资产权属的前提下,加大群团组织所属企业分类改革力度,提高专业化管理水平。在《浙江省妇联改革实施方案》中,根据妇女儿童、家庭服务要求及妇联服务方式的新变化,围绕强化公益性和服务性职能目标,调整、整合省妇联直属事业单位。合理设定直属事业单位性质,加强公益性服务和网络服务,努力打造定位准确、主业突出、管理科学、服务精准、群众欢迎的服务阵地。

如何清晰地认识妇女儿童活动中心的属性和职能定位,关系到妇女儿童活动中心改革发展的方向。在此基础上,如何在改革中创新妇女儿童和家庭的各类服务载体,调节公益性和财政创收任务之间的矛盾,调节业务发展与人力资源不足之间的矛盾,如何改进资金筹集方式,打造具有妇联特点和社会影响力的妇女儿童服务品牌,是各地妇女儿童活动中心面临的重要改革课题。

温州市妇女儿童活动中心是温州市妇联下属的纯公益性事业单位,中心占地2.53公顷,建筑面积21776平方米,户外活动和观光区面积17134平方米,总投资2.50亿元,全部由财政拨款投资兴建并拨付日常经费进行管理。中心的主要职能是为妇女儿童提供活动场所和开展各类有益身心健康的活动,对妇女开展文化知识、实用技术、技能培训,同时,对青少年开展思想品德、科技实践、文化艺术、体育劳动等校外素质教育。诞生于文化建设大发展和群团组织改革的大背景下,温州市妇女儿童活动中心作为新的公益组织,天然带有改革基因。

一、对妇女儿童活动中心在群团改革中自身定位的认识

作为党联系群众的桥梁、纽带和国家政权的重要社会支柱之一——妇联下属的社会组织,除了公益性文化组织这一本质属性以外,温州市妇女儿童活动中心的自身定位还需要把握以下几点:

一是公益性和群众性相结合。妇女儿童活动中心作为社会公共文化服务设施,其最突出的特征是服务群众的公益性。[1]把握了这一特征,就明确了活动中心以民为本、以公共利益为本的改革方向,通过向公众提供优质的公共服务来增强群团组织的吸引力和影响力。因此,公共文化事业单位要面向社会、面向公众,全心全意做好各项服务工作,使广大市民能够平等地、充分地享用公益性文化场所和文化资源,满足公民们汲取知识、获得教育熏陶、享受健康娱乐的需要。[2]中心的这一功能的实现过程也是群团改革群众性目标达成的重要体现。

二是教育性和先进性相结合。妇女儿童活动中心是以积极开展科学、健康的文化活动为己任的公共文化事业单位,其基本职能是将传播文化内容的先进性和广泛性结合起来,通过努力宣传科学理论,传播先进文化来弘扬社会正气,倡导科学精神;对广大群众进行爱国主义、集体主义和社会主义核心价值观教育,帮助他们树立正确的世界观、人生观和价值观;发挥文化活动在公民道德教育中的重要作用。中心所提供的文化产品和服务,在塑造人的灵魂,锻炼人的思维,陶冶人的情操方面,突出反映了教育性和先进性的特点,有其不可替代性。在改革中把握教育性和先进性的特征,明确群团改革的鲜明的政治立场,既顺应十九大提出的加强阵地建设和管理、牢牢把握意识形态工作领导权的要求,又有利于增强群团组织坚定文化自信,推动社会主义文化繁荣兴盛。

三是非营利性和社会性相结合。妇女儿童活动中心作为公共文化设施的组成部分,主要体现的是政府和社会提供公共文化产品和服务的职责和义务,以公众享有基本公共文化产品和文化服务为主要目标,是公共文化服务体系的骨干力量。妇女儿童活动中心开展的活动和培训以社会公共利益

为首要目标,不以营利为目的,采取免费或以低于社会平均成本的价格向大众提供文化产品和服务。温州市妇女儿童活动中心秉持"急政府所需、想妇儿所想、补社会所缺、做自己所能"的服务定位,积极履行公共文化服务职能,具有广泛联系群众、紧密贴近群众、直接服务群众的特点和优势,是调节社会利益、维护社会秩序、化解社会矛盾的缓冲器和调节器。[3]实践证明,妇女儿童活动中心通过提供专业化、社会化的服务,实现了工作观念、认识和方式的转变,以及服务水平、社会影响的提升,有效推进了妇联组织参与社会治理工作。

二、妇女儿童活动中心落实群团改革目标中面临的矛盾

第一,公益性特征与公益活动经费不足之间存在矛盾。公益性是妇女儿童活动中心的主要特征。温州市妇女儿童活动中心自开放以来,每年利用"三八""六一"等时间节点,为广大市民提供能广泛参与的免费公益文化活动。广泛开展"多彩童年　快乐周末"系列周末免费公益活动,积极承办市妇联"女性课堂""保护女童家庭教育课堂""反家暴"免费公益课堂,同时,切实把握妇联组织改革契机,创新服务平台,以受群众欢迎的"夕阳红风采大舞台"为基点,启动"巾帼美风采大舞台""伢儿乐风采大舞台"等系列"风采大舞台",受众覆盖面包括各年龄段女性群体。

2016年以来,中心共开展各类主题公益活动48场,惠及全市妇女儿童45179人次。中心开展的免费公益活动,为市民们喜闻乐见。但巧妇难为无米之炊,经费和资源不足还是制约了中心潜力的挖掘和中心的可持续发展。"十二五"期间,温州市公共财政文化总投入22.43亿元,人均文化事业费用为五六十元,但这一数字与人民日益增长的文化需求之间仍存在不平衡不充分的矛盾。

第二,教育性特征与服务能力不足之间存在矛盾。随着社会的多元化发展和各领域改革向纵深推进,社会管理面临的矛盾日益突出,妇女儿童活动中心的教育阵地作用愈加突出。妇女儿童活动中心发挥"大学校"的作用,有针对性地加强广大妇女思想道德建设和科学文化建设,通过开展技术

技能培训、就业培训和创业培训,提高妇女整体素质。妇女儿童活动中心作为广泛开展公共文化活动、培训和教育的事业单位,需要一大批具有专业知识和素养的从业人员。2016年3月以来,温州市妇女儿童活动中心共开设成人、儿童各类素质培训班428班次,培训人员逾万人次,如此体量的培训工作仅靠在编的27名工作人员是远远不够的,目前依靠的还有大量的临聘和兼职人员。但事业单位"一刀切"的编外用工管理制度使得公共文化服务事业单位服务性职能发挥受到了严重制约。

第三,非营利性与创收之间存在矛盾。习近平总书记说,人民对美好生活的向往就是我们的奋斗目标。当前,随着社会领域经济要素、分配方式、从业方式和生活方式的多样化,广大群众价值取向和利益诉求也从相对单纯的物质需求和生存需求逐步向精神需求和民主权利需求拓展。自2016年向社会全面开放以来,温州市妇女儿童活动中心一直坚持免费或低成本收费开放。然而,近两年市财政局把温州市妇女儿童活动中心纳入全市创收重点单位,这明显违背了中心的公共文化服务职能,不利于公益性目标的实现。

三、妇女儿童活动中心落实群团改革目标的路径思考

第一,牢牢把握政府主导、重心下移的工作要求,实现群团活动阵地共建共享的目标。群团活动阵地在群团改革中,要依托党和政府对群团活动阵地改革的顶层设计,突出服务性和群众性要求。就妇女儿童活动中心而言,要做到服务大局和服务妇女儿童的有机统一,在服务大局中体现服务妇女儿童的职责,在服务妇女儿童中把握服务大局的方向。妇女儿童活动中心是妇联服务市民的窗口和阵地,其工作成果和改革成效需要接受最广泛的监督和评价。要顺应体制机制创新要求,接受以服务效能为导向的多元评价机制。[4]接受公众参与的群团活动阵地服务考核评价制度和群团活动阵地设施使用效能考核评价制度,接受第三方机构做出的群团活动阵地的建设、管理、运行和效能的独立评价,不断激发群团活动阵地的工作活力,不断增强群团活动阵地的服务供给能力,实现重心下移、力量下沉、服务下沉,让

人民群众共享群团改革发展成果,满足人民过上美好生活的新期待,促进社会和谐稳定。

第二,积极探索广泛吸纳社会资金的途径和方法,体现公共文化服务公益性特征。根据群团改革的要求,妇女儿童活动中心作为公共文化服务设施,是公共文化服务体系的重要组成部分,是丰富群众文化生活,服务广大妇女儿童的重要平台,是弘扬社会主义先进文化的重要载体,是维护群众基本文化权益的主要途径。按照"公益性、服务性"的目标要求,政府部门必须完善群团工作经费保障制度,作为全额拨款事业单位,工作经费应足额列入同级财政年度预算并予以保证。妇联要根据妇女儿童活动中心的发展状况和自身能力,安排一定的专项经费用于活动阵地建设。妇女儿童活动中心的各项收入,应当用于设施的维护、管理和事业发展,不应挪作他用。妇女儿童活动中心还要根据中央群团改革要求,在国家法律和相关规定许可范围内,通过多种方式筹措事业发展资金,依法享受扶持政策。妇女儿童活动中心可以利用非营利性文化组织机制灵活、富有活力、服务良好的特点,通过合作,实现非营利文化机构向社会提供具有公共物品和准公共物品性质的公共文化产品和服务。这对于促进公益性文化的自主发展,满足多元化的文化需求,为公共文化发展提供多渠道的资金来源以及保护精英文化等方面都具有极大的优势,实现以优质低偿服务支持社会公益服务。温州市妇女儿童活动中心与温州电视台合作打造的"全媒体小记者中心"可以作为这一合作的试金石。由妇女儿童活动中心负责向社会招募人选并提供培训场所,由电视台提供专业的导演、记者、编辑、摄影摄像进行专业辅导并提供参与社会活动实践和出镜机会,为全市广大儿童提供专业性较强的公益活动资源,满足自媒体时代儿童成长的多种文化需求。2017年以来,"全媒体小记者中心"完成了近百场的专业培训和现场采访任务,实现了《小记者名人面对面》《全媒体小记者@所有人》等专栏在温州电视台黄金时段播出的目标。今年5月份,温州市教育局还对"全媒体小记者中心"连续2个月参与全市中小学艺术节的跟踪报道工作专门发来感谢信。这种合作方式实现了社会效益和公益目标的统一,拓宽了中心提供文化产品的渠道,提升了新时代公共文化产品和服务的品质,有利于促进公益性文化事业单位向非营利性文化组织的转型,是文化体制改革的动向,也是国家治理体系和治理能力现代化水平的表现。

第三,积极整合公益性文化事业单位资源和项目,提升服务妇女儿童的水平和能力。构建社会化工作模式,破解妇联工作资源不足的难题。善于借资、借智、借力,借船出海、借梯登楼、借台唱戏,整合社会资源,拓展工作平台,实现与其他部门和组织的机制互联、功能互补、力量互动,共同推动妇女儿童事业发展。[5]与青少年活动中心相比,妇女儿童活动中心缺乏来自中央、省级相应组织的统一领导,因此,可以通过整合妇女儿童活动中心、工人文化宫(俱乐部)、青少年活动阵地、科普基地等公益性群众活动阵地,优化配置群团培训基地、师资队伍、培训资金等资源手段,加强群团网络平台建设,增强群团组织正面引导群众、有效服务群众的能力和水平。[6]妇联和活动中心要加强对妇女儿童活动中心工作人员的规范化管理,通过人事制度改革、加大培训力度、鼓励自学成才等措施,着力提高工作人员的思想政治素质和新形势下做好文化服务工作的能力;采取多种措施吸引各类优秀人才到妇女儿童活动中心工作,建立一支专业服务人员与业余公益性服务人员相结合的服务队伍,为广大妇女儿童提供高质量的文化服务;通过招募和培养一支文化志愿者队伍,通过给予必要的指导和支持,建立管理评价、教育培训和激励保障机制,组织开展文化志愿服务活动。文化行政主管部门及所属公益性文化事业单位对当地妇女儿童活动中心要给予支持,指导和帮助培训文艺人才,开展群众文化活动。此外,妇联和活动中心要积极争取社会各界和广大文化工作者的支持和帮助,引入公益性文化资源和项目,在开展群众性文化活动和精神文明建设中发挥更大作用。

第四,严格区分公益性事业单位和经营性文化企业的类别,切实减轻公共文化事业单位的创收压力。早在2003年启动的文化体制改革就提出了一个重要概念——"分类改革",就是把国有文化单位划分为两类,一类叫公益性文化事业,一类叫经营性文化产业。前者的主要职能是提供共享性的公共文化产品,后者提供满足市场需求的文化产品。类别不同,改革的重点也不同。对公益性文化事业单位,国家主要是增加投入,改变以前经费不足的问题,对经营性文化单位,国家主要是要推动其转企改制,鼓励企业参与市场竞争。显然,妇女儿童活动中心属于前者,政府应按照公益性文化事业单位或组织类别对其进行管理,而不应将其纳入财政创收的重点单位。可行的途径是,通过"公助民办、民企民办、合作联办"等方式,拓宽渠道,鼓励社会力量参与多元化的公共文化产品的生产和供给,培育各种专业的非营利文化组织,壮大公共文化服务的力量,提升服务质量。[7]引导民间资金投向公益性文化产品的生产和供给,是破解群团活动阵地工作经费紧张、克服制度性资源不足问题的一种选择。

妇女儿童活动中心在群团改革的道路上将何去何从,既需要改革理论的指导,又需要开拓性的实践探索,也必将在两者良性互动的基础上不断向前推进。在定位和走向已经明确的前提下,那就是始终朝着浙江省第十四次党代会报告所要求的那样,在党的领导下,坚持均衡优质、公平普惠,改进社会治理方式,以政治性为灵魂,以先进性为重要着力点,以群众性为根本特征,守好基本定位,展现职能所为,不断提高人民群众的安全感、幸福感和获得感。

参考文献

[1]巩玉丽. 公共文化服务体系的改革取向及职能定位[J]. 中共青岛市委党校青岛行政学院学报,2008(2).

[2]垫江群团改革"内优外联"着力推进阵地建设[EB/OL]. (2016-08-24)[2018-02-05]. http://www.sohu.com/a/111914172_362044.

[3]德清县妇联关于加强和改进党的群团工作的实践与思考[EB/OL]. (2015-06-16)[2017-06-12]. http://fl.deqing.gov.cn/Article/TypeArticle.asp? ID=3132&ModeID=1.

[4]上海妇联群团改革初见成效:把妇女满意受惠作为工作出发点[N]. 中国妇女报,2016-05-23(A1).

[5]七台河市妇女儿童活动阵地建设的调查与思考[EB/OL]. (2018-03-13)[2018-03-19]. http://www.hljwomen.org/article/list/view/id/49054.

[6]湖南省财政厅,湖南省总工会,湖南省文化厅,等. 关于加强工人文化宫及妇女儿童活动中心等公共文化服务平台建设的意见[EB/OL]. (2013-02-26)[2018-06-09]. http://hunan.chinagdp.org/dfzc/201302/3.html.

[7]郭象. 对妇联系统妇女儿童活动中心发展的思考[J]. 中国妇运,2011(06).

后　记

　　在中华人民共和国成立 70 周年和浙江省妇女联合会建会 70 周年之际,《浙江妇女研究(第二辑)》与大家见面了。《浙江妇女研究》是浙江省妇女干部学校于 2016 年底创办的学术性内刊,3 年来,它以"直面妇女问题、创新妇女研究、引领妇女发展"为宗旨,立足浙江、面向全国,从多学科、多视角、多层面开展妇女/性别研究,至今已刊发相关领域研究成果近 200 篇。2019 年 4 月,浙江省妇女研究会第七次会员大会召开之际,《浙江妇女研究》正式成为由浙江省妇女联合会主管、浙江省妇女研究会主办的学术性内部刊物,即浙江省妇女研究会会刊。

　　为了更好地提炼和推广妇女理论研究成果,交流和传播浙江妇女发展和妇联改革的创新实践经验,自 2017 年起,我们每年选取其中的优秀成果予以集刊出版。《浙江妇女研究(第二辑)》就是选取了《浙江妇女研究》2018 年第 1 期至第 4 期中的优秀成果集刊而成,内容涵盖家庭与社会、妇女发展、女性文化、妇女工作探索等领域。论文作者来自全国各地,有高校的学术带头人,也有来自基层一线的法律工作者和妇女工作者。

　　本书的出版凝聚了众多研究者和作者的辛勤付出和汗水,在此表示衷心的感谢!《浙江妇女研究》编辑部的徐士青、高立水、王顺彬、王皎、于洋、符琼等专兼职编辑以敬业奉献、奋发有为的精神,不断提高编校水平,为期刊的建设与发展做出了自己不懈的努力,此外,特别要感谢陈步云校长对期刊的发展所做的精心指导。同时,本书的出版也得到了浙江省妇女研究会、浙江省各地妇联的大力支持,得到了浙江工商大学出版社编辑部同仁的悉心指导,借此机会对各位领导和同仁的关心、支持和帮助表示由衷的感谢!

　　由于时间仓促,经验水平所限,书中难免有疏漏与错误,敬请各位专家学者批评指正。